尼山文库

NISHAN SERIES

先秦儒学与齐鲁文化

王志民 著

山东教育出版社·济南

图书在版编目（CIP）数据

先秦儒学与齐鲁文化 / 王志民著 . — 济南：山东教育出版社，2023.3

（尼山文库）

ISBN 978-7-5701-2367-4

Ⅰ.①先… Ⅱ.①王… Ⅲ.①孔孟之道 - 研究 ②文化史 - 研究 - 山东 Ⅳ.①B222.05 ②K295.2

中国版本图书馆CIP数据核字（2022）第199110号

责任编辑：何欣竹 李 国
责任校对：任军芳
封面设计：姜海涛
版式设计：吴江楠

XIAN QIN RUXUE YU QI-LU WENHUA

先秦儒学与齐鲁文化

王志民 著

主管单位：山东出版传媒股份有限公司
出版发行：山东教育出版社
　　　　　地址：济南市市中区二环南路2066号4区1号　　邮编：250003
　　　　　电话：（0531）82092660　　网址：www.sjs.com.cn
印　　刷：山东新华印务有限公司
版　　次：2023年3月第1版
印　　次：2023年3月第1次印刷
开　　本：710毫米×1000毫米　1/16
印　　张：24.75
字　　数：307千
定　　价：120.00元

（如印装质量有问题，请与印刷厂联系调换）印厂电话：0531-82079130

总序

为深入贯彻党的二十大精神，贯彻落实习近平总书记关于传承发展中华优秀传统文化系列重要讲话精神，落实《尼山世界儒学中心儒学传承发展"十四五"规划》有关部署要求，尼山世界儒学中心依托中心学术委员会，以学术顾问和学术委员为主体，组织编写出版了《尼山文库》。

一个民族的复兴，总是以文化的兴盛为强大支撑；一个时代的进步，总是以文化的繁荣为鲜明标志。以习近平同志为核心的党中央高度重视中华优秀传统文化的传承发展，始终从中华民族最深沉的精神追求看待优秀传统文化，从国家战略资源和文化软实力的高度继承优秀传统文化，从推动中华民族现代化进程的角度创新发展优秀传统文化，使中华优秀传统文化成为新时代新征程党和国家事业发展、实现第二个百年奋斗目标的重要力量。党的二十大报告提出"推进文化自信自强，铸就社会主义文化新辉煌"，就建设社会主义文化强国做出战略部署。深入学习贯彻党的二十大精神，坚持中国特色社会主义文化发展道路，增强文化自信，承担起举旗帜、聚民心、育新人、兴文化、展形象的使命任务，踔厉奋发，笃行不怠，推出更多增强人民精神力量的优秀作品，是《尼山文库》的使命担当。

文库汇编的作品展现了学术界近年来在中华优秀传统文化研

究方面的新理念、新观点、新贡献，着重阐释儒学在弘扬践行社会主义核心价值观中的重要价值，概括儒学在国际交流、传播以及对话中的积极作用，解读儒学在公益慈善文化中的智慧启示。选编内容包括专家们在学术会议上的发言、出版论著的序言、近期发表的学术论文，或论文论著精华摘要、核心观点摘编等，各自组成体系完备、结构完整的学术著作。我们力争在"十四五"期间，陆续推出40部学术著作。

文库的出版是建设世界儒学研究高地，打造文化"两创"新标杆的需要。2013年11月，习近平总书记在山东考察工作时提出，要加强对中华优秀传统文化的挖掘和阐发，努力实现中华优秀传统文化的创造性转化、创新性发展。十年来，山东立足丰厚文化资源，以高度的文化自觉扛牢中华优秀传统文化"两创"担当，不断激发文化创新创造活力。设立尼山世界儒学中心（中国孔子基金会秘书处）就是为了深入贯彻落实习近平总书记重要指示要求，努力打造世界儒学研究高地、儒学人才集聚和培养高地、儒学普及推广高地、儒学国际交流传播高地。山东省第十二次党代会明确提出"打造文化'两创'新标杆""深入推进尼山世界儒学中心建设"。在全国上下深入学习贯彻党的二十大精神，全面建设具有强大凝聚力和引领力的社会主义意识形态的时代背景下，编写出版这套丛书，有助于我们全面深入学习贯彻习近平总书记关于大力弘扬中华优秀传统文化的重要论述，坚守中华文化立场，做好为国家立心、为民族立魂的工作，传承和弘扬好以儒家思想为代表的中华优秀传统文化。

文库的出版是以文化人、守正创新，推动中华优秀传统文化与社会主义社会相适应的需要。习近平总书记强调，中华优秀传统文化是中华文明的智慧结晶和精华所在，是中华民族的根和魂，是我们在世界文化激荡中站稳脚跟的根基。出版这套丛书的宗旨在于立根铸魂，研究阐释中华文明讲仁爱、重民本、守诚信、崇正义、尚和合、求大同的精神特质和发展形态，阐明中国道路的深厚文化底蕴，展现中国人的宇宙观、天下观、社会观、道德观，展现中华文明的悠久历史和人文底蕴，承继中华优秀传统文化"观乎人文，以化成天下"的教化之道，更好构筑中国精神、中国价值、中国力量，坚定文化自信，增强中华文明的传播力、影响力，促进文化"两创"成果落在社会上、落在群众中、落在生活里。

文库的出版是推动世界不同文明交流互鉴，构建人类命运共同体的需要。海纳百川，有容乃大，编写出版《尼山文库》，继承中华优秀传统文化，弘扬时代精神，构建中国价值，绝不是拒斥外来文明，而是坚持不忘本来、吸收外来、面向未来，坚持"二为"方向、"双百"方针，坚持创造性转化、创新性发展。丛书倡导求实、严谨、活泼的文风，突出学术性、思想性、可读性，弘扬平等、互鉴、对话、包容的文明观，弘扬中华文明蕴含的全人类共同价值。

为天地立心，为生民立命，为往圣继绝学，为万世开太平，这是中国古代儒家知识分子的抱负，也是《尼山文库》的理想和期待。推进"两创"和"两个结合"需要久久为功、持续用力，希望更多的专家学者参与文库的编写，为建成社会主义文化强国共同努力奋斗！

是为序。

《尼山文库》编委会

2022年11月16日

自序

　　《先秦儒学与齐鲁文化》即将作为《尼山文库》之一出版，我甚为荣幸和感谢。现将我个人的一点认识及本书情况赘述如下。

　　先秦儒学，也称原始儒学，是指先秦时期儒家学派从周公奠基、孔子创始，到孔门弟子、后学尤其是孟子、荀子的创新、发展所形成的儒学整个思想体系的总称。先秦儒学是中华文明思想文化的主干——儒家文化的根底和基石。这个时期形成的儒学著作，被称为儒学元典和元典儒学。

　　儒学在先秦时期的产生、发展乃至走上中华文明思想文化主干的地位，是与其故乡齐鲁之邦的文化培育密不可分的。中华文明在传统宗法农业社会基础上形成，宗法制度与其赖以生存的自然环境紧密结合形成的地域文化，是对中华早期文明起源、发展、演变影响巨大的基础因素之一。在文明早期形成过程中，地域环境往往起着决定性作用。所谓自然环境决定生产方式，生产方式决定生活方式，生活方式决定文化精神，正是从这个意义上说，在被称为中华文明"轴心时代"的春秋战国时期，儒学产生于汶泗流域的邹鲁之地，进而在齐鲁大地发展壮大为百家之"显学"，绝非偶然。因而，先秦儒学与齐鲁文化的关系，应是儒学和齐鲁文化研究的重要课题之一。

　　我在20世纪八九十年代，有十五年教授先秦两汉文学的经历。所谓先秦文学，实际上文史哲是不分家的，而《论语》《孟子》《荀子》又是先秦诸子散文讲授的重点。作为山东人，大约从那时起，我就在思考一个问题：为什么儒学产生于齐鲁而非其他地域？记得20世纪80年代末我就写了《孔子与齐文化》一文（发表于《齐鲁学刊》1990年第五期），同一时期我主持编纂《齐文化丛书》（四十四种）时，其中之一即是由我为主撰写的《齐文化与鲁文化》一书，企图在齐、鲁文化的交流融合中，探求儒学与齐鲁的关系。2000年我调任山东师范大学副校长兼教育部人文社科重点研究基地齐鲁文化研究中心主任，此后主持齐鲁文化研究中心十五年，也一直关注这方面的研究，并力求有所推进，只是囿于各方面原因，我个人在这方面还没有更深入、系统地探讨，深以为憾。值得提出的是，在此期间，有三位知名学者的文章和提示倒是给了我很大的启迪和激励。

一是傅斯年先生。他在20世纪30年代初完成的、被美籍华裔历史学家、考古学家张光直先生称为"一篇文章奠定他的天才地位是有余的"那篇《夷夏东西说》中写道：

"自春秋至王莽时，最上层的文化只有一个重心，这一个重心便是齐鲁。这些话虽在大体上是秦汉的局面，然也颇可以反映三代的事。"[1]

傅先生所说的这个历史时期，正是文化史学界所称的"轴心时代"，这就对齐鲁文化在中华文明形成中的突出地位，提出了一个结论性的观点：齐鲁是中华文明"轴心时代"的文化重心，而且是唯一的。傅先生没有也不太可能在该文中花费更多文字论证为什么齐鲁而非其他地域是这个时期文化的唯一重心，但

[1] 傅斯年：《民族与古代中国史》，河北教育出版社，2002，第58页。

给我们指出了一个努力方向。近二十年来,我围绕"重心"问题对齐鲁文化与中华文明的关系做了一点探索,虽然由于个人才疏学浅及精力所限,未成完整体系,但我认为傅先生的观点是正确的。①

二是杜维明先生。2006年我很荣幸受杜先生邀请访问了哈佛大学燕京学社,并在其家中享受了难忘的丰盛晚餐。2007年8月,由杜先生亲自主持,燕京学社与山东师范大学齐鲁文化研究中心共同成功举办了"儒家思孟学派国际学术研讨会",国内外近百名学者参加。会议在济南开幕,在孟子故里邹城市落幕,在闭幕式的总结讲话中,杜先生讲了以下的话:

"全球意义上的儒学传统研究是个大问题,具有普世意义。为什么曲阜、邹城形成的区域文化影响到中原,继而到全世界?这其中经过怎样的曲折和发展,成为主流?西方学者也有这一认识上的疑问:孔子、孟子无钱无权,却成就如此大的影响力,究竟为什么?"②

杜维明先生"之问",是一个享誉国内外的儒学大家从全球视野角度提出的先秦儒学研究中一个重要课题:研究儒学,就要深入挖掘孔孟的故里文化。这给国内儒学研究者,特别是山东学者指出了一个研究方向,而对当时在现场的我则是一种鞭策和压力。

三是李学勤先生。他在贾庆超等所著《邹鲁文化研究》序言中,连发四问:

"邹鲁文化何以会孕育出孔子及儒学?孔子和儒学又怎样塑

① 王志民:《齐鲁文化与中华文明》,人民出版社,2015。
② 山东师范大学齐鲁文化研究中心、美国哈佛大学燕京学社编:《儒家思孟学派论集》,齐鲁书社,2008,第3页。

造与推进了邹鲁文化？以孔子儒学为代表的邹鲁文化是在什么环境下形成的？与其他区域文化存在着如何的关系？要回答这一类问题，必须对邹鲁文化进行全面的考察分析，说明其本质和特征。"

李学勤先生之问，既突出强调了研究先秦儒学一定要与其生成的地域文化相结合，又对二者关系研究迄今未得到"全面的考察分析"，应该实现在学术研究上的突破充满了期待。

三位知名学者的启迪和关注，共同强调的一点就是要重视齐鲁文化与先秦儒学的关系研究，并应该在这方面有新的突破。当然，先秦儒学的产生和发展，首先是中华文明历经数千年发展的必然结晶，从"五帝""三代"文明的孕育和西周礼乐文明的奠基，到"轴心时代"的剧烈变革和哲学突破，是时代培育和造就了儒学。在这方面，前代学者梁启超、胡适、钱穆、蒙文通、杨向奎等都有较多的论说，当代学者陈来的《古代思想文化的世界》和其他学者的著作、论文等都有较全面的研究和探讨。但儒学何以产生于邹鲁之地与齐鲁之邦，仍是一个需要深入研究和系统探讨的重大课题。我个人认为，邹鲁文化的确是儒学产生的文化根基，但先秦儒学博大精深体系的形成则是与整个齐鲁文化密不可分的。《史记·儒林列传》写道："天下并争于战国，儒术既绌焉，然齐鲁之间，学者独不废也。于威、宣之际，孟子、荀卿之列，咸遵夫子之业而润色之，以学显于当世。"《汉书·儒林传》也有与《史记》几乎相同的记载。司马迁、班固都强调传承儒学的基地是"齐鲁"，而且主要是在战国田齐政权的威、宣盛世时期，在稷下学宫的百家争鸣中孟子、荀卿得以"润色"，即创新发展了孔子儒学。因而，后世所称文化上的孔孟故里概指齐鲁之地，是有道理的。

正是鉴于以上的认识，2016年山东省政府批准正式成立孟子研究院时，我不避浅薄，受济宁市委、市政府的聘任担任了孟子研究院特聘院长。有幸与陈来先生及李存山、王中江、梁涛、杨海文、孔德立等儒学大家和学术才俊共事五年。这是一段难忘的时光，我们虽没有朝夕相处，但时常聚首"择邻山庄"，而且是有"为"而聚：或为"四书解读"，或为专题研讨，或为院内讲学，或为学术会议，总之，言不离孔孟，论必及儒学，在团结、和谐、快乐的相处中，我向他们学到了很多东西，对先秦儒学与齐鲁文化的关系问题有了更进一步的理解和思考，写了一部分零散思考的文章。选入本书的一些篇章正是主要在这种情况下完成的。

在这里，我要衷心感谢尼山世界儒学中心给了我机会，能以这本并不成熟的小书与读者交流。感谢陈来先生等孟子研究院各位特聘学者和赵永和等原领导班子成员对我的工作支持和学术帮助。在本书的选目编纂中，彭彦华研究员提出了许多具体指导意见，《管子学刊》主编耿振东教授、耿芳朝编辑和贺志红老师为了整理、校改稿件，做了大量艰辛细致的工作，山东教育出版社的相关编辑为编好本书付出了辛勤努力。在此一并表示真诚感谢！

王志民

2022年6月16日于山东师范大学齐鲁文化研究院

目录

第一章 先秦儒学与齐鲁文化

齐鲁文化与中华文明的"轴心时代"

　　山东素称"齐鲁"，那什么是"齐鲁文化"？齐鲁文化是指从周朝到秦始皇统一中国这800年，即公元前1046年到公元前221年，以齐、鲁两国文化为核心内涵的地域文化。在时间上，齐、鲁属于两周；在地域上，齐鲁文化又以齐、鲁两国文化为核心。

　　齐、鲁立国以前的文化，学术界一般称为"东夷文化"。东夷文化的时间跨度是从史前一直到商代，商代都城虽然有一个游移屡迁的过程，但自汤建都后，基本都在中原一带，因而以中原为基准、齐鲁之地为中心的东方被称为"东夷"，其文化也被称为"东夷文化"。此外，"东夷文化"也被称为"海岱文化"。《尚书·禹贡》有"海岱惟青州"，将齐、鲁地区称为"海岱"，即大海和高山之间的这一片区域，考古学界一般所称的"海岱文明"即产生于此。

　　秦汉时期，齐、鲁之地的文化是齐鲁文化的延续。为什么说是"延续"呢？原因如下：秦汉虽然是大一统的时代，齐、鲁一带也被分为了如齐郡、薛郡、琅玡郡等许多郡，但是在文化上，这些郡县仍然强烈地受到了先秦齐鲁文化的影响，其文化特点尤其鲜明，所以这些地区的文化被认为是齐鲁文化的延续。因此，在学术上，我们一般把齐鲁文化的时代下限标定为秦汉及秦汉以前，这里的"汉"，指的是西汉末年之前，秦到西汉时期虽然是中央集权的王朝，但是地域文化还是延续得比较明显，特色比较鲜明，到了东汉，经历了200多年的一统，地域文化特色才逐渐淡化。因此秦汉时期齐、鲁之地的文化依然是齐鲁文化的延续，也是齐鲁文化的重要组成部分。

金代以前，山东被称为"齐鲁"，金代以后山东才被称为"山东"。"山东"这个概念从战国时期便已存在，但彼时的山东是指函谷关以东的区域，当时山东六国的"山东"就是指关中东边六国，包括河南、山西等地。后来，"山东"也指太行山以东，包括河北、河南、山东等地。真正以"山东"这个概念界定齐鲁大地是从金朝定都北京开始：以北京为中心来看，齐、鲁之地在太行山之东，所以称为"山东"。金代时山东分为两个行政区划，即山东东路、山东西路，东路首府是青州，西路首府是东平。元代承袭了金代的行政区划，并无太大变化。从明朝开始，山东被划分为统一的行政区，称为山东省，首府在济南。简而言之，从战国一直到明代以前，"齐鲁"都是指齐鲁大地的，从明朝开始才有了今天意义上的山东，这一变化实际上只有700多年的时间。

为什么先秦时期以齐、鲁两国文化为核心内涵的地域文化被称为齐鲁文化？一种地方文化能够形成一个独具特色、与其他地方不同的特殊文化形态（如齐鲁文化），主要缘于春秋战国长期分裂割据的时代特点：第一，各地文化不同，地理环境不同，水土风俗不同，国君好恶有别，学术风气迥异，所以形成了各自独立的文化类型。第二，各诸侯国国情不同。许慎说战国时期天下分为七国，"田畴异亩、车涂异轨、律令异法、衣冠异制、言语异声、文字异形"(《说文解字》），秦始皇最大的贡献就是解决了车同轨、书同文的问题。秦汉以后是统一的王朝，国家有统一的律法，山东诸郡和山西、河南、河北等虽有差别，但是差别主要体现在风俗上，大的文化上基本处于一个统一体内，然而，战国时期齐鲁和燕赵在上面提及的各方面就显然不同，因此才形成了中国的地域文化。那个时代距今已有两千多年，我们为什么还说齐鲁文化、三晋文化、秦文化、荆楚文化、吴越文化、燕赵文化？就是因为只有在春秋战国时期这样特殊的格局形势下，才形成了这些不同的地域文化。此后虽然也有分裂的时候，如南北朝时期北方分裂成许多个国家，但这些政权很不稳定，有的五十年就消失了，终归统一的结果使得之后的行政区域的文化不能成为文化意义上的异质文化。所以我们不能说山东文化，因为山东文化和河北文化之间的差别并不太大，只有民俗、风俗这样的差别。但是齐鲁文化和燕赵文化，以及三晋文化——山西、河南的一部分，秦文化——关中，吴越文化——江、浙，荆楚文化——湖南、湖北一带，在春秋战国时期确实不一样。只有在春秋战国时期，长达五百多年的文化不同、国情不同，才形成了不同特色的地域文化。所以我们说齐鲁文化形成的历史基础就是春秋战国的历史背景。

本文所论齐鲁文化与中华文明的"轴心时代"，就是指齐、鲁两国文化和中华文明的"轴心时代"的关系，并不是指山东文化和中华文明的"轴心时代"的关系。

一、中华文化的"轴心时代"

中华文化有一个"轴心时代"。习近平总书记在2014年全国文艺工作座谈会上说："德国哲学家雅斯贝尔斯在《历史的起源与目标》一书中写道，公元前800年至公元前200年是人类文明的'轴心时代'，是人类文明精神的重大突破时期，当时古代希腊、古代中国、古代印度等文明都产生了伟大的思想家，他们提出的思想原则塑造了不同文化传统，并一直影响着人类生活。"习近平总书记这几句话概括得很准确。这个时期产生了很多伟大的思想家，比如希腊的苏格拉底、柏拉图，比如我们中国的孔子、老子，先哲们提出的思想原则塑造了不同的文化传统。所谓东方文明、西方文明，包括印度文明、犹太文明等，这些所谓文明的塑造都集中在公元前800年到公元前200年之间，这是世界文明史上一个很奇特、很了不起的现象。后来所谓的东方和西方的不同的文化传统都是奠基于那个时代，所以习近平总书记说"轴心时代"的文化一直影响着人类生活。

雅斯贝尔斯说，从公元前800年到公元前200年，人类的精神基础同时或独立地在中国、印度、波斯、巴勒斯坦和古希腊开始奠定，而且直到今天人类仍然附着在这种基础上。我们把这一时期称为"轴心时代"。所谓附着就是不但离不开它，而且在围着它转。这一时期是不寻常的，中国诞生了孔子和老子；在印度，这是优波尼沙和佛陀的时代；希腊诞生了荷马，还有哲学家巴门尼德、赫拉克利特、柏拉图、修昔底德和阿基米德……这个时代产生了至今仍在我们思考范围的基本范畴，创造了人们今天仍然在信仰的世界性宗教。整个世界文明中所谓的大宗教也好，不同的文明也好，都是在这个时期奠定的。在雅斯贝尔斯的论述当中，"轴心时代"的文明坐标，在东方是中国，西方是古希腊，中亚是巴勒斯坦和伊朗，还有一个是古代印度，而中国是支撑他的世界文明"轴心时代"学说的最主要的依据之一。为什么说这个时段是中华文明的"轴心时代"？这个"轴心时代"又有什么样的特点？经过较长时间的研究，我总结了七点：

1. 周室衰微，诸侯坐大，争霸称雄，分裂割据

周室就是周王朝。《诗经·小雅·北山》言"溥天之下，莫非王土；率土之滨，莫非王臣"，是说西周时期，即有了"天下一统"的观念。当时周朝的版图范围是中华民族所在比较核心的区域，此区域和现在我国的版图并不是完全重合，这个核心区域大致包括长江流域与黄河流域，主要以黄河流域为文化中心，周王室建都于这一流域附近，在丰镐，也就是今天西安一带。到了东周，又建都于洛阳，大致也是在黄河、渭河流域一带。到了春秋战国时期，即公元前800年到公元前200年，周王朝维持统一的力量已经很小了。需要注意的是，我们理解周王朝的统一，与当今的"统一"概念不同。秦汉是中央集权的大一统帝国，周朝是分封制，西周时期有几百个分封的诸侯国，到春秋时还有一百五十多个分封的国家，这些诸侯国都尊周天子为共主，尊称他为"天子"。春秋战国时期周室衰微，原来分封的诸侯国坐大，春秋争霸、战国争雄，形成了分裂割据的局面。由争霸到称雄，这是从春秋到战国局势发生的一个变化。争霸就是争老大，因为周天子的领导力已很弱，总得有一个领导角色。谁领导？霸主。霸主怎么产生？大家来争。通俗说就是比谁的力量大，谁的拳头硬。春秋时期有"五霸"，即齐桓公、晋文公、宋襄公、楚庄王、秦穆公。尽管周天子实际的权力已经萎缩，但大家仍然尊他为共主，所以只能说"五霸"在周天子之下是老大。以齐桓公为例，各诸侯都要听其命令，否则他就带领大家征伐该国，当时的小国都处在霸主的统摄之下。到了战国时期就从争霸变为称雄，消灭他国，实现统一。

由争霸到称雄，国与国之间的关系发生了重大变化，由争

老大到兼并，目的已不一样。齐桓公称霸时只是要求其他邦国服从，不会灭亡他国，而到了战国时期，七大国试图相互吞并，都意图统一天下。公元前221年，秦始皇统一中国，正是这些大国斗争的结果。所以我们中华民族的文化传统，从来没有像欧洲那样割据而治，东方的观念以中华民族的大一统为文化传统，若干个小国林立的局面在东方没有形成，因此从这个角度来看，战国时期的七国必然会角逐出一个最终的胜利者统一这些国家。

于是，合纵与连横走上了历史舞台。何谓纵横？当时秦国的力量比较强大，它在函谷关以西，山东六国包括楚国、魏国、赵国、燕国、韩国和齐国，这六国联合起来抵抗秦国叫合纵。而秦国采取了连横的方式，即远交近攻，各个击破，最终秦国取得了成功。春秋争霸，并不是要建成由某个老大统一的国家，因为上面还有一个统一的共主——周天子。而到了战国时期，情况发生了变化，此时，实际上已经没有了天子，所以各个国家之间的联合或战争，就是来解决一统的问题。这是中华文化的一个很重要的特点。

2. 改革变法，富国强兵，志在统一，战争频仍

春秋战国，特别是战国时期，为了自己的国家能够强大，能够最后一统天下，各国出现了改革的热潮，试图通过改革变法，富国强兵，志在统一。

战争频仍，是战国时代的特点。王夫之《读通鉴论》说战国时期为"古今一大变革之会"。"会"，有聚集的意思，即战国时代发生的变革在中华文明史上最剧烈，也最多。"侯王分土，各自为政，而皆以放恣渔猎之情，听耕战刑名殃民之说"，即消灭别的国家，就像打鱼和打猎一样平常。"与《尚书》、孔子之言，背道而驰"，即是说这些行为和儒家思想是背道而驰的。

最早的变法出现在魏国，即李悝变法和西门豹治邺，韩国有申不害变法。特别是秦国的商鞅变法，实现了富国强兵。商鞅变法很重要的一个政策就是奖励耕战，这样，人们在打仗的时候奋勇向前，种地的时候多产粮食，有了粮食，打仗又勇敢，那秦国能不统一天下吗？

3. 思想解放，学术自由，理论创新，哲学突破

战国是一个国家和国家之间处于分裂状态的时期，但在思想上来讲，却是一个思想大解放、学术大自由的时代，所以才产生了诸子百家。它在理论上是一个大创新的时代，在哲学上是一个大突破的时代。20世纪夏曾佑在《中国古代史》一书中评价战国学术有这样一段话："周秦之际，至要之事，莫如诸家之学派。"周秦之际即指战国到秦朝统一之间的这段时期。"大约中国自古及今至美之文章、至精之政论、至深之哲理，并在其中。"这就是说中国历史上最好的、最精辟的、最深奥的理论都是在这个时期产生的。评价整个中国文化史，夏曾佑认为两千多年以前的战国时期是顶峰，"百世之后，研究终不能尽"，"亦犹欧洲之于希腊学派也"，战国时期学术在中国文化中的地位就相当于古希腊在欧洲文明中的地位。

4. 诸子蜂起，学派林立，异说纷呈，百家争鸣

春秋战国时代是一个"百家争鸣"的时代，也是中国思想史上最灿烂的时代。当时各家蜂起，学派林立，异说纷呈，诸子百家相互争鸣。实际上诸子百家是十家，其中对中华文化产生重大影响的主要有六家：儒家，以孔子、孟子、荀子为代表；道家，以老子、庄子的老庄思想为代表；墨家，创始人墨子是伟大的科学家，也是伟大的思想家；法家，以商鞅、韩非为代表，讲究严刑峻法，以法、术、势结合治国、统天下；阴阳五行家，以齐人

邹衍、邹奭为代表，中医的理论基础就是阴阳五行，讲阴阳，讲金、木、水、火、土；名家，以公孙龙为代表，讲名实之辩，成语"名符其实"，名字要和实际相符，就源自名家的思想。后面四家——杂家、农家、纵横家、小说家的代表人物、思想学说主张并不是很明晰。著名纵横家苏秦、张仪主要是以合纵连横之策游说，缺乏理论体系和明确思想主张。真正有思想、有代表人物、有理论体系的是前六家。

梁启超曾说："所谓中国之国民性，传二千年颠扑不破者也。而其大成，实在春秋之季。"春秋之季就是春秋末期，从孔子开始，"孔北老南，对垒互峙，九流十家，继轨并作。如春雷一声，万绿齐茁于广野"，就好像旱地里下了一场大雨，万物一下子葱绿起来。"如火山乍裂，热石竞飞于天外。壮哉盛哉！非特中华学界之大观，抑亦世界学史之伟迹也。"这样的评价不可谓不高。

5. 胸怀天下，服务现实，围绕政治，出谋划策

诸子百家的学者都胸怀天下，服务现实，围绕政治，出谋划策。这个时期之所以是文化大放光彩的时期，就是因为它是知识分子最扬眉吐气的时期，也是知识分子在整个中国文化史上地位最高、最有作为、成就最大的时期。这些学者大都服务于现实政治，而且深受各国统治者的重视和推崇。诸子百家应国运而生，一经出现就与政治紧密相连。战国时期最大的政治就是统一天下的问题，所以诸子百家的理论都是围绕着如何吞并其他国家，围绕着如何实现天下统一进行探讨、论争。

诸子百家争鸣始终围绕着这个主轴展开，从各个方面提出建国方略和一统天下的主张。儒家主张以"仁政"获取民心，实现天下大同。仁政就是要爱护老百姓，老百姓都拥护仁君，国家自然也就统一了。《孟子·梁惠王上》言："保民而王，莫之能

御也。"说的就是仁政。道家主张维护老百姓的个人权利，主张"无为而治"，治国不要过多干涉老百姓，要让他们自己休养生息，按照自己的样子来过舒心的生活，同样是一种统治方式。墨家主张兼爱、非攻、尚贤、尚同。兼爱，爱自己的父母，也爱天下人的父母，爱天下之人和爱自己的家人一样。非攻，坚决反对任何战争。尚贤，重用那些有能力的人，把他们提拔到重要岗位上。（尚贤不只是儒家提倡，墨家也是极力主张的。）尚同，就是老百姓和国君思想统一，只有思想统一，国家才能实现天下统一。法家则主张奖励耕战，富国强兵，谋求统一；主张严刑峻法，认为只有通过严厉的刑罚压制，才能实现统一。阴阳家则是用五德终始理论为大一统提供了合法的依据。五德终始称金、木、水、火、土为五德，认为每个朝代都有与五行相对应的德，从商汤开始，历代相生相克，周而复始循环更替，以此制造舆论。比如周朝是火德，秦朝是水德，水灭火，合乎天象，执政者并非谋夺了别人的天下，而是天意使然，这就给大一统创造了合法的理论解释。名家主张名实相符，让天下走上正轨。纵横家则希望通过到处游说，来说服大国之君，以统一天下。

6. 伟人辈出，著作丛生，经典传世，思想传承

"轴心时代"产生了如孔子、孟子、墨子、管子、孙子、庄子、荀子等一大批照耀中国历史星空的伟大文化巨人，这些伟人大多产生于齐鲁之地。这个时期同样产生了诸多流传千载的经典，如《诗》《书》《礼》《乐》《易》《春秋》，如《论语》《老子》《墨子》《管子》《庄子》《孟子》《荀子》《韩非子》《孙子兵法》《楚辞》《山海经》等。孔子编定"五经"，实际上就是将之前的文献古籍经过整理编成五种教科书。《诗》是诗歌总集；《尚书》是记载从舜到夏代、商代、西周的文献；《易经》产生

于商末，成熟于周初；《周礼》在周初制定，"礼"即规章制度；《春秋》是以编年体记载历史的书籍；而《乐经》则是传世音乐书。《论语》《老子》是主要记载孔子和老子言行、思想的著作；《墨子》是主要记载墨子和墨家学派言行思想的著作；《管子》是管仲的遗著、稷下学者著述和部分秦汉齐人的著作合集；《庄子》是庄子与弟子合著，以记录庄子及其学派的言行思想的著作；《孟子》是孟子与弟子合著，以记录孟子言行思想的著作；《荀子》主要是其个人的著作；《韩非子》主要是法家理论家韩非的个人著作；《楚辞》是以屈原作品为主的诗赋总集，《山海经》可以说是上古社会生活的一部百科全书，这些都是宝贵的经典。这个时期既出现了伟大人物，也出现了经典著作，对中华文明发展影响巨大而深远。

7. 地域文化竞相绽放，独具特色，各擅其长

我认为，在春秋战国时期形成了七大文化圈：齐鲁文化圈、燕赵文化圈、秦晋文化圈、吴越文化圈、荆楚文化圈、巴蜀文化圈、岭南文化圈。李学勤先生划分的七大文化圈把"三晋"和"秦"分开了，且没有岭南文化圈。岭南就是广东、广西一带，在春秋战国时期是比较落后的。1989年任继愈先生为我主编的《齐文化概论》一书写了序言，在序言里他提出了四大文化圈之说，即燕齐文化圈、邹鲁文化圈、秦晋文化圈、楚越文化圈。所谓四大文化圈、七大文化圈，或者六大文化圈，尽管有各种不同的说法，但都说明地域文化只有在春秋战国时期这样一个历史背景之下才能产生，并影响了中华文明数千年。

二、齐鲁为中华文明"轴心时代"的文化重心

中华文明有一个"轴心时代"，这个时期产生的伟大人物的

思想影响至今。如孔孟的思想，无论世界怎样变化，我们的人生观、价值观和世界观，都深深地受到孔子和孟子的影响。孔子的思想核心是仁和礼。仁，"仁者爱人"，包括忠恕思想，"己所不欲，勿施于人"，"仁"的思想核心是讲爱的。"老吾老，以及人之老；幼吾幼，以及人之幼"，这是推己及人。另外，孔子的核心思想还有礼，如果没有礼，天下就要乱。礼要先从家庭里的孝悌开始，首先要孝敬父母，这既是一种仁，也是一种礼。在家尊敬父母，入仕才能尊敬国君，天下才能不乱。如果没有了礼，天下就会失去秩序，家庭以及社会也就失去了规范。

傅斯年先生提出了这样一个命题，他说："自春秋至王莽时，最上层的文化只有一个重心，这一个重心便是齐鲁。""轴心时代"是中华文明的核心时段，而齐鲁文化又是"轴心时代"文化的重心所在，所以齐鲁文化在整个中华文明中的地位，可以说是核心之核心、轴心之轴心、中心之中心，是任何其他地域文化所不能替代的，是独一无二的。为什么齐鲁是这个时代的唯一重心？这个重心有什么表现？我认为至少有以下几个方面：

1. 诸子百家多出齐鲁

战国时期出现的至关重要的文化现象，是诸子蜂起。上文已简述所谓诸子百家，最主要的有六家：儒、道、墨、法、阴阳、名。所以我们主要分析前面六家。其中儒家无须多言，孔子、孟子都是鲁人。荀子虽是赵人，但数十年在齐国稷下，亦可作齐人看。

老子和庄子两位道家的伟大人物都不是齐鲁人，但在战国时期，道家有两大学派，老庄学派和黄老学派。"老"，指道家学派的始祖老子，老庄学派以老子、庄子为代表，故名。"黄"，指传说中的黄帝，黄老学派尊黄帝、老子为学派的创始人，以他们的言论为学派的指导思想，故名"黄老学派"，黄老学派就产生于齐国的稷下学宫。秦始皇灭齐后，稷下黄老学者来到山东的高密、安丘，即现在潍坊东南一带，开始在民间传播黄老思想。曹参以黄老治齐大获成功而入相，齐国的黄老思想成为汉初盛世的统治思想，汉文帝、汉景帝统治时期的"文景之治"便推崇黄老治术。所以道家很重要的流派是在山东产生并开始传播的。

墨家的代表人物墨子是鲁国人。

阴阳家的主要代表人物邹衍、邹奭都是齐人。"阴阳五行"学说是在齐国成长为大学派的，"阴阳"和"五行"思想都产生得很早，本是两个不同的学说，在战国后期，两大学说的合流诞生了伟大的阴阳五行家，形成了中国传统思维的基石，这是在齐国发生的。顾颉刚先生说阴阳五行思想是"中国人的思想律"，中国人考虑问题总是从阴阳出发，离不开金、木、水、火、土这五行，中医的理论即源于此，讲究阴阳平衡，这成为中国人思考问题的一个准则。

法家的代表人物虽然主要活动于三晋地区，即韩国、赵国、魏国，还有秦国，但一般认为法家的先驱是管仲，《管子》中就有《任法》篇专讲法治。法家在历史上分为齐法家和三晋法家，齐法家以管仲为代表，管仲是法家的创始者、先驱。在战国时期稷下学宫的法家中，齐法家是一个至关重要的大学派，所以法家同样是和齐鲁联系在一起的。

与法家情况相似，名家中虽也没有人生于齐鲁，但是在齐国的稷下学宫之中，名家是一个很重要的学派，田巴、倪说、尹文都是代表人物。

诸子百家最主要的六大学派，其中儒家、墨家、阴阳家的创始人或代表人物都是山东人，道家、法家、名家的代表人物虽然不是山东人，但其中的主要流派产生于山东或者主要流派的代表人物是山东人，所以我们说诸子百家多出齐鲁，这个说法应当是没有问题的。

2. 儒、墨"显学"并出齐鲁

在诸子百家中，当时声势最大、影响最大、人数最多的学派是儒家和墨家，号称"显学"，《韩非子》中有《显学》篇专门描述儒家和墨家的影响力之大。这就意味着在诸子百家里，最辉煌的学派都出自山东。在这些学派里，"儒分为八"，"墨离为三"，儒家分成八大支派，墨家分离为三派，这两家的支派代表人物基本上都是山东人。孔子去世以后儒家分为子张之儒、子思之儒、颜氏之儒、孟氏之儒等八大儒家学派，这八大学派的代表人物可以说都是山东人，除了孙氏之儒指荀子，在齐国的稷下，其余的基本上都是鲁国人。孔子有弟子三千，其中有七十二贤人，在现在可考的孔子弟子当中，绝大多数是齐人、鲁人，鲁人最多。据匡亚明《孔子评传》统计，齐鲁籍弟子在孔子众弟子中的占比为73%。李启谦教授的《孔门弟子研究》指出，齐鲁之人占比为70%。可以说，孔子的伟大在于他创立了学说，但是儒家之所以能够形成学派，还在于孔子的弟子们能够广泛地传播孔子学说，弟子再教弟子，儒家才得以发扬光大。所以儒家之所以能够成为"显学"，当时的山东人贡献实在是太大了。

3. 百家争鸣，汇聚稷下

就百家争鸣而言，依当时的条件来讲，这些诸子学派不聚集在一起就无法争鸣。那聚集在哪里呢？当时各个国家都忙于战争，唯有齐国在都城临淄设立了稷下学宫。稷下学宫存在了一百五十年，诸子百家的各学派聚集在这里，相互批判、反驳、吸收、融合。假如没有稷下学宫，楚国在长江流域，魏国、韩国在黄河流域，山东在东部，秦国在关中，各国学者无法聚集在一起，怎么争鸣？近年来稷下学宫的研究证明了稷下是唯一的百家争鸣中心。诸子百家大部分与齐鲁有关，但是，即使是鲁国和齐国的人，倘若不给他们提供一个场所，也无法聚在一起争鸣。所以，诸位学人为了能够争鸣便都聚集到齐国，又因为战国时期齐国的文化政策非常开明，集聚齐国才成为现实。

稷下学宫经历了六代国君。以我们今天的观点看，它应是中国历史上最早的大学堂，最早的研究院，也是最早的智囊团，三位一体。

学术界一般认为：稷下的主流学派是黄老学派，但对儒家也影响巨大。孟子周游列国二十多年，三次到稷下学宫，在稷下学宫待了二十年（这个数字不好准确统计，接近二十年）。

儒家集大成的学术大师荀子在稷下学宫待了四十多年，他一生的大部分时间都在稷下学宫，而且三次做稷下学宫的祭酒。中国历史上最早称为博士的是稷下先生，秦始皇封七十博士，汉代有五经博士，"博士"这个名称即来源于稷下学宫。从这个角度看，稷下学宫是中国历史上最早的大学，而稷下的学派几乎囊括了战国诸子各学派，这个贡献也突显了齐鲁文化的重心地位。

郭沫若先生对稷下学宫曾有很高的评价，他说，"这稷下之学的设置，在中国文化史上实在是有划时代的意义"，认为稷下学宫是当时学者荟萃的中心，诸子百家争鸣的盛况在这里达到了最高峰。

4. 先秦兵学，最盛于齐

齐国的兵学最盛。中国古代有"十大兵书"，其中有六部出自先秦时期。这六部书诞生在春秋战国这五百年间，而其中有四部是齐人所著，即《六韬》《司马兵法》《孙子兵法》《孙膑兵法》。这种智慧为什么能够出现在齐鲁？为什么诸多文化圣人生于齐鲁，科技圣人墨子生于齐鲁，兵法研究所达到的最高水平也在齐国？这只能说明这些民族的文化瑰宝只能产生在"轴心时代"的文化重心之地，不会产生在其他地方。

5. 伟大思想家多出齐鲁

中华文明"轴心时代"的春秋战国时期产生了众多影响中国文化进程的伟大人物。齐鲁作为当时的文化重心，则是伟大思想家的摇篮。像孔子、孟子、墨子、管子、孙子、荀子，这一批伟大的人物都产生在齐鲁大地。

6. 经典著作多出齐鲁

"十三经"中绝大部分作者可考的儒家经典，都是山东人所著。宋代以后一千余年里，历代科举考试的必读经典著作"五经"是孔子所编，"四书"也是山东人所作。湖南人石一参在《管子今诠》中说："中国古代之政术者，以管子为能集殷周开国二勋伊尹、吕尚之大成。"伊尹是商朝的开国宰相，吕尚指姜太公。石一参认为《管子》是集中了商代和西周两位伟大人物思想大成的著作，与老子的道学之大成、孔子的儒学之大成鼎足而立，合墨子，并称"四哲"。在代表春秋战国时期中华文化最高峰的四部著作中，《管子》《论语》《墨子》三部都是山东人所著，足见在中华传世经典方面齐鲁文化的特殊贡献。

众多的史实证明，在中华文明的"轴心时代"，齐鲁文化做出了其他区域无法比拟的特殊贡献，奠定了其文化重心的深厚基础；而正是中华文明"轴心时代"文化重心的特殊地位，成就了齐鲁文化在秦汉时代由一地域文化上升为民族文化的主流，儒学由百家之学上升为中华传统文化的主干；齐鲁之邦成为中华人文圣地。

（根据山东教育卫视"齐鲁文化"系列讲座讲稿整理）

从文化重心到人文圣地

中国地域广大，幅员辽阔。在中华文明发展的长河中，各地的贡献均有差别，各个时代也有不同的重心所在。在中华文明发展的早期，尤其是被当代学者称作中华文明"轴心时代"的春秋战国时期，山东地区作为中华文化发展的"重心"，对中华文明的发展做出过独特贡献。有专家认为，以孔子来代表"轴心时代"的中国思想方式可谓理所当然。傅斯年先生在《夷夏东西说》中说："自春秋至王莽时，最上层的文化只有一个重心，这一个重心便是齐鲁。"分析这一"重心"形成的历史，大致可以分为四个阶段：一是史前夏商的孕育期，二是齐、鲁立国的奠基期，三是春秋战国的形成期，四是秦汉时代的结晶期。

一、史前夏商的孕育期

中华早期文明的"重心"是奠基于山东这一古老文明发源地之上的。自20世纪30年代在山东发现龙山文化以来，大量考古挖掘发现，以泰山为中心的海岱文化区是一个由后李—北辛—大汶口—龙山—岳石依次组成的自成序列、独立发展的高文化区。而最早发现的大汶口陶文及龙山文字陶片、大量规模不等的龙山文化城遗址，以及大量有关上古以来代代帝王封禅的泰山宗教文化记载，都证明山东地区的确是一个发展程度很高的黄河文明的核心区域。

山东在夏、商时代有数百个邦国林立的东夷古国。根据文献记载，在"夷夏交争"的民族文化融合过程中，以山东为核心区的东夷部族的后羿、寒浞曾代夏而立，反映出东夷文明的发达和实力之强。20世纪30年代以来，在山东青州苏埠屯商代大型贵族墓葬和济南大辛庄商代文化遗址出土了大量精美青铜器、随葬品，尤其是在全国学术界引起轰动的苏埠屯"亚丑"青铜钺和大辛庄大量刻有文字的卜骨证明，"墓主人可能是仅次于商王的方伯一类的人物"。结合商末分别占据潍淄流域与汶泗流域的两个东方大国薄姑与商奄起兵反周的史实来看，齐、鲁被分封于商代两个文化发展水平很高的区域，为其后来发展为文化重心打下了坚实基础。

二、齐、鲁立国的奠基期

齐鲁"重心"地位的形成，应肇始于齐、鲁的分封建国。周封天下，特重齐、鲁。周武王"封功臣谋士，而师尚父为首封。封尚父于营丘，曰齐。封弟周公旦于曲阜，曰鲁"（《史记·周本纪》）。周武王将姜太公与周公这两位灭商统帅和安邦首辅分封于齐、鲁。

齐、鲁形成中华早期文明的"重心"之地，固然与其自古以来形成的深厚文化基础密切相关，而其发展的契机则与商周之际的巨大社会变革有直接关系。周灭商，从中华民族早期形成的关系角度看，是夷夏冲突中，处于西方黄土高原的夏对东方夷的胜利；从社会变革看，则是"旧制度废而新制度兴"。在这场变革中，作为殷商东方重镇的薄姑与商奄，因其对周政权的激烈抗争而使泰山南北这两个殷商旧势力之地显出极端的重要性。周公东征灭商奄与薄姑的胜利，为齐、鲁建国向"重心"地位的发展扫除了障碍，奠定了基础。

周王室分封齐、鲁是富有远见的政治之举。大约他们已经感受到东方殷商势力的反抗是一场文化革命，周统治者为实现"溥天之下，莫非王土"的目标，有意在东方建一个文化据点，自然就选中了汶泗流域的鲁地。

从封主分析，周封齐、鲁，在军事与文化两个方面用心深远。封姜太公于齐，意在建立镇抚东方的军事重镇；封周公于鲁，则意在传承发展周文化于东夷之地。周封齐之后即授姜太公以"五侯九伯，实得征之"（《史记·齐太公世家》）的征伐大权，成为后世齐国称霸的基础；而封鲁之时，则特别将一些传世文物、典策、器物以及主持王室祭祀的职业官员配送于鲁，使仅供周王室使用的"四代之服、器、官，鲁兼用之"，让鲁国享有"王礼"（《礼记·明堂位》）。这些做法都在立国之初为齐、鲁奠定了成为东方文化重镇的深厚基础。

齐、鲁立国之后，分别采取了不同的建国方针，发挥各自的文化优势，大大提升了形成"重心"的文化基础。齐国简政从俗，工商立国，尊贤尚功——奠定霸业基础；鲁国崇礼革俗，强农固本，尊尊亲亲——强化礼义之邦。这都为春秋战国之世，齐、鲁成长为中国文化的"重心"准备了条件。

三、春秋战国的形成期

1. 齐逞霸业，鲁兴礼乐，共同构筑起文化"重心"

春秋之世，王室衰微，列国争霸，这为区域文化发展和齐、鲁发展成中华文化"重心"带来了新机遇。齐、鲁两国一逞霸业，一兴礼乐，共同构筑起文化"重心"。

鲁之所以成为礼乐文化中心，首先，在于它秉持周礼，以礼治国，各国诸侯大多因尊周礼而尊鲁。《左传·闵公元年》记载齐桓公欲伐鲁，大夫仲孙湫劝止道："不可，犹秉周礼。周礼，所以本也。……鲁不弃周礼，未可动也。"因秉周礼而不可伐，清楚说明了鲁在当时列国中的文化地位。其次，鲁大量保存了周王室及各诸侯国的礼乐典章。《左传·襄公二十九年》记载：吴国公子季札到鲁国观周乐，鲁乐工为其演奏诸侯各国俗乐十五《风》，及《小雅》《大雅》《颂》乐，让季札甚为惊叹。鲁昭公二年（公元前540年），晋国韩宣子到鲁国看了礼乐陈设及典章图志，盛赞"周礼尽在鲁矣"。孔子周游列国"自卫反鲁，然后乐正"；孔子之时，鲁有存诗三千余篇，经过孔子整理，"三百五篇孔子皆弦歌之……礼乐自此可得而述"，成三百篇之《诗经》。可见，到春秋末期，鲁国无论在典籍器物保存，还是在文化人才的聚集上都是集大成之地。周代的礼乐文化确已集中到鲁国，鲁成为周礼文化的代表及"重心"所在。

与鲁国以发展礼乐文化、提升"重心"地位相映成辉，齐国以霸业成为当时诸侯各国政治、文化交往的中心。齐桓公在管仲辅佐下，于春秋前期成就霸业近半个世纪。其对文化的提升在于，称霸是以主会盟、尊周室、倡礼义、伐戎狄、护中原为主要内容。正如孔子所赞许的："桓公九合诸侯，不以兵车，管仲之力也。如其仁，如其仁。"（《论语·宪问》）其霸业成为一种备受称赞的"仁"举，主要靠的是诸侯会盟而不是武力征服或战争。

从会盟的内容看，虽有政治、军事的，但主要还是文化的。

管仲认为，齐桓公是"以礼与信属诸侯"，"夫诸侯之会，其德刑礼义，无国不记"（《左传·僖公七年》）。而《孟子·告子下》则记载了齐桓公葵丘会盟的一些具体条款，如要求诸侯"诛不孝""尊贤育才""敬老慈幼"等。这大致可以说，所谓齐桓公称霸主要是在文化上称霸。所以，清代学者马骕总结齐桓霸业的会盟是"衣裳兵车之会，大率尊天子而示信义"，而他的征伐主要是针对"天子卑弱，诸侯力争，南夷北狄交伐中国"的局面。[①]南伐荆楚，北征戎狄，目的主要在遏制南北方落后民族对中原文化的掠夺性破坏，"把当时中原的诸侯国组织起来，并逐渐消除诸侯国之间的界限，这是统一中华民族的一个步骤"[②]。齐桓公之后，齐国国势的发展有起伏，但终春秋之世，齐国始终为东方一霸，至齐景公有"复霸"之称，国力强盛，城市繁荣，是影响巨大的文化大国。可见，春秋时期，齐、鲁已实际成为文化的"重心"。

2. 孔子对齐鲁文化"重心"地位的提升

春秋末期，孔子的出现将齐鲁文化的"重心"地位提升到一个新阶段。而孔子一生的活动与贡献，又为其后战国时代齐鲁文化"重心"地位的进一步确立奠定了基础。

第一，孔子开中国私学教育先河，成为中国教育史上跟"学在官府"相对立的"学移民间"的划时代标志。他以"有教无类"授徒讲学，弟子多起微贱，开"平民以学术进身而预贵族之位"[③]的先河。私学之风一开，有识之士大量涌现，为春秋战国

① 张双棣：《淮南子校释》，北京大学出版社，1997。
② 冯友兰：《论管仲》，载《中国哲学史论文集》（第1辑），山东人民出版社，1979。
③ 钱穆：《先秦诸子系年·孔子弟子通考》，商务印书馆，2001。

时代"士"的兴起和礼贤下士之风的形成奠定了人才基础。

第二，孔子借助鲁国丰富的文献典籍，整理三代以来古文献，编定"六经"，打破了历史文献典籍被贵族垄断的局面，使之走向社会，传之后世。这就使齐鲁成为三代以来历史文献荟萃整理之地、传世经典产生之源，为战国诸子百家提供了文献基础和私家著述的典范。

第三，孔子为齐鲁之地培养了大量人才。《史记·孔子世家》记载他有弟子盖三千焉，身通六艺者七十有二人。而孔子弟子中以鲁人与齐人为最多。据有关学者考证：仅传之后世而知其名者，就占70%以上。[①]弟子又教弟子，有"弟子徒属充满天下"之盛况。可见，齐鲁之地形成了一个其他区域难以相比的人才培养基地。

3.诸子百家对齐鲁文化"重心"地位的展现

战国以降，大国争雄，礼贤下士，诸子蜂起，形成了中国文化史上"百家争鸣"的新时代。在此时期，随着齐鲁文化自身的进一步发展及列国纷争形势的造就，齐鲁的文化"重心"地位进一步显现出来。

第一，诸子多半出齐鲁，齐鲁成为诸子之源。如前所述，在其学派主张传之后世且主要代表人物可考的主要六学派：儒、道、法、墨、阴阳、名家之中，儒之孔、孟，墨之墨翟，都是鲁人；阴阳家之邹衍、邹奭，都出齐鲁。其余三家中，《汉书·艺文志》著录道家类，列伊尹与太公（姜尚）为道家之首，也将《管子》列入道家，这反映出在老、庄未出现前，道家思想萌芽与齐国有更密切的关系。事实上，太公封齐，以道术治国，太公

---

① 钱穆：《先秦诸子系年·孔子弟子通考》，商务印书馆，2001。

与道家关系渊源有自；同时战国道家的重要一派——稷下黄老学派的形成与发展则主要在齐国稷下学宫。齐人田骈、接予以及环渊等一大批齐之稷下先生是这方面的代表人物。法家多出秦、晋，但法家与齐国的关系却源远流长，甚为密切。佐齐桓称霸的管仲就是一位法家的先驱人物。齐国有一个管仲学派，号称齐法家，其思想大多集于《管子》一书中。荀子的思想及理论体系受齐国法家学说的影响相当大，其发展孔子之礼学，"隆礼尊贤而王，重法爱民而霸"。荀子的学生韩非和李斯，成为法家集大成者。名家代表人物中，邓析是郑人，公孙龙是赵人，另两位名家学者尹文和宋钘则是著名的稷下先生，曾在齐国久居。可见，道、法、名三家与齐鲁文化实有密不可分的关系。如是说来，说诸子百家多出齐鲁，实为的论。

第二，百家争鸣之中心在齐鲁。钱穆称："扶植战国学术，使臻昌隆盛遂之境者，初推魏文，既则齐之稷下。"[1]魏文侯为三家分晋始封之侯，其拜孔子弟子子夏为师，礼贤下士，开战国养士之风，曾有十多位贤人汇聚其门下。其封侯三十八年，时当战国之初，诸子学派尚未形成，难于形成百家争鸣中心。田齐统治者在齐国都城临淄设立稷下学宫，时间长达一个半世纪，影响整个战国之世，人数多至"数百千人"。当时各国的学者，都从四面八方汇聚到稷下学宫，展开自由争鸣，百家理论各现稷下讲坛。被称为稷下先生著述总汇的《管子》，汇聚了各学派的理论成果，稷下学宫被称为田齐政权官办的大学堂，其存在时间之长、规模之大、百家学者之多、影响之深远，都远非魏文侯及以"四君子"为代表的私人养士者所能望其项背。稷下实际成为战国时

---

① 钱穆：《先秦诸子系年·稷下通考》，商务印书馆，2001。

代最大的学术活动中心，也是百家争鸣的主要基地，郭沫若评价"周秦诸子的盛况是在这儿形成了一个最高峰的"[①]。

第三，战国诸子之中，儒、墨并称"显学"，也是齐鲁"重心"地位的重要展现。这两家源于齐鲁，兴于齐鲁，在当时是影响最大的学派。其共同特点，一是弟子众多，所谓"孔墨之弟子徒属充满天下"；二是支派林立，世称"儒分为八，墨离为三"（《韩非子·显学》）；三是影响巨大，《吕氏春秋·仲春纪·当染》称赞说，"孔墨之后学显荣于天下者众矣，不可胜数"；四是品第极高，儒家之中不仅产生了如孟子、荀子、子思、曾子等儒家大师，还产生了众多传播、发展孔子思想的"圣贤"之人，如七十二子等，墨家学派也产生了禽滑釐等著名学派领袖人物。

就儒、墨两家来看，其称"显学"，实为两大品第极高的智力集团。儒家重教育，主要培养思想家、教育家；墨家重实务，主要培养科技实用型专家。前者为中国私人教育之先导，是当时中国人文科学的顶端；后者实开中国科技教育之先河，代表那个时代中国自然科学发展之高峰。儒、墨两大"显学"，俱出齐鲁，既是"重心"的产出，也是"重心"的硕果。

第四，先秦齐鲁兵学的发达，是其"重心"地位的另一大展现。春秋战国时代历经五百余年诸侯争霸、列国纷争，从军事哲学及实践经验上进行理论总结而成丰硕之果，首推齐国军事家。先秦时代号称有六大兵书，即《六韬》《司马兵法》《孙子兵法》《孙膑兵法》《吴子兵法》《尉缭子》，前四种皆为齐人所著，而著《吴子兵法》的吴起是卫国人，也曾在鲁国出仕多年。事实

[①] 郭沫若：《十批判书》，东方出版社，1996。

上，先秦兵书出于齐者还不止以上数种，《管子》《荀子》《鲁连子》等书中都载有重要的兵学内容。《汉书·艺文志》著录有《子晚子》一书，班固自注曰："齐人，好议兵，与司马法相似。"这大约也是一部现已失传的齐人兵书。齐人中的军事家，除享誉世界的孙武、司马穰苴、孙膑外，像姜太公、管仲、田单，乃至田忌、齐威王都是卓尔不群的军事家。众多军事家与兵学典籍多出于齐，反映出齐国悠久的兵学传统和深厚的兵学根基，为"重心"的展现增添了一道亮丽的风景线。

四、秦汉时代的结晶期

齐鲁文化在春秋战国时期的"重心"地位并未因秦的统一而黯然消亡，而是在新的大一统情势下，焕发出新的光彩，深深影响着秦汉时代的政治、经济和文化。

1. 齐鲁文化对秦代的影响

在秦代，齐鲁文化是对秦始皇影响最大的区域文化。这可从齐鲁文化在秦的戏剧性遭遇中反映出来。前期秦始皇最重视齐鲁及其文化。

第一，最向往、重视齐鲁之地。秦始皇在统一后的十一年中，四次东巡，三至齐鲁。不仅上峄山、泰山、琅玡及半岛海岸线，而且刻石勒功，特重文采。《史记·秦始皇本纪》共录秦石刻辞八处，有六处在齐鲁。

第二，最倚重信任齐鲁儒生与方士。秦始皇立儒生七十人为博士，参议朝政，随时请教问询，"东行郡县"，专门向鲁地的儒生请教祭山川的礼仪，可见其对儒生的重视。他听信方士"不死之药殆可得"的说教，"甘心于神仙之道"。他之重视方士，造成了"燕、齐之士，释锄耒，争言神仙。方士于是趣咸阳者以千数"(《盐铁论·卷六·散不足》)。后期的焚书、坑方士及儒生，酿成历史惨剧，其原因固然是儒生在政治上固执的偏见和迂腐的"冒犯"，以及方士的欺骗招来报复，而其实质则源于齐鲁自春秋战国以来所形成的文化强势与以攻战一统天下的专制之秦的文化冲突，由此引发秦始皇这位刚愎自用的暴虐君主前恭而后倨，以至发生"焚书坑儒"的惨案。

2. 齐鲁文化对汉代的影响

齐鲁文化在汉代政治、文化乃至经济方面的影响之大，尤以汉初为最。在汉高祖至汉武帝时期的近百年间，齐鲁作为文化"重心"的优势进一步显露于世。

第一，汉初礼制多采儒礼，刘邦开封建帝王祭孔之先。汉家起于楚地，刘邦又是一个"谓读书无益"之人，素对儒生无好感，但是面对大一统帝国的创立和秦代二世速亡的教训，他还是虚心听取了儒道兼治的大学者陆贾等人的劝告，重用齐人叔孙通制定朝廷礼仪并接受其"征鲁诸生，与臣弟子共起朝仪"的建议，使汉家制度的基础多立于儒家礼制之上。刘邦于汉高祖十二年（公元前195年）在平淮返回途中，亲赴曲阜召见儒生，用太牢之礼隆祭孔子，成为历代帝王中第一个祭孔者。

第二，黄老之学为汉初统治思想，主要形成于齐国的稷下黄老之学，齐亡后一直在齐地的胶西一带传播发展。曹参以"黄老"治齐，结果"相齐九年，齐国安集，大称贤相"。因而，倡言"处无为之事，行不言之教"的黄老之学成为颇受汉初统治者欢迎的人主之术、治国良方。据说"文帝本修黄、老之言，不甚好儒术，其治尚清净无为"，而景帝时"窦太后好黄帝、老子言，帝及太子诸窦不得不读《黄帝》《老子》，尊其术"(《史记·外戚世家》)。历史上所谓"文景之治"，其治术多采黄老，而且一直延续到武帝"罢黜百家"之时，前后约半个多世纪。

第三，齐鲁之学居西汉经学主流地位。历经战国以迄秦汉的代代授传，齐鲁之地形成了儒学丰厚的社会根底和人才基础，在汉惠帝四年（公元前191年）"除挟书律"后，经学传授复盛，一时大师云集，几成垄断之势。《史记·儒林列传》言汉初传经大师，五经八师，有六位是齐鲁之人。钱穆考证出汉初经学博士十二人，其中八人是齐鲁之士，连同授齐学的董仲舒、晁错，则达十人之多。可见汉初经学齐鲁居主流。

汉代经学最重师法，经学宗师又多出齐鲁。所谓汉代经学的昌明、极盛时期，实际就是齐鲁之学弥漫的时代。汉代经学的繁盛，齐鲁之学实为主流。延至东汉今古文之争中所涉经学大师，如孔长彦、季彦、何休、马融、郑玄等，俱为齐鲁之人，而郑玄则是"括囊大典，网罗众家，删裁繁诬，刊改漏失"，又能融合古今、遍注群经，集今古文之大成的人。这是齐鲁为中华文明发展做出的又一大贡献。

第四，汉武帝接受董仲舒的建议，"罢黜百家，独尊儒术"，是儒家本身在大一统条件下与时俱进、不断演变的必然，也是齐鲁文化"重心"地位的结晶。

董仲舒为赵人，但负笈求学于齐。作为公羊学大师，他既得孔学真传，又得齐学之教，正是一位在新的大一统社会文化环境下能够博采百家、融通齐鲁、推动儒学趋时求合的一代儒家宗师。董氏儒学既推明孔子、阐扬仁学，又融合齐学之阴阳五行，讲天人感应，兼采墨、法等尚同、法治思想，将儒学改铸成新学说。据《史记·儒林列传》："兰陵王臧既受《诗》，以事孝景帝为太子少傅。"这说明，鲁诗大学者王臧是武帝做太子时的老师，汉武帝之好儒学，也是深受齐鲁文化的影响。从某种意义上讲，"罢黜百家，独尊儒术"非董仲舒不能，非汉武帝不成，而二者正是齐学、鲁学培育的结果。

五、从文化"重心"到"圣地"

"罢黜百家，独尊儒术"是个分水岭。从此，儒学由诸子百家之一的学派上升为一国独尊的官学，同时山东之地也由中华早期文明的文化"重心"升级为"圣地"。"圣地"文化随孔子地位的不断攀升而发展，随圣人、圣迹、圣裔的不断加封而扩大，到明清时代达于巅峰。山东"圣地"也具有越来越丰富的内涵。

1. 产生了以孔子为代表的众多圣人

孔子汉代封公，北魏时封"文圣尼父"，即有圣人之名，唐玄宗时封"文宣王"，北宋则封为"至圣文宣王"，自此"至圣"成为孔子的代称。非但如此，其弟子后学也因之称"圣"，颜回称"复圣"，曾子称"宗圣"，子思称"述圣"，孟子称"亚圣"。山东成为圣人们的故乡。

2. 涉圣者称圣迹

孔子的故居孔庙，称为"圣庙"，孔子的墓地孔林称为"至圣林"，孔子当年吃的水井称"圣水井"，恭奉孔子五代先祖之地称"承圣门""崇圣祠"，祭孔子父母之地称"启圣殿""启圣王寝殿"等等。邹城孟子故居则建有"亚圣庙""亚圣林"，还有"复圣庙""宗圣庙"等等。

3. 圣裔遍布全国各地

孔子之后代嫡孙自汉代即袭封为侯，北宋仁宗时，将其嫡孙封为"衍圣公"，并另建官宅合一的府第孔府，称为"圣府"。孟氏亦建有"亚圣府"，世世袭封。孔、孟、颜、曾等圣裔随时代发展遍布全国各地，但仍以山东为其故乡，孔氏嫡系后裔死后大都归葬孔林，现有10万坟冢之多。

以孔子及其弟子后学为代表的圣人系统，以孔庙、孔林为代表的圣迹系统和以孔府为代表的圣裔系统，构成了山东以"三圣"为中心的"圣地"，形成由精神到物质传承不竭的"圣地"文化气象。

六、"圣地"文化对中华文明的影响

自西汉至清末的两千余年，以孔孟为代表，以"三孔""四孟"为标志物的"圣地"文化，对中华文明的发展，发挥了其他任何地方都无法达到的文化影响力。其在增强民族凝聚力、维护国家统一、弘扬传统文明中的贡献，也是其他区域难以企及的。具体分析主要表现在以下四个方面：

1. 民族文化认同的标志

汉代以后，曾有数次北方少数民族入主中原形成民族文化大融合的历史时期。在经过金戈铁马的攻战和腥风血雨的镇压之后，那些在马上得天下而在人口数量及文化发展均处于劣势的统治者，欲以"四两拨千斤"的方式巩固其统治地位，大多首先来到圣地，拜倒在孔子脚下。他们往往从这里认识中华文明的博大精深，吮吸丰富的文化营养，也往往从这里切入汉人的精神世界，加速民族的思想文化融合，开始了政权的软实力建设。他们加封孔子，大修孔庙，重用孔氏后裔，以对圣人的尊崇展示对中华主体文明的认同。而传统的中国人主体——汉人，也从他们对孔子的膜拜中，看到少数民族统治者对本民族文化的认同和文化一致性，从而接受统治现实，为民族文化的大融合奠定了思想基础，最终使国家的文化主体统一于以儒学为核心的中华传统文化之下。例如：北朝时期，鲜卑族的北魏统治者孝文帝，不仅首封孔子为"圣人"，而且重置鲁郡，以太牢之礼祀孔子，定祭孔庙之制，封孔子后裔为"崇圣大夫"，在京师立孔庙，亲至阙里祭孔，并实行大规模"汉化"政策。由此，北魏缓和了与汉族世家的矛盾，巩固了政权，成为北朝十六国中，延续时间最长、最稳固的政权之一。金人入侵中原后，衍圣公随赵宋政权南迁浙江衢州，但金统治者仍于统治山东后的第二年始，采取一系列尊孔措施，在曲阜立孔氏后裔为"衍圣公"，形成了孔府南北二宗的局面。而元代统一中国后，不仅加封孔子为"大成至圣文宣王"，且以加官晋爵之策，南北合宗，归于山东曲阜。元代统治者采取在京师大建孔庙，扩建阙里孔庙，将庙、宅分开，扩建孔府，提升衍圣公为三品等措施，以展示对孔子的崇敬和文化认同。清代统治者入主中原伊始，对孔子的尊崇和"圣地"建设超越前代，达到两千年来登峰造极的程度。开国之初的顺治元年（1644年），即大赐衍圣公祭田两千余顷，孔林增二十一顷。在明代定一品的基础上，又定衍圣公为"文官之首"，特赋予其在紫禁城骑马、在御道上行走等位极人臣的尊荣。仅清朝顺治十余年间，就两次加封孔子为"大成至圣文宣先师"与"至圣先师"。康熙更亲临曲阜祭孔，题"万世师表"匾额，尊崇无以复加。大致可以说，孔子之"圣人"、山东之"圣地"地位步步跃升如此之高，是与少数民族政权的特意尊孔不无关系的。而正是孔子及孔子故乡的巨大文化影响力，使历史上少数民族入主中原的时期，成为中华民族高度认同、民族文化大融合的时期。

2. 维护国家统一的精神支柱

崇孔尊儒，始于大一统的汉代。刘邦亲赴曲阜，开帝王祭孔之先，汉武帝提出"罢黜百家，独尊儒术"，都是看到了孔子与儒学对维护国家统一的巨大文化影响力，这对后代统一王朝具有重大影响。如果说，马上可以夺天下，那么，孔子及其学说则可以治天下，维护天下的统一，防止一统的分裂。后世统一王朝的帝王都以尊孔崇圣作为文化上实现和维护统一的手段，以尊孔读经实现一统天下的教化意义，以尊孔崇圣引领知识分子和民族精英践行"修身、齐家、治国、平天下"的人生追求，也以尊崇孔子显示自己传承文明、仁爱天下的明君形象。一代代帝王推尊孔子，在形象上就成为孔子思想的维护者、传承者、推广者，就同孔子站在一起，为拥护者筑起精神的圭臬，从而使孔子及"圣地"成为维护国家和民族统一的思想支柱。汉后，唐贞观之世升孔子为"先圣"，尊之为"宣父"，唐玄宗开元天宝盛世追谥孔子为"文宣王"，宋代真宗加谥孔子为"至圣文宣王"，仁宗封孔子后裔为"衍圣公"，明代永乐时加封"衍圣公"为正一品，清乾隆行三跪九叩大礼亲拜孔子，一生八次亲临曲阜，并将女儿嫁与孔门。历代统一王朝的盛世，无不在尊孔上大做文章，成为孔子地位提升最快、"三孔"地位大力提升的重要时期。

3. 历代中国人的精神家园

孔子一生的主要职业是教授弟子。一个传道授业之师，后代统治者却加封晋爵，封公封王，位极尊显，称"至圣先师"，将"师"与"圣"结合在一起，有力推动了中国两千余年尊师重教优良传统的形成与发展。孔子是中华传统道德的理论创始者与实践者。千百年来，一代代上至帝王下至黎庶的中国人以朝圣心态被吸引到以"三孔"为代表的"圣地"，拜孔子，崇圣人，读其书，观其迹，思其为人，历览千秋风云变幻，钦慕孔子的伟大与永恒，无不受到强烈的文化感染与熏陶，孔子的故乡成为中国人向往的精神家园和道德灵魂的安抚之地。作为孔子故乡的文化

"圣地"，这里留存的孔子及其弟子的印迹、历代先贤哲人留下的石刻墨宝及尊孔祭孔的遗迹，就是中华五千年文明的集中展示之地。一代代中国人亲至"圣地"以追思怀古幽情，引发民族自豪感，寄托对孔子的敬仰和倾慕，感受儒家文化的熏陶和力量。"圣地"成为接受中华传统文化的教育和洗礼之地。

4. 传统道德文明的示范之乡

孔子故乡的"圣地"文化，有其特殊优渥的文化环境和深厚的历史文化资源，而历代的孔子故乡人、齐鲁之地的山东人，形成了不同层次的传承发扬以儒学为核心的中华传统道德的示范群体。

第一，形成了以孔府、孟府为中心的孔、孟后裔的道德示范之家。清人纪昀所题孔府楹联"与国咸休安富尊荣公府第，同天并老文章道德圣人家"，既是对孔府社会地位的真实表述，也是对孔氏后裔道德律条的概括。自汉代始，孔氏后裔封爵，往往兼曲阜县令，其职责之一即管理圣人后裔。宋代封孔子嫡裔为"衍圣公"，元代以后，官宅合一，孔府主要职能之一即是管理、教育庞大的圣裔家族。即使至明、清两朝，衍圣公位至一品，孔府官署的主要职能之一也是教育、管理圣人后裔。为提升道德文化水准，魏晋时期，孔子后裔即设立孔府家学；宋代则更在孔庙之侧设庙学，专收孔氏子孙入学；明代将孔氏、孟氏、颜氏、曾氏子孙设学教育，称"四氏学"。圣裔子孙都以慎终追远、遵承祖训为人生之一大追求与律条。孔府中为使孔氏后裔遵承祖训，代代以道德诗书传家，特立严格家规族训，以训诫圣裔子孙，这就在孔子故乡形成了以圣裔家族为庞大群体的道德示范之家。

第二，作为孔子同乡的山东人，既有"圣地"之人的自豪感，也有礼义之邦的自律。特别明清设省以后，山东作为孔孟之乡、礼义之邦，长期沐其风浴其俗，形成"圣地"特殊的道德风气，山东人在总体上成为有别于其他地方人民的有特殊人格修养之人。大体说来，主要有以下三个方面：一是崇德之风。特重道德修养，以德传家，以德为尚，山东成为道德模范之乡。二是重教之风。"万般皆下品，唯有读书高"应是山东人传承不息的社会共识。三是尊老之风。所谓"孝为百行之元"，山东人特重孝敬父母，由此也形成山东人浓重的乡土观念和恋乡情怀。钱穆先生在他的《中国历史精神》第六讲《中国历史上的地理与人物》中说过："中国各地区的文化兴衰，也时时在转动，比较上最能长期稳定的应该首推山东省。若把代表中国正统文化的，譬之如西方的希腊，则在中国首先要推山东人。自古迄今，山东人比较上最有做中国标准人的资格。"这大概就是说山东人的道德示范性吧！

齐、鲁文化特色比较

齐、鲁两国文化发展历经了千余年的漫长过程，该阶段不仅是中国社会制度变革最剧烈的历史时期，也是中华文明史上由统一而至分裂割据又走向大一统中央集权封建帝国的重要发展期。在这样一个历史时期，齐鲁文化经历了一个动态的发展过程，也是一个外在表现异彩纷呈、特色迭出的时期，要用一些简单的语句静止地概括出一个剧烈动态变化中的文化特色并非易事，也难以准确。我们在这里做的是：基于有关文献和实物资料，对齐鲁文化所反映的一般文化面貌所呈现的普遍意义、文化特征做一概括的总结和表述。

一、文化渊源之比较

1. 族源不同：齐起炎帝，鲁起黄帝

炎、黄二族为同起于黄土高原的上古两大部族，但"成而异德"，发展为两大有姻缘关系的不同文化的部族。大致说来，黄帝为主居中原的华夏族之始祖，而炎帝为夷族及周边若干少数民族之始祖。姜氏为炎帝后裔，太公封齐，以姜炎氏族文化为族姓文化之基，立国于滨海东夷之地，比较多地保留了姜炎氏族及

东夷土著文化的特性。周公封鲁，带着黄帝之姬周文化来到东夷地，以"变其俗，革其礼"之策，摒弃当地东夷文化较多，最后以周文化代之，所以终成"周礼尽在鲁"的礼乐文化中心。

2. 方国文化基础不同：齐居薄姑旧地，鲁居商奄故地

周公东征消灭薄姑和商奄势力，齐、鲁始得就封建国。薄姑、商奄虽同为殷商时期的方国，而且现在也没有资料更详细地了解两国文化的细况及与商之关系，但据有关专家考察，薄姑为姜姓方国，应属炎帝系统，族系与齐同源，为久居齐地的土著族系之一，以鸟为其图腾。商奄为风姓方国，以龟为图腾。可见，两国实为文化传统并不相同的方国。其对齐、鲁文化的奠基作用和影响也是不一样的。

3. 对周文化的贯彻政策不同

姜太公采取"因其俗，简其礼"之策治国，因袭夷俗，简行夷礼，形成齐以东夷文化为主的文化特点。周公为周武王之弟以封鲁，又为周之礼乐文化的创制者，封国后，采取"变其俗，革其礼"之策对待原住居民，改变夷俗，革除夷礼，所以在周之强大文化攻势下，鲁建立了以周文化为主体的文化系统。

4. 齐、鲁两地东夷文化的差异，是两国文化渊源个同的主要基础

史称之东夷，并非一个文化统一的部族。史有"九夷"之说。虽然山东考古文化被证明从北辛文化—大汶口文化—龙山文化—岳石文化，形成了一个独立考古序列文化，说明山东的史前文化是渊源有自、独成序列的。但是，同一考古文化也可能包括起源不同的部落或部族。大致说来，齐地居岛夷、嵎夷，鲁地居淮夷，齐、鲁两地东夷文化的差异，对于形成齐、鲁文化的不同特色，起了更重要的奠基作用。

二、治国理念之比较

1. 齐尚霸道，鲁行王道

汉代刘向在《说苑·政理》中明确地表述道："故鲁有王迹者，仁厚也；齐有霸迹者，武政也。"齐自西周初，即受周王室之命："五侯九伯，实得征之。"对诸侯有征伐之权，已开霸业之端。鲁为"宗邦"之国，有"周之最亲莫如鲁"之说。鲁以王道治国，强调两点：一为礼乐教化，二为重德保民。

2. 齐重士族参政，鲁为贵族专权

就建国目标论，齐国因追求称霸图强，因而自太公始，提倡"尊贤尚功"，重用人才，举贤不避卑贱，尚功多由业绩，逐步形成君主强权下的官僚士族政治体制。齐也有宗室，如国、高二氏，但始终未能在齐长期执国柄，因而，齐国较多产生有为君主，即使是寒微出身如管仲等，都能在齐国得到建功立业的机会。当然，也正是由于齐国的政治体制，产生了田氏代齐的政治变局，田氏新兴政权的出现，保证了齐国霸业在战国时期的发展、延续。

鲁国行王道，因而自周公始即强调"尊尊而亲亲"，重用宗室，排斥异族。鲁国政权始终掌握在周公的后代手里，形成宗法贵族政治体制。春秋以来，鲁国宗室势力发展，以致后来宗法贵族坐大，公室卑微，国君权力日削。因而，鲁国历史上，除僖公等少数有为国君外，多为弱主而难有作为。大臣如臧文仲等著名政治家较少出现，与齐国相比，既未能形成"江山代有才人出"的局面，也很少产生在政治上大有作为的政治家。

3. 齐国尚变革，鲁国重守成

齐国政治始终处于不断变革发展的过程之中。观齐国历史，就大变革言之，至少有三：立国之初，太公以因俗简礼之策治齐，为一变；春秋之世，管仲鲜明提出"政不旅旧""尊王攘夷"等内政外交的重大改革举措，为二变；战国之世，齐威王任用邹忌为相，广开言路，以法治齐，为又一变。三变而使齐居霸主之尊，始终为东方大国强国。

鲁国政治家多以"先君周公"之言为立言标准，以周礼为治国准则，孔子在礼崩乐坏的春秋之末，不仅主张"一日克己复礼，天下归仁焉"，甚至以"久矣吾不复梦见周公"为大不幸之事。明人赵用贤认为，"变周公之法者，莫精于管子"，而不是任何鲁国人。孟子更提出要"法先王"，就是要效法古帝王的治国之术，更说明邹鲁之人治国，注重遵从前人遗教和传统，注重守成。

三、经济类型之比较

齐在立国之初，太公"通商工之业，便鱼盐之利"，奠定了齐国经济重视工商业的基础。春秋时期管仲治齐，进一步实行"士农工商，四民分业"政策，明确职业分工，让工商业能够世代相传。值得提出的是齐重工商，并未带来其他各业的凋敝，而是呈现出各业俱兴的局面，使齐国经济向多元和开放型发展。

鲁国自立国之初，即主要以农业为主，其文化亦建立在农业文化基础之上。由于鲁国重农，平时君臣议政多涉及一些"动不违时，财不过用"之类与农业有关的事，鲁国历史上影响最大的经济改革——初税亩，也主要是关于农业如何收税的。当然，说鲁国重农，也不是说鲁国没有工商业，但这些工艺很高的手工业，大都附着于农业，而没有形成大规模的工商业生产和商品交换。在历来的考古挖掘中，还没有发现铜铸鲁币，这与齐地出土大量刀币形成鲜明对照。

四、哲学思想之比较

纵观先秦以迄两汉时代的齐、鲁哲学思想的主流，其差异主要表现在齐尚道学，鲁尊儒学。

齐从姜太公立国之始，即实行"修道术，尊贤智，赏有功"之策。所谓"道术"，即因任自然的道家思想。自管仲而后，齐有管仲学派，也有人称其为齐法家，实际是道法结合，与秦晋法家大不相同。战国时期，在齐国稷下形成的黄老之学，亦是齐尚道学的一种时代产物。汉初曹参相齐，以黄老道家之术治齐，九年大治，百姓安集，大称贤相，更说明齐尚道学具有相当的文化基础。

鲁为周之宗邦，以继周为己任，所谓"周礼尽在鲁"。儒学在鲁国文化中的独尊地位，实际上与孔子大办私学、广收弟子有关。弟子大多为鲁人，儒学在鲁国文化下移的社会潮流中，成为鲁国全社会崇奉的思想学说。

五、学术风气之比较

1. 齐学重兼容，鲁学尚一统

齐尚道学，所以并不排斥其他思想的融入，齐学不断吸纳和包容各种思想的存在、发展，形成多家思想并存、兼收并蓄的形态。一方面，齐人中的思想家兼收并蓄，例如管仲似法，晏婴近墨，邹衍属阴阳，淳于髡像杂家，公孙丑则为儒家之信徒，总的来看，齐人思想"五光十色"，均不属于一个思想系统；另一方面，在齐的学术思想发展中，并无一种思想一成不变，一贯到底。

从伯禽就封鲁国后采取的"变其俗，革其礼"政策，已见鲁国重一统、排除异说的端倪。春秋时代，尽管天下已临"礼坏乐崩"之境，但鲁"犹秉周礼"，展现出"周礼尽在鲁"的文化面貌。鲁尚一统，也体现在儒家后学对其他各派思想的排斥和打击上。

2. 齐学通权达变，趋时求合；鲁学严守古义，笃信师说

就齐学而论，齐人讲权变，实自太公始。战国之世，齐学趋时求合特点更加彰显。齐统治者在稷下学宫筑"高门大屋"，不论哪家哪派的学者，来者欢迎，走者礼送，甚至封官加爵，让其不处理具体政务，专门议论，为我所用。儒家学说以法古崇古为主张，认为对任何古制的改变都是"礼坏乐崩"，都是"是可忍孰不可忍"之事，所以信守古义自然成为鲁学的为学传统。

汉之经学传授，齐、鲁之学特点两现，殊为分明。以释经看，齐学博采杂说，趋时求合，喜好为经作"传"，而其意离本经往往较远；鲁学则好为训诂，往往着意本义。从经生接受经学的角度看，齐学弟子往往比较通达善变，迎合世俗，甚至有"曲学以阿世"之态；鲁学弟子则信守古义，不善变通。因而，汉代重经师，但出仕而显达者，多为齐人。

六、思想观念之比较

1. 齐人重功利，鲁人重礼义

宋代理学家朱熹在其《论语集注》中曾评说："孔子之时，齐俗急功利，喜夸诈，乃霸政之余习。鲁则重礼教，崇信义，犹有先王之遗风焉。"齐、鲁之人，这种在观念上的差异，在周初立国之策上已体现出来，齐太公提出以"尊贤尚功"立齐，周公提出以"亲亲尚恩"立鲁，这也成为其后培育两种不同治国理念的政策基础。齐国历史上涌现出了大批建立功业的有为之人，如齐

桓公、管仲、鲍叔牙、晏婴、孙武、齐威王、孙膑、田单、邹忌等，都是齐人重功业的表现。

鲁人喜谈礼义，少谈建功立业。孔子在《论语》中多次谈礼义，谈礼75次之多，很少讲到如何建功立业。孔子也想干一番事业，但若不合乎行为准则（"礼义"）宁愿不干。即使是极少数像臧文仲之类有才干且处于有为君主鲁僖公时期的政治家，也主要是立言垂世、崇德明礼、以德辅君，少有建立大功勋者。

齐、鲁之人，都追慕先贤，但内容不同。齐人慕祖多羡其功业，鲁人忆祖多思其恩德。齐人理想的是"仓廪实而知礼节，衣食足而知荣辱"的先利后义的生活。而鲁人则追求"饭疏食饮水，曲肱而枕之，乐亦在其中矣"的见义忘利、近乎超凡脱俗的精神生活。

2. 齐人重才智，鲁人尚道德

"齐楚多辩智。"齐人重视才学和智慧，因而以善辩、好议、幽默、智慧为尚。如"晏子使楚"，智辩楚国君臣的故事是齐人的骄傲；稷下学宫学者"不治而议论"，"喜议政事"。齐人不但在政治上善于改革、开拓、创造，而且在文化科技上多有发明。齐国故都城市设计颇多匠心，大城墙西北之排水道口兼具排水、防敌功能，坚固整齐，科学而完备，保留至今，显示出齐人的智慧和创造才能。从《战国策·齐策》记载看，斗鸡、赛狗、赌博等娱乐活动，齐人多有新的发明创造，临淄的蹴鞠活动是世界上最早的足球运动，临淄被国际足联认定为足球起源地。

鲁人崇道德。周公讲"亲亲尚恩"，既是讲"礼"，也是讲"德"。在周鲁之人的眼里，明礼和明德是联系在一起的，看到"周礼尽在鲁"，就知"周公之德"。元人陶宗仪《南村辍耕录》记载，鲁人柳下惠夜宿城郭之下，遇一个女子同来避寒，柳下惠

"恐其冻死,坐之于怀,至晓不为乱"。这种"坐怀不乱"的德行,恐也是鲁人崇德的一种反映。当然,我们分析齐、鲁之人的观念差别,齐人重才智,并非不讲德行,而鲁人崇德,并非都无才智,鲁班即为著名巧匠,只是两相比较,各有偏重而已。

七、社会风俗之比较

齐、鲁两国分处泰山北南,地理环境不同,立国方针政策各异,久而久之,社会风俗表现各具特色,差异也较明显,分别表现为:齐有尚武之风,鲁有斯文之气。姜太公以灭商统帅被封于齐,采取"因其俗"之策,保留当地土著东夷人喜功尚武之俗。《诗经·国风》中写猎人者并不多,独《齐风》中就有三篇。其中《卢令》中写"卢令令,其人美且仁"等三组诗句,极力夸赞猎人的英俊、善良、勇武、强健及猎犬的机敏善猎。先秦诸国,独齐国兵学最为发达,与民风尚武关系极大。鲁国为礼乐文明创制者周公封地,民风崇尚遵礼合乐,斯文之风较盛。特别是孔子教弟子要"温、良、恭、俭、让",对鲁国社会风气影响巨大,斯文蔚成风气。

1. 齐俗尚奢侈,鲁俗重俭啬

《汉书·地理志》说,自从管仲相桓公以后,"故其俗弥侈,织作冰纨绮绣纯丽之物,号为冠带衣履天下"。《汉书·龚遂传》也说:"齐俗奢侈,好末技。"《列子》中说管仲"君淫亦淫,君奢亦奢"。所以孔子在回答学生问管仲是否"俭"的时候说:"管氏有三归,官事不摄,焉得俭?"实际是斥其奢。石一参《管子今诠》中说道:"齐地临海,泱泱大国,风教固殊,生事易而俗尚侈。"这些都说明齐国风俗具有奢侈的特点。

鲁国风俗却与齐俗相反,《史记·货殖列传》说,鲁国"有周公遗风……颇有桑麻之业，无林泽之饶，地小人众，俭啬，畏罪远邪"。又说："鲁人俗俭啬。"

2. 齐俗长女不嫁，同姓可婚；鲁俗严守周礼，同姓不婚

在齐国，女子地位较高，思想束缚少，行动较自由。据《汉书·地理志》记载，齐国有长女不出嫁的风俗，"民家长女不得嫁，名曰'巫儿'，为家主祠，嫁者不利其家，民至今以为俗"。结合在齐国盛行赘婿制度等，可看出妇女在婚姻中地位较高。

周礼将同姓不婚提到很重要的地位。《白虎通》说："不娶同姓者，重人伦，防淫泆，耻与禽兽同也。"《春秋公羊传注疏·哀公卷二十八》："礼，不娶同姓，……为同宗共祖，乱人伦，与禽兽无别。"可见，同姓不婚是西周以来周礼之大纲，因而，鲁人是严格按周礼行事，同姓不婚的。在鲁国，极少出现同姓可婚现象，如有，则上下共讨之。鲁昭公娶吴国同姓女子都遭到议论和非难。

齐国则保留了史前母系氏族的传统习俗，因而存在着较普遍的同姓可婚现象。例如崔武子娶同姓女，庆封也娶同姓女，齐襄公则与其同父异母妹文姜长期通奸，可见在齐国不仅同姓可婚，在性关系上，齐国女子也是比较自由和混乱的。

3. 齐人夸诈放任，鲁人淳朴拘谨

《史记·货殖列传》记载，齐人"其俗宽缓阔达，而足智，好议论，地重，难动摇，怯于众斗，勇于持刺，故多劫人者"，可见齐人不受礼法约束，比较放任横行。而该文记载鲁人"有周公遗风，俗好儒，备于礼……畏罪远邪"，与齐人的"勇于持刺"适成对照。《战国策》记载临淄城中人的生活："其民无不吹竽、鼓瑟、击筑、弹琴、斗鸡、走犬、六博、蹴鞠者……家敦而富，志高而扬。"从侧面说明临淄城内繁荣、富足，从风俗

看，齐人较随便、任性，自由散漫，不受约束。

朱熹说："齐俗急功利，喜夸诈。"《汉书·地理志》说，齐人"其失夸奢朋党，言与行缪，虚诈不情，急之则离散，缓之则放纵"。《汉书·郦陆朱刘叔孙传》说："齐人多变诈。"这些都说明齐人比较夸诈的特点。鲁人则受周礼的束缚，"好学，上记义，重廉耻"，有先王遗风，民风比较淳朴。

八、宗教信仰之比较

齐、鲁文化之特色，反映在宗教信仰上也有显著的差别，这种差别主要表现在以下几个方面：

1. 齐重自然崇拜，鲁重祖先崇拜

傅斯年先生在《周东封与殷遗民》一文中说："商之宗教，其祖先崇拜在鲁独发展，而为儒学；其自然崇拜在齐独发展，而为五行方士，各得一体，派衍有自。"

一是齐之神多为自然之物，鲁之神多与祖先有关。根据《史记·封禅书》的记载，齐地有著名的"八神祠"，祭祀的神有八个，即：天主、地主、兵主、阴主、阳主、月主、日主、四时主。除兵主外，其余全是自然之物。鲁地则主要是祭祀祖先。

二是齐祭祀之所多在山川，鲁祭祀之所多在宗庙。天主祠在临淄城南郊的山下之天齐渊，阴主祠在当今莱州一带之三山，阳主祠在烟台芝罘山，日主祠在荣成之成山，月主之祠在莱山，地主之祠在泰山下的梁父山，四时之祠则在琅玡山。除兵主未明外，齐人祭祀之所都在山川之间。而鲁人祭祖主要在宗庙之中。

2. 齐人将祖先神化，鲁人将祖先伦理化

齐、鲁之人都对创业的始祖姜太公和周公十分崇拜向往，关于始祖的传说众多。但齐人在传说中逐步将姜太公神化，先秦以来，有关太公的故事多写其传奇般的经历和神机妙算的能力，使其成了法力无边的"神"。而周公在鲁人的眼里，随着礼乐教化的推行，渐次成为伦理教条的人格化身，是一个儒家理想中的"完人"。被异化的一神一人，反映出齐、鲁之人宗教信仰观念的差异。

3. 齐之神与海洋有关，鲁之神与农业有关

齐人最崇拜海仙，相信海仙的存在，齐地盛行海仙的传说，并由此产生海中的三神山有长生不死之药的传说。鲁之神大多与农业有关，鲁人认为："山川之神，则水旱疠疫之灾，于是乎禜之。日月星辰之神，则雪霜风雨之不时，于是乎禜之。"（《左传·昭公元年》）

4. 齐人相信有神而多方士，鲁人怀疑鬼神而崇祖先

齐人相信神的存在，特别对海中三神山及海仙的存在深信不疑，由此，齐燕之地出现大量能够在人、神之间"沟通"的人——方士。方士的产生使人对于齐地有关海仙和长生不死之药的传说更是深信。所以战国之世，海仙传说在齐地盛行，对稷下形成阴阳五行学说产生了直接影响，也使秦始皇在统一之后，对齐地的海仙传说和方士文化产生浓厚兴趣，以致其对秦代的文化、政治产生了重大影响。鲁人则对鬼神的存在持怀疑态度，《论语·述而》记载孔子"不语怪、力、乱、神"。对于问鬼神之事的学生，孔子说："未能事人，焉能事鬼？"又说："未知生，焉知死？"（《论语·先进》）实际是否定鬼神之存在。

九、 故都文化之比较

齐、鲁两国，自周初立国，分别建都于临淄和曲阜，历经近八百年的建设，两个都城都发展成为我国早期城市史上的著名古

都。临淄被确定为国家级历史文化名城，曲阜则以古都的底蕴及"三孔"在中国文化史上的地位被列入世界文化遗产名录。

自20世纪以来，通过对齐、鲁故都遗产的多次考古挖掘和探查，两古城的历史面貌基本厘清，齐、鲁文化的不同特色主要反映在以下几个方面：

1. 齐都不断扩建，鲁都变更较少

临淄始建，应在西周立国之初，根据近些年的考古发现，大约起始于大城的东北部，当时立都于荒僻的草莱之地，因需而建，规模很小。此后，随齐国国力强盛和疆域不断扩充，临淄城不断扩建发展，先秦时代即成为我国早期最大的城市之一。从有关考古的文献资料看，齐都至少有三次大的扩建发展过程。一次是春秋中期的齐桓称霸时期。管仲对内实行改革，对齐都建设至少有两方面影响：一是对临淄居民实行"四民分业"，即"士农工商四民者，国之石民也，不可使杂处"，进一步明确了城内区域功能分别，同时大规模扩充了临淄城的规模，形成了后来大城的基本规模。第二次是在春秋末期。随着齐灵公时消灭莱夷，统一山东半岛，国家疆域迅速扩张，大城继续向南扩展，形成如北京大学侯仁之教授说的"规模宏伟的大城"。第三次则是在战国中前期。为适应争霸图强的需要，田齐统治者在大城西南嵌筑一小城，作为宫城，使临淄城形成大小两城相嵌的格局，总面积达15万平方公里，在当时是城市规模最大的"天下名都"。

可见，齐都既非一次规划，也非一时所建，而是随齐国的发展而不断变化，逐步扩充，形成了"海岱之间一都会"的规模。

鲁城的创建始于周公封鲁。《说苑·至公》载"周公卜居曲阜"，可见，城址是由周公选择的。而有的学者认为，周公也可能是"对此鲁国之都的规模、形制及布局等进行筹划"[①]的人。
目前学术界根据考古资料和有关文献记载得出的比较一致的看法
是："曲阜鲁城为伯禽所都，遗址位置与范围可能变化不大……
鲁城似一开始就有明确规划，而且始终遵循了这一规划框架，不
曾改变。"[②]从总的情况分析，再结合文献记载，周室封鲁之初，
曾将"殷民六族"分与鲁公，以管理搞叛乱被镇抚的商奄之民。
而从现代考古对鲁城的探查看，鲁城内东部为周人区，西部为殷
人、奄人区，文化遗存界限分明，说明鲁城在西周初即已定制。
当然，鲁城在春秋时代也有修建、扩充的记载，但从大的方面
讲，其规模框架变化并不大。

2. 齐城尽显霸业，鲁城合乎周礼

就齐都而言，由于其随国力增强和霸业发展而不断扩建，在
城市形象上，齐城处处展现出东方霸主之国的风采。

一是人口众多，按职业分居，以利生产和战争。齐桓称霸对
齐城居民实行士农工商"四民分业"，"不可使杂处"制度，按职
业分居明显。《管子·小匡》中记载："制国以为二十一乡：商工
之乡六，士农之乡十五。"这里的"士"指的是"军士"，这样的
政策既有利于提高农工商各业的发展水平，又利于军事上的兵源
补充和专门训练。齐国还实行"参其国而伍其鄙"的改革措施，
即三分国都以为三军，五分郊鄙（城郊之民）以为五属，这种兵
民合二为一的军政体制改革大大加强了军队战斗力。齐桓公时期
的这种城市格局一直保留下来，对齐都发展产生了重大影响。

齐城人口在齐桓公时已有相当扩充。据韦昭《国语》注

---

① 傅崇兰等：《曲阜庙城与中国儒学》，中国社会科学出版社，2002。
② 张学海：《张学海考古文集》，文物出版社，2020。

"二千家为一乡"算，当时二十一乡，人口已到四万家，近二十万人。《战国策·齐一》中记载"临淄之中七万户"，则人口已到三十余万，可见人口众多，显示出泱泱大国之都的规模与繁荣。

二是宫馆台池，显示大国之貌。由于齐国霸业迭兴，历代国君形成好大喜功风气，常常在城内大修宫馆台池，以显示其地位和大国之风，所谓"居高台以自尊也"（韦昭《国语注·齐语一》）。据《国语》记载，齐襄公时，就喜"筑台以为高位"，开了诸侯国都城营筑高台的先风。齐桓公时，由于霸业成功，国富兵强，也大修台苑，以显尊贵，当时著名的有"泰台"。到齐景公时更是"好治宫室"，大规模修建台池，《晏子春秋》曾记载当时"景公筑路寝之台，三年未息"，说明工程之大。到战国之世，田齐统治者更是雄心勃勃，争霸图强，称帝称王，在临淄大城西南嵌筑一小城，作为王宫，更使临淄城显示出霸业的威势。现临淄故都尚有许多著名的高台遗迹，也能说明当时齐国故都文化的这一特点。

三是道路发达，交通便利，展现出临淄作为当时的霸业之都与各国诸侯交往的频繁和外交的便利。据临淄考古发现，齐都城内共有干道十条之多，更有四条十分宽阔的主干道。而据朱活先生考证，当时临淄城对外交通四通八达，与山东半岛及西至济南、南至莒国一带，都有重要交通干道相通。临淄成为"富商大贾周流天下"的"海岱之间一都会"，显示出其霸业之都的交通优势。

就鲁城而言，其在周初由周公卜择、规划，由伯禽筑城建设，从多方面体现出周礼尽在鲁城的文化风貌，展现出鲁都作为周文化中心城市的地位。

一是鲁城布局最合周礼。据《曲阜庙城与中国儒学》一书记载，鲁城宫殿区位于城中心一片高地，宫城、南门、两观、祭坛构成了鲁城的平面中轴线，这是我国建筑史上出现最早的中轴线。宫城东侧有宗庙，两侧有社稷坛，后面是市肆。这种布局最合周礼之"左坛右社，前朝后市"的要求。

二是城内居民所处等级阶次地位分明。周初营城时鲁国公室成员居宫城；一般周人居宫城北部一带，后因人员增多，居至东部一带；殷人、奄人则被安置在鲁城内西部或西南部。这种依社会地位分区居住的情况，是最合周礼中尊卑、贵贱、长幼有序的要求的。

三是宗庙林立，展示其宗法之城的形象。鲁人尚周礼，首标敬祖先，重要内容是修宗庙以祭祀。据文献和考古证明，鲁城内建有周庙（文王庙）、周公庙、伯禽庙、群公庙。鲁之列祖应有者尽立庙，甚至也立了周人之祖先姜嫄的庙。庙多，祭祀活动也多，因而，祭祖敬先是鲁城内一项很重要的宗法活动内容。宗庙和祭坛也是鲁城文化特色的一项重要展示。

3. 齐为工商之城，鲁为礼乐之都

齐太公立国建都，即提出"通商工之业，便鱼盐之利"的建国之策，这对齐都工商业的发展起了重要的奠基作用。此后，随着齐都的不断扩充和建设，临淄的手工业和商业呈现出繁荣的局面，最终形成我国早期最重要的工商城市。

从文献记载看，临淄城内有"工商之乡六"，即有专门的工商业区；实行"四居分业"后，"商之子恒为商"，即有世代相传的商家；城内有大小不等的若干个市，齐桓公时，有"宫中七市，女闾七百"（《战国策》）；有繁华热闹的商业集中的街道，所谓"临淄之途，车毂击，人肩摩，连衽成帷，举袂成幕，挥汗成雨"，即是形容街道商业的繁华之貌。

从考古挖掘和遗址探查看，临淄城中发现大量手工作坊，其总面积达近百万平方米，其中包括冶铁、冶铜、铸钱、制骨等作坊。临淄郎家庄一号墓出土了大量绢、锦、刺绣等，可见临淄丝织业的发达。临淄及齐国齐地出土大量的齐刀币，亦见临淄的商业贸易十分发达。

由于齐都临淄工商业发达，城中商业文化生活丰富多彩。《战国策》中记载的临淄"其民无不吹竽、鼓瑟、击筑、弹琴、斗鸡、走犬、六博、蹹鞠者"，也反映出典型的商业文化的特点，这在战国故都中是仅见的。

鲁都的礼乐文化之盛，当与周公制礼作乐有直接关系。

一是由于鲁国与周王室有特殊的"宗邦"之国的关系，所以"鲁有天子礼乐者，以褒周公之德也"，"鲁公世世祀周公以天子之礼乐"。二是鲁城中有四代之禘乐，所谓"鲁有禘乐，宾祭用之"。三是鲁城中保存各诸侯国的地方音乐，吴国公子季札到鲁国观乐，乐工能为其演奏十五《国风》及《雅》《颂》之乐。四是鲁城的贵族家中经常演奏乐舞，季氏甚至用"八佾舞于庭"，引起孔子极大不满，斥为"是可忍也，孰不可忍也"。这都可见鲁国的礼乐文化之盛，而鲁城则是礼乐文化之城。

十、代表人物之比较

齐文化的代表人物是管仲，鲁文化的代表人物是孔子；齐文化的代表经典是《管子》，鲁文化的代表经典是《论语》。

管仲是伟大的政治家，成就了齐桓称霸的辉煌业绩；孔子是伟大的思想家、教育家，开创了我国私学教育的先河。

《管子》是管仲去世三百年后，由稷下学宫的学者在总结管仲思想的基础上，由稷下学者及部分秦汉学者写成的论文集，内容主要是政治思想及治国之策；《论语》则是孔子死后，弟子将其平日之讲学和谈话辑录而成的语录片段，内容主要是伦理道德教化。

管仲思想主要由齐国历代政治家传承，齐国形成了一个管仲学派，主要由历代继承管仲治国理念和思想的齐国政治家以及崇奉管仲、热心总结其政治经验的学者组成。管仲学派主张道法结合，兼容各家思想，学派无组织形式，无师承关系，学无所主，与时而进。孔子思想主要由其弟子及后学传承，形成的儒家学派主要由其弟子和后学组成，上传下承有明确的师承关系，其思想有明确的主张和完备的理论体系。儒学在战国是"显学"，汉后成为中国历代统治思想。

（原载《半月谈·文化大观》2020年3、4合期，有增改）

儒学传统与齐鲁文化精神

一个民族的文化精神，是该民族赖以生存、发展、壮大繁荣的灵魂。所谓中华民族文化精神，是中国人在漫长的历史发展过程中所形成的独特思想意识、价值观念、生活习俗、规范制度等"中国人赖以生存之物，是本民族固有的心态、性情和情操，这种民族精神使之有别于其他任何民族"①。从中华文明发展历史看，中华民族精神的形成，肇始于史前文明起源，奠基于三代，成熟于春秋战国时期的中华文明"轴心时代"，至汉代大一统帝国时期"独尊儒术"得以定型，经此后两千余年不断丰富、发展和提升，使中华民族始终以独立自强的雄姿，屹立于世界的东方，自立于世界民族之林。

在中华民族精神的形成过程中，齐鲁作为中华文明"轴心时代"的文化重心，作为民族文化精神主要建构创制者儒学的发源地和诸子百家学派的主要产生地，作为思想创新、发展的学术文化中心所在，齐鲁文化做出了不容忽视的特殊贡献：齐鲁文化精神是儒学传统形成的根基所在；儒学和诸子百家学派在齐鲁的发

---

① 辜鸿铭：《中国人的精神》，陕西师范大学出版社，2011。

展壮大，又大大提升了齐鲁文化的品格和地位，儒学文化和齐鲁文化在那个时代的充分融合与发展，使齐鲁文化精神集中展现了中华民族文化精神的主流面貌。以当代人的价值观念和文化自觉去深入挖掘、阐释齐鲁文化精神，是充分认识儒学传统和民族精神的形成过程、坚定文化自信的重要途径。从"轴心时代"齐鲁文化精神的主要表现看，至少有以下六个方面：

第一，坚守传统、继往开来的文化自信精神。齐鲁自古号称孔孟之乡、礼义之邦，突显了齐鲁对以孔孟为代表、以礼义为内核的儒家传统文化的坚守、珍惜和传承精神。这一文化精神的形成和发展，贯穿着齐鲁历史发展的全过程。周初分封立国，齐制定了"因其俗，简其礼"的国策，注重保留了东夷旧地的风俗传统，又以"简礼"之策予以改造发展，形成了继往开来的优良传统。鲁国作为周王朝的宗亲国，以"变其俗，革其礼"为政策，最大限度去除夷俗夷礼，是为了更多更好地传承"周礼"。两国政策相左，但实质相同，都以继承优良传统作为立国之策。到春秋时，两国文化各具特色，齐文化中传承了东夷文化的诸多因子，鲁国则赢得了"周礼尽在鲁"的赞誉，都是这一文化精神的硕果。

齐鲁文化的这种坚守传统的文化自信精神，在民族传统文化遭受劫难之时，更为突出地表现出来。春秋之变，礼崩乐坏，民族文化遭受空前破坏。此时，孔子出，编订"六经"，《诗》《书》《易》《礼》《乐》《春秋》得以保存，夏、商、周三代文化典籍幸得流传。所以，后世学者称："无孔子则无中国文化。自孔子以前数千年之文化，赖孔子而传；自孔子以后数千年之文化，赖孔子而开。"孔子抢救典籍，弘扬传统，可谓是信守传统、坚定民族文化自信精神的最突出代表。孔子去世，弟子四散，儒学中衰，齐鲁之地却别有一番文化景象。据《史记·儒林列传》记载："天下并争于战国，儒术既绌焉，然齐鲁之间，学者独不废也。于威、宣之际，孟子、荀卿之列，咸遵夫子之业而润色之，以学显于当世。"可见，儒学在战国之世得以传承，实有赖于齐鲁文化的传承精神。秦末楚汉相争，刘邦"引兵围鲁，鲁中诸儒尚讲诵习礼，弦歌之音不绝"（《汉书·儒林传》）。城外磨刀霍霍，城内读经习礼，泰然处之。生死之间，这是一种怎样的坚守和自信？孔子所编"六经"，经战国动乱，秦始皇"焚书坑儒"倍受摧残，由于独在齐鲁一脉传承，因而汉代设"五经"博士，经学大师多为齐鲁之人。值得一提的是，齐鲁的文化自信和坚持文化传承的精神，体现着传承与创新的统一，继往与开来的契合。例如，齐人重改革，但以弘扬传统为基础。齐桓公称霸，大力推行改革，但用人仍遵循姜太公的"尊贤尚功"之策，并明确宣示："俗之所欲，因而予之；俗之所否，因而去之。"鲁人重传承，但也颇多创新之举。孔子创儒学，即为理论创新典范；其大兴私学，也是教育创新之举。孟子倡"仁政""王道"，荀子倡"隆礼重法"，都是对孔子儒家学说的创新性发展。我们可以说，齐鲁文化的传承精神，实现了在自信中坚守，在传承中发展，在创新中传承，继往开来，蔚然一体。

第二，争强图霸、奋发有为的进取精神。所谓"霸"，《管子》解释为："丰国之谓霸。""地大国富，人众兵强，此霸王之本也。"中华民族爱好和平，追求和谐，反对一霸独大。但中华传统文化中追求国富民丰、人众兵强的"霸"业思想，齐鲁文化中争强图霸、奋发有为的精神，则是民族思想精神的精华。

从历史记载来看，夏、商、西周三代无霸业之事。春秋之时，天子衰微，诸侯坐大，霸业始兴。而首霸即为齐国，可以说，争强图霸精神是首发于齐的。齐桓公称霸，在"春秋五霸"之中是持续时间最长、涉及区域最广、会盟次数最多、影响最大的，所以《孟子》中有"五霸，桓公为盛"的记载。这里特别值得一提的是，孔子对齐桓霸业的称赞："桓公九合诸侯，不以兵车，管仲之力也。如其仁，如其仁。"齐国霸业靠会盟诸侯，而非靠兵车武力，是"仁"霸。以今日的观点看，即是以谈判为主，和平崛起，反映了齐人既有称霸之心，又有和平之术。而春秋时期，齐国前有庄、僖小霸，后有景公复霸，可谓霸业连连，代有"霸"气，反映出争强图霸的确是齐文化精神的精华。战国时齐国统治者田氏，也是争强图霸的典型代表。田氏始祖原为陈国公子，因内乱奔齐，百余年间，惨淡经营，奋发有为，终于代姜齐而立，成为泱泱大国的主人。《盐铁论》记载："齐宣之时，不显贤进士，国家富强，威行敌国。及湣王，奋二世之余烈，南举楚、淮，北并巨宋，苞十二国，西摧三晋，却强秦，五国宾从。"战国七雄中，齐国是最有可能统一中国的大国之一。如果不是齐湣王后期骄矜失国，致使燕、秦、楚及三晋等六国联合攻齐，几近亡国，大概中国的历史就是另一番景象了。

就政治层面讲，鲁国行王道，无霸业可言。但儒家向以积极入世为思想主旨，战国儒分为八，人人自称真孔学，相互竞争，奋力发展，徒属众多，影响极大，号称"显学"。而孟子，更是一个典型的壮志勃勃、奋发有为之人。他推行"仁政"，游说各国，奔走呼号，不遗余力，而且知其不可而为之，其意志之坚、毅力之大，有威武不能屈、贫贱不能移的气概，是齐鲁文化中大丈夫精神的典型代表。由儒家之徒分裂而为墨家创始人的墨子，也是一位在文化上争强图霸之人。他批儒攻法，自立新说，主张兼爱，反对战争，"赴火蹈刃，死不还踵"（《淮南子》）。其弟子弥众，其言满天下，其时与儒并称两大"显学"。战国时期诸子百家并起，两大"显学"俱出鲁地，实为中国文化史上一大奇观。总概春秋战国时期的齐鲁文化，齐人在政治、经济、军事上争强图霸；鲁人在文化上争先坐大，奋发有为，齐鲁文化之进取精神可见一斑。

第三，崇德隆礼、尚义爱民的以人为本精神。人本思想是中华优秀传统文化的核心价值理念。它的产生可以追溯到中华文明起源的"五帝"时期，在最早的文献《尚书·周书·泰誓上》中即有"惟人万物之灵"的记载。春秋以后，在剧烈的政治变革和动荡中，各国统治者和政治家认识到人民对政权的决定性作用，民本思想迅速发展，在《左传》及先秦文献中多有记载。但民本寓于人本之中，民本并不等同于人本。中国的人本精神在齐鲁文化中得到了充分的发展、弘扬和提升，既成为民族文化的瑰宝，也是齐鲁文化主体精神的重要展现。

人本精神在齐鲁的发展沿着两条线：一条是在齐的政治实践，另一条是在鲁的理论提升。齐国是最早将人本思想落实到治国理政实践中的东方大国。"以人为本"四字，最早出现于《管子·霸言》中："夫霸王之所始也，以人为本。"而管仲大力推行内政改革，也主要围绕"人本"大做文章。一是重视人才，即尚贤。他大力推行"三选之法"，首先民间举荐，其次官府考察，最后国君面试，这种逐级推荐的选拔人才政策，确保了"察能授官"，让贤者上位。二是大力提升人的素质。实行"士、农、工、商，四民分业"，努力提高各类人群的专业技能和素质；又提出"礼义廉耻，国之四维"，将道德教育的落实作为国家的行动纲领，大力提升人的道德素质。三是落实各项"民本"措施。提出"宽政役，敬百姓"，对老百姓要"爱之、利之、益之、安之"，提出"凡治国之道，必先富民"等等。管仲的人本精神，也为后世齐统治者所继承发扬。例如，晏婴就是一个爱民、保民、利民的典范，他力谏齐景公"省刑罚则民不怨，薄赋敛则民知恩"，这种治理理念往往收到"晏子一言，而齐侯省刑"的效果。田齐政权靠惠民、爱民获取民心，代姜立国后，也处处效法齐桓、晋文，尚贤爱民，争强图霸，力求实现统一中国大业。特别值得提出的是，战国齐君对人的个性张扬的尊重，更使齐的人本精神放射出奇异的光彩。齐威王、宣王是将战国"礼贤下士"之风提到顶峰的统治者。齐宣王面对各类知识分子都体现出尊重、礼敬之态，颜斶甚至说"士贵耳，王者不贵"，"生王之头，曾不若死士之垄（墓）也"，齐宣王仍以谦恭之态待之，这在战国礼贤下士的国君中也是少见的。

鲁文化对人本思想理论的提升，主要反映在孔子、孟子所创立发展的儒家思想体系之中。孔子开其端提出"仁者，人也"，将"人本"提升为"仁"的思想内核。孔子的仁学，体大思精，内涵丰富，主要有两个层面：爱人与修己。他提出："仁者，爱人。""己所不欲，勿施于人。"又提出："克己复礼为仁。"他将仁与礼结合，构成思想体系的核心，并提出"孝悌""文行忠信""温良恭俭让"等一系列伦理道德规范。在政治上主张"举贤才""为政以德"，建立起整个以人本思想为基点的思想体系。孟子一方面将孔子"仁"的思想与政治紧密结合，大力推行"仁政"主张，提出"民为贵，社稷次之，君为轻"的著名论断，将民本思想提升到历史的新高度；另一方面，他将孔子的"修己"思想进一步创新、发展、提升，形成以性善论为基础的一整套的"人性论"思想理念。孔、孟作为伟大思想家、教育家，他们的思想在先秦的邹鲁之地得到广泛深入的传承与弘扬，形成了一种良好的尊孔崇德重礼的社会风气，历史上称为"邹鲁之风"。随着战国、秦汉时期儒学的巨大影响力与齐、鲁文化的进一步融合，其崇德重礼、尚贤爱民的人本精神，在整个齐鲁之地的文化中突出显现出来，成为齐鲁文化的主体精神之一。

第四，改革创新的科学创造精神。改革创新的科学创造精神主要表现在政治方面的管仲改革与科学方面的墨家科学。

管仲的改革创新精神前面已有所提及。一是"四民分业"。二是针对农业所提出的"相地而衰征"，即根据土地的贫瘠或肥沃决定征收租税的多少。三是兵民结合的"参其国而伍其鄙"制度。这一制度主要是将男子纳入编制体系中，平常各人从事自己的劳动，进行军事化管理，一旦发生战争，组织起来就是战士。可以说，全民皆兵、兵民结合的制度便是从管仲创始的。齐国为什么能称霸？全国的男子都是兵，这个部队的数量自然十分庞大。四是实行盐铁专卖，我们一直沿用了两千多年的盐铁专卖是从管仲开始的。管仲认识到如果官府不控制盐铁，就会有麻烦，所以盐铁专卖，即"官山海"。五是提出最早的物价制度"轻重之术"，即平衡物价问题。时至今日，我们仍在参考管仲的做法，比如说在丰年，国家会从老百姓手里购买粮食，否则老百姓囤积的粮食太多，谷贱伤农。到了灾荒之年，粮食价格昂贵，国家再把粮食放出来，价格就仍然能够保持平衡。不管是丰年还是灾年，粮价稳定，老百姓的生活就不会受到很大影响。这一政策现在还在实行，国库的其中一个功能便是如此。

此外，管仲最早提出四维制度：礼义廉耻，国之四维。"四维不张，国乃灭亡"（《管子·牧民》）。"礼义廉耻"后来成为儒家核心思想，其实最早提出来的是管仲，孔子实际上是吸收了齐文化和鲁文化，融合、发展形成了博大精深的思想体系。

在科技上具有创造精神的首推墨子。北大校长蔡元培评价："先秦唯墨子颇治科学，……墨学的中断，使中国科学不得发达。""墨子，科学家也，实利家也。其所言名数质力诸理，多合于近世科学。"墨子的创新成就主要有二：一是思想上的成就，他批判儒家、道家，创始墨家，主张兼爱、非攻、尚贤、尚同、节用、节葬。节葬即反对厚葬，主张要勤俭节约办丧事。他批判儒家对礼乐的推崇，认为礼乐太浪费、太奢侈，主张节乐。二是科学创造上的成就。墨家学派著有《墨经》，在自然科学的诸多方面，如光学、力学、简单机械学、数学等方面都有发明创造。量子卫星以"墨子"来命名，就是因为墨子是中国最早的伟大科学家。他在人文科学方面的有关逻辑学、哲学、经济学、政治学、伦理学、教育学、军事学、语言文字学上的创新，也对后世产生了重大影响。

第五，海纳百川、多元并蓄的兼容精神。这是齐鲁文化学术理念和思想文化精神的历史结晶，也反映出齐鲁文化中博大宽广的人文情怀。兼容精神最突出的，首先展现在战国时期齐国稷下学宫的创设和它的学术文化理念上。由于历史资料的缺乏，我们已很难全面准确地探知齐统治者设置稷下学宫的目的和动因，但它的确是中华文明史上的伟大创举。它与同时期在欧洲雅典由柏拉图创办的柏拉图学园，堪称世界文化史上璀璨夺目的"双璧"。稷下学宫存在了一百五十余年，历经田齐政权五代国君，是战国时期学术百家争鸣的唯一中心。从社会功能上说，它既是大学堂，又是研究院，还兼有为统治者做智库的功能。它最突出的特点是：以宽松政策、丰厚待遇，欢迎容纳政治主张不同、学术立场各异的学者汇聚稷下，让他们自由争辩、研讨、交流。据研究者统计，战国诸子百家学者，几乎都在稷下出现过。齐国统治者以道法理念治国，但儒家、道家、名家、阴阳家、纵横家等各派学说都在此得到长足发展。不以自己好恶取舍，不加任何政策限制，完全平等开放，来去行动自由。而且一百余年间政策连续、一以贯之，实为五千年文明史上绝无仅有的文化奇观，其背后所体现出来的是一种文化兼容精神的主导与贯通。

齐文化中的兼容精神，不仅表现在学术上，其治国理念亦然。齐立国之初，通工商，便鱼盐，因俗简礼，以道家思想治国。《汉书·艺文志》著录道家，即列《太公》。齐桓称霸时，管仲却依法家思想理政，同时以"礼义廉耻"为纲，可谓法礼结合，开儒学之先。战国之齐，治国以道法结合，但《盐铁论》中说："齐宣王褒儒尊学。"纵观战国时期，阴阳家、黄老之学都在齐国政治中影响巨大。齐以兼容文化理念治国，由此可见一斑。

鲁与齐相较，在治国理念上，相对固守周礼；在思想文化上，其尊孔崇儒，坚持传统，特色明显。但以发展的眼光审视，儒学兼容并包的精神理念，也随时代的发展越来越突出。且不说战国诸子中墨家、阴阳家本出自儒家，就"儒分为八"的情况而言，其内部也是既斗争又包容的。秦汉时期，儒学吸收齐的方士之学，形成儒生、方士混杂的局面，以至秦始皇"坑儒"到底"坑"了多少方士，一直成为学术界的"讼案"。到汉代，董仲舒将黄老道家、阴阳、法、墨等百家之学融汇于儒学之中，又能突出大一统的治国之需，方得"罢黜百家"，儒术定于一尊。两汉以后，作为统治思想的儒学，能与佛家、道家融通，与时俱进，为历代统治者（包括少数民族）推崇备至，其主要原因之一还是它具有海纳兼容的思想文化精神。

齐鲁文化的兼容精神，有一个思想理念基础，即"和而不同"。"和而不同"作为中华民族的核心理念之一，首先在齐国的晏婴那里以"五味""五声"为例得到系统的阐释和发挥，是中华"和"文化的经典论述。孔子则将"和而不同"上升到伦理道德层面，提出"君子和而不同，小人同而不和"，"和而不同"成为划分人格高下的标准之一。兼容精神作为齐鲁文化主体精神之一，与长期形成的"和"的文化理念在齐鲁文化中的弘扬传承有直接关系。

第六，维护统一、勇于担当的责任精神。坚守"大一统"政治理念，以勇于担当的历史责任维护民族团结统一，是齐鲁文化对中华优秀传统文化的最大贡献之一，也是齐鲁文化精神的突出特色之一。中华文明自创始以来，就有崇尚统一的文化传统，夏、商、西周时期，邦国林立，但"协和万邦"，多元一体。春秋战国时期，天子衰微，诸侯坐大，霸主迭起，是中国历史上第一次大动荡、大分裂时期，民族的团结统一，面临着分裂割据的危机。维护民族团结，坚守大一统的政治理想和文化理念在齐鲁最早、最突出地显现出来。鲁为周宗主之国，维护周王朝的一统是其文化传统。在鲁文化中，最突出的表现是对"周礼"的坚守和秉持。所谓"周礼尽在鲁"，实际上是在沧海横流中，保留着自西周以来所形成的一整套天下一统的文化制度体系，是对文化统一的坚守。孔子一生之志在维护周礼，对违背周礼的行为和事件深恶痛绝，特别是对季氏用天子之乐"八佾舞于庭"愤慨之至，斥为"是可忍也，孰不可忍也"。后世多有人批评孔子思想守旧，梦想复辟旧制度，而实际上这是对孔子思想的曲解。面对礼崩乐坏的文化分裂局面，孔子梦想追求和维护的是在周礼的传承下"溥天之下，莫非王土"的大一统局面。这从孔子编著《春秋》可以更好地得到印证。《春秋》是孔子晚年编定的鲁国的史书，但这不是一般的记载史实的书籍，其下笔简约，寓意深远，寄托着孔子的理想、情志、褒贬和价值判断。所以，孔子说："知我者其惟《春秋》乎！"《春秋》以周初文王之正为正，核心思想是拨乱反正，维护大一统，并以此作为"正名"的标准，来"别嫌疑，明是非，定犹豫"。所以，司马迁说："《春秋》之义行，则天下乱臣贼子惧焉。"孔子这种维护民族大一统的思想是中国儒学传统的主体思想之一，对后代影响极大，成为后世中华民族统一的政治思想基石。

齐文化中维护统一、勇于担当的责任精神，首先表现在齐春秋霸业实践中。面对春秋时期王命不行、诸侯蜂起的乱局，齐桓公最早称霸天下。其称霸的主要政治图谋是"尊王攘夷"，即以尊崇周天子为号召，镇服四周夷狄，维护天下统一的局面。正如冯友兰先生在《论管仲》一文中所说的："管仲的'尊王'，是以周天子为象征，在'尊王'的旗帜下，把当时中原的诸侯国组织起来，并逐渐消除诸侯国之间的界限，这是统一中华民族的一个步骤。"的确，齐桓公首霸的最大贡献，即是在中华民族第一次面临分裂、割据局面时，维护了近半个世纪的团结统一。齐人的大一统思想，还体现在战国时期田齐政权统一天下的强烈意志上。战国之齐，从齐威王、宣王到湣王，励精图治，富国强兵，一个最重要的目的就是结束列国纷争，统一天下。孟子到齐国，询问齐宣王的最大理想，宣王说："欲辟土地，朝秦、楚，莅中国而抚四夷也。"大致看，在春秋战国五百年的分裂割据中，维护统一，志在统一，始终是齐鲁文化中占主导地位的思想传统，并对后世产生了深远的影响。

研究、传承齐鲁文化精神，需要明确齐鲁文化精神与中华民族精神的关系问题。齐鲁文化奠基、形成的春秋战国时期，也是中华民族精神在多元文化的交流激荡、凝聚融合中走向一体化的重要历史阶段。正是在这个过程中，齐鲁文化大放异彩，做出了特殊的历史贡献。齐鲁不仅是孔子的故乡、儒学的发源地，也是诸子百家各种学派主要的产生地和百家争鸣的文化中心所在，当时的中国人更多地从齐鲁文化中汲取丰富的精神滋养。在中国传统思想文化的主干——儒学从诸子百家之一的学术流派走向全民族统治思想的过程中，齐鲁文化又发挥了主体推动和思想引领的特殊作用。原始儒学完备思想体系的建构，主要是由齐鲁思想家子思、孟子、荀子完成的；儒学和民族政治的紧密结合，则与孟子倡导"仁政"、荀子在稷下力推礼法结合有直接的关系。而汉代大一统后，齐人弟子董仲舒传承、发展春秋公羊学的大一统思想，融汇百家之学于儒学之中，才有"罢黜百家，独尊儒术"的思想文化巨变。可以说，孔、孟、荀、董是汲取、融汇齐鲁文化思想精华，创立、发展儒学的伟大思想家，齐鲁文化遂成为以儒家思想为主体建构的中国传统文化的重要基础和核心内涵之一。

这一中华传统文化形成发展的历史进路，让齐鲁文化在中华传统文化中有更强的原始认同性、内涵主体性和传承先导性。齐鲁文化的主体精神更多显示出中华民族精神的主体内涵和突出特点，这也给当代山东人更多的历史启示：我们应该以历史上山东人所特有的文化自信与自觉，成为新时代中华优秀传统文化的坚守者、传承者，成为继往开来创造文化的先行者、引导者，为实现中华民族伟大复兴做出新贡献。

孔子与齐鲁文化

春秋战国时代（公元前770年—前221年）是中国历史上的一个特殊时期。政治上，列国纷争，诸侯割据；军事上，攻城略地，战乱频仍；但在文化上，春秋战国是中华五千年文明史上最灿烂辉煌的时代。这个时代是中华文化史上群星璀璨、伟人辈出的时代，是区域文化大放异彩的时代，是文化经典光照千秋的时代。梁启超在《论中国学术思想变迁之大势》一书中也说："当春秋战国之交，岂特中国民智为全盛时代而已，盖徵诸全球，莫不尔焉。自孔子、老子以迄韩非、李斯，凡三百余年，九流百家，皆起于是，前空往劫，后绝来尘，尚矣。"①

就是在这样一个特殊时代，中国的文化巨匠孔子诞生于齐鲁大地。我们说，这不是一个偶然的现象。傅斯年先生在他著名的论文《夷夏东西说》中有一很简洁而精辟的论断，他说："自春秋至王莽时，最上层的文化只有一个重心，这一个重心便是齐鲁。"我认为，孔子的出现正是中国文化史上的"轴心时代"或"全盛时代"，与这个时代的文化"重心"——齐鲁文化交汇培

---

① 梁启超：《论中国学术思想变迁之大势》，上海古籍出版社，2001。

养的结果。而孔子的出现反过来促进了齐鲁文化融合和"重心"地位的发展。齐鲁"重心"地位的持续发展（按傅斯年先生的见解：从春秋到王莽时）又进一步促进了儒学的繁荣、发展、传布，直至儒学登上"独尊儒术"的主流地位，成为中国此后两千年传统文化的"核心"。我今天讲的题目是"孔子与齐鲁文化"，主要简述一下孔子与齐鲁文化之间的这样一种关系。

一、齐鲁——孕育孔子的文化沃土

从中国的春秋版图可以看出，齐鲁的范围大致相当于当今的山东省，处于黄河的下游，"五岳独尊"的泰山雄踞其中，孔子生于泰山之阳。当代山东人概括山东文化有三句话："黄河从这里入海，泰山从这里崛起，孔子从这里诞生。"这三句话基本上可以概括齐鲁文化的主要亮点。在孔子诞生之前，齐鲁地区已成为当时东方的文化中心，齐鲁文化在中国早期文明的发展史上具有特殊的重要地位。这主要表现以下几个方面：

1. 齐鲁是中华文明最早的发源地之一

这可以从三个方面进行说明：

第一，多位学者对中华文明起源问题的研究成果表明，齐鲁是中华文明最早的发源地之一：早在20世纪30年代，徐中舒先生在《再论小屯与仰韶》一文中就说："殷民族颇有由今山东向河南发展的趋势……环渤海湾一带，或者就是孕育中国文化的摇床。"① 夏鼐先生在《中国文明的起源》中说："黄河流域是早期文化发展的一个中心，长江下游是另一个中心，山东地区文化的发展自有序列，是与黄河中游相对的另一个文化圈，这三个地

① 徐中舒：《再论小屯与仰韶》，《安阳发掘报告》1931年第3期。

区的晚期新石器文化与中国文明起源关系最密切。"①著名考古学家唐兰先生则以在山东出土的大汶口文化中发现的陶器文字为依据，提出早在6000年以前的大汶口文化晚期，山东地区已进入文明的时代。②

第二，大半个世纪以来的考古挖掘和研究证明，山东地区是有着深厚根基的相对独立的高文化区。山东地区（海岱考古区文化区）史前文明的发展是沿着北辛文化（约距今7500—6200年）—大汶口文化（约距今6200—4600年）—龙山文化（约距今4600—4000年）—岳石文化（约距今4000—3500年）序列自成系统发展的。

第三，从文明要素看，齐鲁应是中华文明最早的发源地之一。如山东地区是发现最早文字的地区之一（可见丁公遗址的11个文字的龙山文化陶片）。龙山文化城市群的大量发现表明，城市在山东地区出现之早、之多，也是其他地区并不多见的，集中反映了山东地区史前文化发展水平之高。金属器在山东龙山文化遗址中已被发现，另外，据考古挖掘证实，在山东大汶口文化墓葬中出土的骨凿中附着的铜绿，含铜达到99%，这也有可能说明，在山东地区，铜的冶炼出现得更早。

2. 齐、鲁立国是奠定文化"重心"地位的基础

西周初年，姜太公与周公旦这两位文化巨人东封齐、鲁，为这一地区文化中心地位的形成带来了新的契机和政治条件。从传说中的史前社会到夏商两代，齐鲁在文化史上都具有重要地位。齐、鲁封国，对周初政权的意义重大，因而受到他们的高度

---

① 夏鼐：《中国文明的起源》，文物出版社，1985。

② 唐兰：《从大汶口文化的陶器文字看我国最早文化的年代》，《光明日报》1977年7月14日。

关注，而周室对齐鲁的特殊政策又大大提升了齐鲁的地位，为其"重心"地位的形成奠定了很好的基础。这主要表现在以下四个方面：

其一，周得天下，首封齐鲁。"武王……封功臣谋士，而师尚父为首封。封尚父于营丘，曰齐。封弟周公旦于曲阜，曰鲁。"（《史记·周本纪》）

其二，封功臣母弟，特重齐鲁。首封齐鲁的姜太公和周公都是地位特殊的重臣，可见齐鲁之重要。姜太公，又名太公望、姜子牙。在周初，他是地位最高的功臣。姜太公是文王之师，《史记·齐太公世家》记载："周西伯猎，果遇太公于渭之阳，……载与俱归，立为师。"姜太公也是灭商统帅，《诗经·大雅·大明》记载："牧野洋洋，檀车煌煌，驷騵彭彭。维师尚父，时维鹰扬。凉彼武王，肆伐大商，会朝清明。"姜太公还是安邦首辅，《史记·齐太公世家》记载："师尚父……讨纣之罪。散鹿台之钱，发钜桥之粟，以振贫民。……迁九鼎，修周政，与天下更始。师尚父谋居多。"关于周公，《史记·鲁周公世家》记载："周公旦者，周武王弟也。自文王在时，旦为子孝，笃仁，异于群子。及武王即位，旦常辅翼武王，用事居多。"

其三，特殊政策，扶持齐鲁。周初封齐，授齐以征伐特权，奠定霸业基础。周成王"使召康公命太公曰：'东至海，西至河，南至穆陵，北至无棣，五侯九伯，实得征之。'齐由此得征伐，为大国"（《史记·齐太公世家》）。这种特权成为齐国称霸诸侯、拓展疆域的重要基础。周初封鲁，周室厚赐鲁国，培植礼乐中心。《左传·定公四年》记载："分鲁公以大路、大旂，夏后氏之璜，封父之繁弱……以昭周公之明德。……祝、宗、卜、史，备物、典策，官司、彝器。"《礼记·明堂位》记载："凡四代之服、器、官，鲁兼用之，是故鲁，王礼也。"

其四，建国之策，提升齐鲁。齐、鲁立国之后，分别采取了不同的建国政策，发挥各自的文化优势，大大提升了齐鲁的文化地位，为形成齐鲁"重心"地位奠定了基础。总的来讲，齐鲁两国的治国之策展开如下：齐国倡"简政从俗，工商立国，尊贤尚功"，奠定霸业基础。"太公至国，修政，因其俗，简其礼，通商工之业，便鱼盐之利，而人民多归齐，齐为大国。"（《史记·齐太公世家》）"吕太公望封于齐，周公旦封于鲁。二君者甚相善也。相谓曰：'何以治国？'太公望曰：'尊贤上功。'周公旦曰：'亲亲上恩。'太公望曰：'鲁自此削矣。'周公旦曰：'鲁虽削，有齐者亦必非吕氏也。'其后，齐日以大，至于霸。"（《吕氏春秋·仲冬纪·长见》）这段记载可以说明齐的霸业之策，鲁的礼乐之策。鲁国"崇礼革俗，强农固本，尊尊亲亲"，强化礼乐之邦。"鲁公伯禽之初受封之鲁，三年而后报政周公。周公曰：'何迟也？'伯禽曰：'变其俗，革其礼，丧三年然后除之，故迟。'太公亦封于齐，五月而报政周公。周公曰：'何疾也？'曰：'吾简其君臣礼，从其俗为也。'"（《史记·鲁周公世家》）这也说明齐没有对当地的风俗采取重大变革，而鲁则采取革除当地风俗、把鲁建成礼乐文化中心的措施。

总而言之，周初将姜太公、周公两个伟大政治家分封到山东地区，以及齐、鲁建国后采取一系列政策，都为齐鲁"重心"地位的形成提供了有利的条件，打下了坚实的基础。

3.春秋之变促成齐鲁"重心"地位形成

西周灭亡，周室东迁，带来了春秋时代的巨变。这种巨变主要表现为：周室衰微，王命不行；列国内乱，诸侯兼并；戎狄横行，交伐中国。而这样一个春秋巨变的乱局，却给齐鲁"重心"

地位的生成带来了难得的机遇。

其一，春秋之鲁——周之礼乐文化中心。

周公封地——鲁本为东方文化中心。孔子说："周监于二代，郁郁乎文哉！吾从周。"（《论语·八佾》）也就是说，三代文化，周为最盛。可见，周文化应是三代文化的集成和代表，以礼乐文明为突出特征的周文化的设计师和创制者，正是鲁国的始封者周公。《礼记·明堂位》云："周公践天子之位，以治天下。六年，朝诸侯于明堂，制礼作乐，颁度量，而天下大服。"所以，人们将周公称为"元圣"，即最早的圣人。而其封地鲁国，就成为周公着意经营的东方周文化的重心。鲁国在周公受封之初，即已享有"四代之服、器、官，鲁兼用之"，以及"五礼"的最高文化地位。《国语·周语·穆仲论鲁侯孝》记载了周宣王伐鲁立鲁国君的事："宣王欲得国子之能导训诸侯者，樊穆仲曰：'鲁侯孝。'王曰：'何以知之？'对曰：'肃恭明神而敬事耇老，赋事行刑必问于遗训而咨于故实，不干所问，不犯所咨。'王曰：'然则能训治其民矣。'乃命鲁孝公于夷宫。"从上述记载看，一是鲁立国君，周王亲自操盘，而其着眼点是"能导训诸侯者"，亦即能对其他诸侯起带动领导和榜样作用者，可见鲁国在西周时代即有特殊地位；二是选择标准为"孝"，这实际上是周礼的标准，其内容则是崇神敬老遵从先王之训（即周公之礼）和往事案例，而且不突破，不冒犯。由此可知，周天子实际是按周礼文化中心的要求来选择鲁君、建设鲁国的，这说明，在西周，鲁国即已成为东方的文化中心。

镐京被毁，周室东迁，典章文物大半流失，使鲁国周礼中心的地位大幅攀升，成为各国公认的周礼代表。首先，周室东迁的文化破坏情况可以从以下两条资料中窥见一斑。杨宽《西周史》

根据陕西周原历代出土大量窖藏铜器，认为西周末年"周原和西都周人窖藏铜器而避难东迁"。《史记·周本纪》记载了申侯联合犬戎杀幽王后，"尽取周赂而去"，亦即大量掠取了周王室的宝器财货。这都说明周室东迁中的文化破坏是严重的。其次，在当时的诸侯国中，鲁国是公认的周礼中心。据《左传·闵公元年》记载，齐桓公问仲孙湫："鲁可取乎？"仲孙湫曰："不可，犹秉周礼。周礼，所以本也。……鲁不弃周礼，未可动也。"可见在霸主齐桓公看来，鲁是秉持周礼、不可轻易侵犯的。这应该代表了当时诸侯的一般看法。而据有关资料证实，至春秋末期，鲁国的周文化"重心"地位已有很深厚的积累。《左传·昭公二年》记载："二年春，晋侯使韩宣子来聘，……观书于大史氏，见《易》《象》与《鲁春秋》，曰：'周礼尽在鲁矣，吾乃今知周公之德与周之所以王也。'"晋国的韩宣子到鲁国去，看到了鲁国的文献典籍《周易》、鲁国的历代政令档案和《鲁春秋》，即感叹"周礼尽在鲁矣，吾乃今知周公之德与周之所以王也"。周初封建，"以蕃屏周"，晋、鲁都是周天子的宗亲之国，而且春秋晋国势力强大，但是晋人到了鲁国，也盛赞"周礼尽在鲁"。在春秋时代，齐、晋为两大霸主国，它们都以敬畏之态公认鲁国为周礼所在，可见鲁为公认的周文化的中心。再者，周之乐舞荟萃于鲁。根据《左传·襄公二十九年》记载，吴公子季札来鲁国聘问，请求聆听观看周朝的音乐和舞蹈。乐工为他歌唱《周南》《召南》《邶》《鄘》《卫》《王》《郑》《齐》《豳》《秦》《魏》《唐》《陈》……"见舞《大武》者，曰：'美哉！周之盛也，其若此乎！'"吴公子季札到鲁国考察音乐，鲁国的乐师将各诸侯国的地方音乐——《风》尽数演奏，共演奏十五国风，并将歌颂周之先王和业绩的《小雅》《大雅》乐歌一一奏来，季札最后感叹

"若有他乐，吾不敢请已"，观看了鲁国的乐舞，其他的乐舞就不敢再欣赏了。杨伯峻先生在《春秋左传注》中写道："鲁受周室虞、夏、商、周四代之乐舞，故季札请观之。"可认为鲁实为四代礼乐集成之地。从季札所观乐看，周王室之雅乐及各诸侯国之俗乐都集中于鲁，而且让人叹为观止，可见周之礼乐文明，鲁为集中代表。春秋之鲁，实为周之礼乐文化的重心。在鲁国这样丰厚的文化土壤之上，产生孔子这样的文化巨人，绝非偶然。

其二，春秋之齐——周之政治文化中心之一。

春秋时期，周室衰微，列国内乱，戎狄横行，为齐国以霸主地位成为春秋时期的政治文化中心带来了机遇。正如钱穆先生所云："自周室东迁，西周封建一统之重心顿失，诸侯如网解纽……自有霸政，而封建残喘再得苟延。霸政可以说是变相的封建中心。"①齐国在春秋早期即发展成为当时的核心大国，这就是盛极一时的齐桓称霸。中国历史上有"春秋五霸"之说，但以称霸时间之早、时间之长、影响之大来看，齐桓公都称"首霸"。《孟子·告子下》曰："五霸，桓公为盛。""齐桓称霸"的突出贡献，既展现在政治上，也突显在文化上，使齐成为当时的政治和文化中心。

齐桓称霸以"尊王攘夷"为号召，"以诛无道，以屏周室"，这就使地处海隅的齐国，实际成为统领天下诸侯的政治中心。正如冯友兰先生在《论管仲》一文中所说的："是以周天子为象征，在'尊王'的旗帜下，把当时中原的诸侯国组织起来，并逐渐消除诸侯国之间的界限，这是统一中华民族的一个步骤。"

---

① 钱穆:《国史大纲》，商务印书馆，1996。

齐桓霸业的主要任务是组织诸侯盟会，使齐国成为各诸侯交往的文化中心，而且，盟会的目的着眼于文化上的交流统一。我们对《左传》做过统计，近半个世纪间大的诸侯盟会就有十九次。从盟会的内容或性质来看，既有政治性的、军事性的，也有文化性的。《左传·僖公七年》把盟会的内容概括为"夫诸侯之会，其德刑礼义，无国不记"。而《孟子·告子下》则记载："葵丘之会，诸侯束牲载书而不歃血。初命曰：'诛不孝，无易树子，无以妾为妻。'再命曰：'尊贤育才，以彰有德。'三命曰：'敬老慈幼，无忘宾旅。'四命曰：'士无世官，官事无摄，取士必得，无专杀大夫。'五命曰：'无曲防，无遏籴，无有封而不告。'曰：'凡我同盟之人，既盟之后，言归于好。'今之诸侯，皆犯此五禁。"可见，盟会的很多内容是倡导尊崇周礼，提倡仁爱。清代著名学者马骕在《左传事纬》中说："齐桓公当东迁之后，起自危难，首起图功，可谓伟矣！……衣裳兵车之会，大率尊天子而示信义。"可见，齐桓霸业，一方面是在维护周礼，另一方面也加强了各诸侯国的文化交流和文化的统摄。实际上，当时的齐国也是各诸侯国的文化中心之一。

　　齐桓霸业的征伐，一是伐楚，二是北征伐狄，曾"伐山戎，至于孤竹而还"，目的都是为了遏制南北方落后民族对中原先进文化的掠夺性破坏，着眼点主要是对文化的捍卫。

　　纵观春秋之世，鲁从礼乐文化，齐从霸权霸业，都在春秋之世突显了其重大影响和中心地位，说明从春秋之始，齐鲁就展现出其独特的文化"重心"的面貌，而这样一片文化沃土，正是能产生孔子这样伟大文化巨人的最好基础。可以说，非齐鲁无以生孔子。

二、齐鲁文化——构筑孔子思想的基石

孔子之所以成长为孔子，不仅因为他诞生在鲁国文化的沃土之上，还在于他的成长，尤其是其伟大思想的形成，是齐、鲁两支文化融合的结晶。反过来，在齐鲁文化中诞生的孔子及其儒家学派，又深深影响了此后齐鲁文化的发展，给齐鲁文化圈涂上了浓浓的儒学色彩。

1. 鲁文化对孔子的培育与影响

春秋时的鲁国作为孔子出生和成长的地方，它的文化毫无疑问地从多个方面对孔子发生了直接而重大的影响。这种影响虽然由于资料缺乏，我们难知其详，不过，即使从有限的文献资料中，我们也能看到这种直接影响。以下三个方面即为其例：

第一，重礼。

前文述明，鲁文化最突出的特点就是继承和保存了丰富的周礼文化。而我们知道，礼是孔子的核心思想之一。很明显，鲁文化为孔子构筑礼的思想提供了最重要的文化基础。其实，鲁文化对孔子礼学思想的培育，可以说是与生即始的。孔子出身于没落的贵族之家，自幼年时代起，接受最多的教育是礼，搞得最多的活动是习礼，他最反对的是非礼和违礼。所以，关于孔子礼的思想形成，鲁文化给予了其多方面的深刻影响，下面我们只从有限史料中，钩沉几个细节加以说明。首先，是自幼习礼。《史记·孔子世家》载："孔子为儿嬉戏，常陈俎豆，设礼容。"郑环《孔子世家考》载："圣母（指孔母）豫市礼器，以供嬉戏。"孔子自小以礼为嬉戏的内容，他母亲买礼器让孔子习礼，说明孔子自幼即对习礼有浓厚兴趣。《史记·孔子世家》还记载，鲁大夫孟釐子告诫其子孟懿子说："今孔丘年少好礼，其达者欤？吾即

没，若必师之。"可知孔子年轻时即以好礼知名于世，成为人们的榜样。其次，是勤于学礼。《论语·八佾》载："子入大庙，每事问。或曰：'孰谓鄹人之子知礼乎？入大庙，每事问。'子闻之，曰：'是礼也。'"《史记·孔子世家》载："鲁君与之（孔子）一乘车，两马，一竖子俱，适周问礼，盖见老子云。"再者，是反对违礼。孔子极其看重礼的作用，认为："民之所由生，礼为大。"（《礼记·哀公问》）他告诫儿子"不学礼，无以立"（《论语·季氏》）。因而，他旗帜鲜明地反对违礼、非礼的言行。他明确告诫学生："非礼勿视，非礼勿听，非礼勿言，非礼勿动。"（《论语·颜渊》）

此外，他十分愤怒地斥责违礼的季氏："八佾舞于庭，是可忍也，孰不可忍也？"孔子强调礼的重要作用。孔子生长于周礼文化保存完好的鲁国，又自幼善于练习并请教礼仪，这使他极其看重礼的作用。在《论语》和其他著作中，我们会看到很多关于孔子"重礼"的记载。

第二，效儒。

孔子的最大历史贡献之一，是他创始儒家学派。孔子成为儒家创始人，与他出生在鲁文化的环境中有直接关系。胡适先生《说儒》一文对儒之源流做了一番考证后得出两点结论：一是"最初的儒都是殷人，都是殷的遗民"。二是"儒是殷民族的教士"，治丧相礼是他们的职业。"一切儒……都是殷民族的祖先教的教士……在那殷周民族杂居已六七百年，文化的隔离已渐渐混灭的时期，他们……竟渐渐成了殷周民族共同需要的教师了。"我认为，胡适先生对儒之源流的考证是可信的。这也给我们解决了一个问题：为什么创始儒学的孔子产生于鲁？儒这一阶层，在鲁是特别发达的。

　　儒这一阶层在鲁国特别发达，是有历史原因的，我们且看下面这段记载："武王克商，成王定之……分鲁公以大路，大旂，夏后氏之璜，封父之繁弱，殷民六族，条氏、徐氏、萧氏、索氏、长勺氏、尾勺氏，使帅其宗氏，辑其分族，将其类丑，以法则周公，用即命于周。是使之职事于鲁，以昭周公之明德。……因商奄之民，命以《伯禽》而封于少皞之虚。"（《左传·定公四年》）这段记载说明，周初封鲁之时即将两部分殷遗民分封给了鲁国：一部分是"殷民六族"，据杨伯俊先生解释，其中的索氏可能是编绳索的工匠；长勺氏、尾勺氏则是酒器工匠，其余的都是些知识阶层。另一部分是"商奄之民"，即原在鲁地的商代方国奄的土著居民。可见，鲁国人有相当一部分是殷遗民，傅斯年先生在《周东封与殷遗民》一文中甚至说："鲁之统治者是周人，而鲁之国民是殷人。"胡适先生还认为，这些以治丧相礼为职业的儒，"都是殷的遗民，他们穿戴殷的古衣冠，习行殷的古礼"。

　　但我认为，殷的遗民是否"习行殷的古礼"是值得商榷的。《史记·鲁周公世家》有明确的记载：鲁公伯禽之初受封之鲁，三年而后报政周公。周公曰："何迟也？"伯禽曰："变其俗，革其礼，丧三年然后除之，故迟。"从这条记载看，周初统治者在封鲁之时，已经看到殷遗民势力强大，就断然采取了"变其俗，革其礼"的文化革命措施，变的是殷旧俗，革的是殷旧礼，推行的当然就是周礼了。所以，我认为，鲁之大量的殷遗民及其后裔组成的儒者队伍，他们传布、教授、习行的礼，虽不能完全割断与殷商文化的联系，但他们主要传布的还是周礼。这与前面所提到的"周礼尽在鲁""鲁犹秉周礼"的鲁国文化特点是一致的，而这样一支庞大的民间文化队伍，对孔子的培育和影响是巨大的，也是孔子创始儒家学派的最原始的思想源泉。

第三，诵典。

孔子成长为伟大的文化巨人，是他大量诵读、修订三代以来的文化典籍，并用毕生精力整理传承典籍的结果。他诵典"韦编三绝"的精神和他编定"六经"的贡献，都与鲁文化的深厚根基和学风传统有关。首先，根据《左传·定公四年》的记载，周初分封，即特分配大量典籍于鲁。前面提到，《左传·昭公二年》载晋国韩宣子到鲁，观书于大史氏，见《易》《象》与《鲁春秋》，曰："周礼尽在鲁矣。"在这里说的"大史"即太史，"掌管文献、档案、国史、册书"的官职。韩宣子所惊叹的，实际是指鲁国图书馆藏书之丰富，周礼之籍尽在。我们从这里可以推测鲁国存有大量的历史文献和各国的史书。据《史记·孔子世家》记载："古者《诗》三千余篇，及至孔子，去其重，取可施于礼义……三百五篇孔子皆弦歌之。"孔子从三千余篇中选取三百零五篇，说明鲁国存有大量诗歌的文献档案。这都说明，鲁国人藏有大量的典籍文献，孔子成为一个伟大的思想家，与鲁国丰富的典籍收存条件和孔子能够大量阅读、整理这些文献有直接关系。

2. 齐文化对孔子思想的影响

孔子的思想核心是"礼"和"仁"。礼与仁的形成，其来源是多方面的。孔子对三代之礼有全面的整理、研究和吸收，无疑周礼对他的影响巨大。就区域文化的影响讲，如上所述，其礼的思想来源与礼乐文化之都鲁文化的熏陶、培育有直接的关系。仁的思想来源单从地域文化影响来讲，哪里影响最大呢？我们认为，与齐文化关系最大。在春秋列国中，齐国是与孔子关系密切的国家之一。这不仅因为齐、鲁是近邻，累世联姻，关系密于他邦，齐对鲁影响甚大，还由于齐国是孔子最早到过的国家，居留时间较长，孔子对齐国历史、文化的研究、探讨、评论较多，齐文化对孔子思想的构筑影响很大。

第一，孔子游齐。前人曾有孔子三游齐之说，清人崔述《洙泗考信录》详驳其非，后人多不予信。可靠的是鲁昭公二十五年（公元前517年）奔齐一事。这一年孔子三十五岁，距离他后来周游列国还有二十年，这一时期应是孔子思想初步形成之时。据钱穆考证："昭公二十五年，公伐季氏，不克，奔齐，鲁乱。"《史记·孔子世家》则载这年鲁乱，"孔子适齐，为高昭子家臣，欲以通乎景公"。孔子为避乱而游齐，这是很合乎情理的事。孔子居齐多久？钱穆《先秦诸子系年》引《历聘纪年》认为达七年之久。匡亚明先生的《孔子评传》有《孔子年谱》，认为是三年。我们认为，孔子在齐，应是三年以上。孔子在齐三年多时间，主要有以下活动：一是做"高昭子家臣"，即做齐贵族家的幕僚；二是"与齐太师语乐"，说明他与齐人有探讨音乐等文化活动；三是"景公问政孔子"，说明他受到齐国君接见，是国君贵客，或做过国君幕僚。但我认为最重要的是，他对齐国的历史文化做了深入的研究、考察，《论语》和《史记》都记载了"子在齐闻《韶》，三月不知肉味"的事，可见齐文化对他的感染和他对齐文化的迷恋；《论语》中除鲁国外，孔子提到齐国的人和事是最多的。而正是孔子对齐文化的深入考察和研究学习，使其对齐文化中"仁"的思想有了更深入的研究和吸收。

第二，齐文化中的"仁"俗。"仁"字在中国思想史上出现较晚。甲骨文中虽已发现"仁"字，金文中也有"仁字"，但字义难释（见高明《古文字类编》和《中山王鼎》铭文）。西周典籍中"仁"亦极罕见，仅《尚书·周书·金滕》中出现过一次——"予仁若考，能多材多艺"，指一种优秀品质，但并不甚可靠。根据清人阮元的论定，迟至《诗经·国风》时期，"仁"字方才形成。细检《诗经·国风》，"仁"字共出现两次：一为"洵美且仁"（《诗经·郑风·叔于田》）；二为"其人美且仁"（《诗经·齐风·卢令》）。《诗经·郑风·叔于田》和《诗经·齐风·卢令》两诗时代相若，皆产生于春秋之初；用法相同，都与"美"字相对。究其含义，都是描述猎人的情态，或谓之内美，但较模糊，反映出"仁"的观念初成时的情状。不过，结合齐国风俗和整个《齐风》内容看，《诗经·齐风·卢令》中"仁"字实际反映了齐俗中一种好让无争、与人和谐融洽的风尚。那么，为什么在《齐风》出现了与后来的"仁"含义相近的"仁"字呢？我认为，这当与齐国的文化来源有直接关系。

占据山东半岛和泰山以北广大地区的齐国，在先秦时代是东夷民族的故地。东夷的旧风俗由于文献记载很少，后人了解不多，但汉代许慎《说文解字》释"夷"："夷，从大从弓。东方之人也。"清人段玉裁注："夷俗仁，仁者寿，有君子不死之国。"说明"仁"是夷人最原始的风俗。《资治通鉴·汉纪十三》记载："东夷天性柔顺，异于三方之外，故孔子悼道不行，设浮桴于海，欲居九夷，有以也夫！"《后汉书·东夷列传》载："《王制》云：'东方曰夷。'夷者，柢也，言仁而好生，万物柢地而出。故天性柔顺，易以道御，至有君子、不死之国焉。"这些都说明东夷人的风俗特点，的确有一种"仁"风。《说文解字》："仁，亲也。"《礼记·中庸》："仁者，人也，亲亲为大。"说明所谓"仁"俗，就是在原始血缘关系中，那种淳厚的孝亲敬祖、好让无争的习俗。《论语·学而》载有子的话："孝弟也者，其为仁之本与！"说明这种文化特点已经暗合孔子关于"仁"的解说，表明东夷的"仁"俗对孔子具有吸引力。东夷人的这种道德习俗，在孔子时代的齐国得以保留，则与周初姜太公封齐的治国政策有直接关系。《史记·齐太公世家》："太公至国，修政，因其俗，简其礼……而人民多归齐，齐为大国。"也就是齐国保留了夷人的旧俗，简化了周礼的约束。因而，齐文化中应该保留了许多东夷人的原始思想传统。所以，《齐风》中出现"仁"字不是偶然的。

实际上，齐国政治家在继承东夷"仁"俗传统时，已非只是保留古老传统，而是将其运用到治国和外交等政治实践中，这对孔子仁学体系的形成应该有重要的影响。且看《论语·宪问》的记载："子路曰：'桓公杀公子纠，召忽死之，管仲不死。'曰'未仁乎？'子曰：'桓公九合诸侯，不以兵车，管仲之力也。如其仁，如其仁。'"又载："子贡曰：'管仲非仁者与？桓公杀公子纠，不能死，又相之。'子曰：'管仲相桓公，霸诸侯，一匡天下，民到于今受其赐。微管仲，吾其被发左衽矣。'"管仲不死君难，却九合诸侯，一匡天下，使天下之民无兵车之灾，保全了生民的性命，民到于今受其赐。在君民关系上，管仲轻君重民，这算不算"仁"？子路、子贡是怀疑的。孔子却站在更高的认识角度给予了充分的肯定，认为这就是"仁"。有学者总结说："随着西周末年人本主义社会思潮的兴起与发展，从宗天神学中发现了'人'，孔子才把'仁'上升到哲学高度，构建了以'仁'为核心的仁学思想体系。"[1]而对管仲"仁"的行为的肯定，正是齐文化促成孔子对"仁"的思想加以省察反思的一种反映。

当然，齐文化对孔子思想的形成有多方面的影响。例如，《晏子春秋·外篇》中记载了晏婴关于"和"的思想的对话，

---

[1] 葛荣晋：《儒学精蕴新释·"仁"范畴的历史演变》，齐鲁书社，2002。

用烹调五味、音乐演奏等各种生动的比喻说明：君臣关系要求"和"而不宜求"同"。晏婴约长孔子三十岁，算是孔子的前辈，而且孔子对晏婴十分尊重，称赞他"晏平仲善与人交，久而敬之"。那么，我们有理由相信，孔子关于"和"的思想也深深受到晏婴的影响。

三、齐鲁——成就儒学的文化基地

孔子一生仕途不顺利，他生前思想的传播受到极大的压抑和限制，晚年主要是整理古籍和教学授徒。以孔子思想为核心的儒家学派的形成，有两个基本的要素：一是其学说理论体系得到进一步发展；二是其思想得到广泛传播。而这两点，都与齐鲁有密切的关系。

1. 儒学大师俱出齐鲁

孔子创立的儒家学说，在战国时期即形成完备的理论体系，得力于三位儒学大师：一是子思，二是孟子，三是荀子。子思是孔子的孙子，名伋。孟子则是子思的门人，是邹人，亦属鲁国人。荀子虽是赵国人，但他"年十五始来游学于齐"（《史记·孟子荀卿列传》载为"五十"，实为"十五"之误，参见《风俗通义》）。他曾在齐国稷下学宫"三为祭酒"，基本上以齐国为主要活动中心，约七十岁才离齐去楚兰陵，所以应属齐人。可以说，齐鲁之人继承、发展、完善了孔子思想，形成了影响巨大的儒家学派。子思对孔子思想发展的贡献，主要是通过对孔子中庸思想的阐发，发展了孔子的伦理道德思想，他是"中和"思想的主要理论家；孟子对孔子思想的发展，除人性论外，主要将其核心"仁"引入治国安邦的政治思想中，提出了"仁政"学说；而荀子则将孔子"礼"的思想引入政治当中，强调隆礼重法，强调人必须以礼来约束，强调礼法结合，礼法并重，这也是对孔子思想发展的一个创举。经过这三个人的发展，先秦的儒家思想形成了一个完备的影响巨大的思想体系，为儒学后来成为中国文化的核心思想奠定了基础。

2. 孔子思想的传播不离齐鲁

孔子的思想由一人之学发展为声势浩大的思想流派，一是要有传播的队伍和组织系统，二是要有传播的基地和中心区域，而这两点都离不开齐鲁。

第一，孔子弟子多出齐鲁。孔子思想的传播首先有赖于众多的弟子，《史记·儒林列传》记载，孔子死后，他的学生散布到全国各地，有的做了高官，有的成为贵族的教师和朋友。《史记·孔子世家》记载："孔子以诗书礼乐教，弟子盖三千焉，身通六艺者七十有二人。"弟子又教授弟子，形成了孔子思想传播的教育教学体系。这是一个庞大的传播队伍，非其他诸子学者可比。而孔子的弟子中，鲁国和齐国人居多。据匡亚明《孔子评传》统计：在孔子弟子中，知其名与国籍者，共有9国68人，而鲁国就有42人，次之为齐国8人，齐鲁地区的占了73%。据李启谦先生《孔门弟子研究》统计，知其名与国籍的共11国104人，鲁国为61人，齐国为9人，共70人，比例也近70%。可见，孔子思想的首批传播者主要是齐鲁之人。其72个著名的弟子现知其名与国籍者，据李启谦统计大约有29人，其中齐鲁籍的共23人，高达近80%。

第二，儒家各派都出齐鲁。孔子死后，其弟子在传承其思想的过程中，因解说不同、认识体系不同而形成不同的流派。《韩非子·显学》记载："自孔子之死也，有子张之儒，有子思之儒，有颜氏之儒，有孟氏之儒，有漆雕氏之儒，有孙氏之儒，有乐正氏之儒……故孔、墨之后，儒分为八，墨离为三，取舍相反不同，而皆自为真孔、墨。"可见，在战国时期儒家已分裂成多个不同的传播派别，而且都以正宗儒家学派相标榜，说明各派之间有很激烈的斗争。有斗争，理论才能发展，有辩驳，学说才能深化，而这八个派别的创始者，除孙氏即孙卿是齐人外，其余都是鲁人。这也从另一个方面反映了儒学发展传播的骨干力量都是齐鲁人。

第三，传播基地主要在齐鲁。从有关文献记载看，孔子思想的广泛传播和儒家学派的形成发展，齐鲁地区始终是一个中心和基地。《史记·儒林列传》说："天下并争于战国，儒术既绌焉，然齐鲁之间，学者独不废也，于威、宣之际，孟子、荀卿之列，咸遵夫子之业而润色之，以学显于当世。"分析这段记载，可见儒学在战国的传播并非一帆风顺，曾一度出现挫折和处处遭贬黜的情况，但在齐鲁之地仍然兴旺发展。据《史记·孔子世家》所载，孔子死后，"鲁世世相传以岁时奉祠孔子冢，而诸儒亦讲礼乡饮大射于孔子冢。"看来，在孔子故居，已自然形成了弟子及后学聚居和讲学之所。《史记·封禅书》记载秦统一后，秦始皇东巡郡县，"征从齐鲁之儒生、博士七十人，至乎泰山下。"《史记·秦始皇本纪》记载：秦始皇"与鲁诸儒生议刻石颂秦德，议封禅望祭山川之事"。《史记·儒林列传》又记载刘邦打败项羽后"举兵围鲁，鲁中诸儒尚讲诵习礼乐，弦歌之音不绝"的情况。因此，《史记·刘敬叔孙通列传》中说，"叔孙通之降汉，从儒生弟子百余人"，并与鲁地的儒生一道为汉王制定朝仪。看来，在战国乃至秦汉之际相当长的时间中，齐鲁之地都是儒学传播的一个基地和中心区域。

3. 儒学在稷下诸子百家争鸣中丰富发展

儒家思想之所以在先秦时就发展为博大精深的思想体系，与战国时期经历了一个各种思想相互辩驳、交流、融合的发展阶段有关。这个百家争鸣的中心即齐国的稷下学宫。

据《史记·田敬仲完世家》记载："宣王喜文学游说之士，自如邹衍、淳于髡、田骈、接予、慎到、环渊之徒七十六人，皆赐列第，为上大夫，不治而议论。是以齐稷下学士复盛，且数百千人。"可见当时稷下学宫规模之大，人数之多。郭沫若的观点是：现存《管子》一书就是稷下学者的论文集，《管子》一书是"道家者言，儒家者言，法家者言，名家者言，阴阳家者言，农家者言，医家者言，轻重家者言，杂盛于一篮"。由此可以窥见诸子百家学派思想交流、争鸣、融合的境况。他说，当时的稷下学宫成为学者荟萃的中心，周秦诸子的盛况在这儿形成了一个最高峰。在这样一个百家争鸣的中心，儒家思想得到了充分的发挥和发展。孟子、荀子等儒家大师长时间与各派学者交流、互鉴、争鸣。可以说，孟子、荀子两位儒学大师能对孔子儒学在理论上有重大发展，应该与稷下学宫各学派的争鸣有直接关系。

正是由于齐国在稷下学宫提供了丰厚的物质条件和很高的政治待遇，各派诸子学者在稷下相互辩驳争鸣，各种思想交流、融合、吸收，孔子思想最终获得学派的发展和思想理论体系的成熟。可以说，没有齐国稷下学宫的推动，就很难形成百家学说相互争鸣的局面。也可以说，没有稷下学宫，就没有先秦儒学的重大发展。

（根据2009年9月在新加坡国立大学中文系讲座稿修改整理）

孟子与齐鲁文化

　　孟子出生的战国时期，不仅是中国文化史上诸子蜂起、百家争鸣的"轴心时代"，也是诸侯割据、区域文化大放光彩的时期。这个时期所奠定的区域文化的基本格局，譬如齐鲁、吴越、荆楚、巴蜀、三晋、秦文化等，影响中国历史两千多年。在这样一个时代，诸子思想的形成和发展也跟区域文化有着不可分割的密切关系。孟子生于邹鲁，一生活动主要在齐鲁之地，从齐鲁文化的角度探讨孟子的成长和思想来源，厘清二者的关系，是以往孟子研究中少有涉及而应予关注和挖掘的重要课题。本文主要讲以下三个方面的问题：一是孟子与邹鲁文化的关系，二是孟子与齐文化的关系，三是孟子对齐鲁文化的提升。

一、孟子与邹鲁之风

　　孟子为战国时期邹国人，邹与鲁毗邻，但文化渊源并不相同。根据杨伯峻先生《春秋左传注》引王国维《邾公钟跋》及《礼记》《国语》等历史文献考证，邹，也作邾、邾娄，是一个东夷土著小国。王献唐《炎黄氏族文化考》对其文化源流多方考证，认为邹为炎帝神农氏的苗裔，与黄帝后裔的鲁是两支渊源不同的文化。据《左传·僖公二十一年》记载，鲁僖公之母称，"邾人灭须句"为"蛮夷猾（乱）夏"，是"周祸"。次年，鲁国"伐邾，取须句，反其君"，则是"礼也"。可见，在鲁人看来，邾实为文化上的"异类"。细检《孟子》及以前的文献《左传》《国语》《论语》《墨子》等，都没有"邹鲁"并称的记载。这似乎反映出在孟子之前，邹、鲁实际表现为两支不同质的文化。

邹、鲁融合为一支文化，是孟子故里区域文化在春秋战国时代发展演变的结果。"邹鲁"并称，最早见于《庄子·天下》："其在于《诗》《书》《礼》《乐》者，邹鲁之士、搢绅先生多能明之。"庄子与孟子同时而稍晚，这说明，在孟子晚年，邹鲁之地崇尚儒学、传习"六经"的士风已蔚然形成，充分展示出儒学故乡的特征；"邹鲁"并称，邹在鲁前，这应与孟子一生努力传承创新儒学密不可分，反映出邹文化在邹鲁文化中的重要地位及巨大影响力。

1.孟子居邹

根据现有的历史文献看，孟子的研究之所以受到一定影响，与相关资料较少是有很大关系的。《史记》记载孔子有《孔子世家》，但是记载孟子的是《孟子荀卿列传》。《孟子荀卿列传》是以孟子、荀子两个人为主的诸多学者的合传，而且有关孟子的内容非常简短。我们谈孟子与邹鲁的关系，首先来看孟子和邹国的关系。由于历史文献记载很少，我们找不到关于孟子和他的故乡邹之间直接关系的系统文献。但是，我们注意到这样几点：

第一，虽然在现有历史文献里，看不到孟子四十岁以前跟邹有密切关系的记载，不过也看不到他在四十岁以前离开邹国的记载。我们知道孟子生在邹国，孟母曾三迁教子，因此有理由认为孟子四十岁以前主要是在邹国度过的。根据有限的历史记载和一部分学者对这一问题的初步探讨，孟子在邹的前四十年主要有这么四件事情：一是接受启蒙教育。由孟母三迁教子可以看出，孟子从小就进学堂，受到了很好的启蒙教育。二是他从师学习。《史记》上记载，孟子曾经是子思或子思门人的学生。他在邹度过了整个学习生涯，在这里系统地接受过儒学教育。三是设教授徒。根据有限的记载看，孟子三十岁以后，曾在邹授徒讲学。四是初仕于邹。《孟子·梁惠王下》记载，在邹与鲁发生纠纷时，邹国君邹穆公曾问计于孟子。这说明孟子在邹国时是一个级别不算低的官吏，有过从政的经历。因此，孟子四十岁以前跟邹的关系就是：启蒙教育、从师学习、设教授徒、初仕于邹。

第二，孟子在四十岁到六十岁，曾经周游列国。他三次到齐国，两次到鲁国，两次到滕国，一次到梁（魏国），然后到宋国，到过薛。孟子周游列国，主要就是到这六个地方。在这个过程中，他多次往返于邹国，根据文献记载至少有两次。也就是说，孟子周游列国的时候，邹国不仅是他的故乡，还是他的根据地。

第三，终而归老。孟子周游数国，得到很好的礼遇。他在齐国待的时间最长，跟齐国的关系非常密切，但始终没有得到重用，所以终而归老，回到了邹国。他"退而与万章之徒序《诗》《书》，述仲尼之意，作《孟子》七篇"（《史记·孟子荀卿列传》），即：以经书教授生徒，著书立说，写成《孟子》七篇。

就现存文献来看，孟子四十岁以前在邹，六十岁以后也在邹，中间周游列国的二十年中经常回邹。可以这样说，虽然《孟子》一书中记载他在邹国的活动并不太多，但孟子的一生主要还是在邹国度过的，邹文化对他事业的影响是巨大的。

2. 孟子与鲁

孟子跟鲁国的关系非常密切，以致后代好多人都以为孟子是鲁人。根据文献梳理一下，至少有三点是特别值得重视的：

第一，历史上有人讲孟子是鲁国公族孟孙氏的后裔。这种记载最早见于汉代赵岐的《孟子题辞》："孟子，鲁公族孟孙之后。故孟子仕于齐，丧母而归葬于鲁也。"赵岐指出，孟子是鲁国公族孟孙氏的后人，因而孟子虽在齐做官，但丧母却归葬于鲁地。虽然后代很多学者对这一问题提出了质疑，认为《孟子》中从来没提过这件事，也就是孟子本人对此并没有什么说法。但是先秦诸子生平大都简而缺失，像《荀子》《韩非子》《庄子》等谈到个人出身生平的也很少，这与当时文人著述习惯等因素有关。我们认为，孟子是孟孙氏后裔的可能性还是比较大的。唐代《元和姓纂》说："孟敬子生滕伯，滕伯生寠，寠生孟轲。"清代焦循《孟子正义》也说，孟子既然以孟为氏，应该是孟孙氏的后裔，只是世系不详。在后代学者眼里，孟子跟鲁国的关系是至为密切的。

第二，如赵岐所言，孟子葬母于鲁。这在《孟子》中有记载："孟子自齐葬于鲁。反于齐，止于嬴。"关于孟子为什么把母亲埋葬在鲁国，有好几种说法。例如赵岐认为他是孟孙之后，将母亲葬于祖籍地自然是情理之中的事。还有一种说法认为，孟子的外祖母家是鲁国的。这个问题历史上有争议，我们今天不再深谈。可推知的是，孟子在鲁国至少守孝三年，或者曾住过更长的时间。另外，《孟子·告子下》记载："鲁欲使乐正子为政。孟子曰：'吾闻之，喜而不寐。'"此外，《孟子·梁惠王下》中还记载鲁平公要去看孟子的事。可见，孟子在鲁，可能时间较长，与鲁国的关系也较深。

第三，孟子跟孔子的孙子子思关系非同一般。司马迁《史记·孟子荀卿列传》记载："孟轲，驺人也。受业子思之门人。"元代刘泰提到"邹乃孟子之乡国也，斯地乃子思倡道传心处也"。在元代人看来，子思在邹地授徒讲学，而他的弟子又来教授孟子。一直到明清时期，邹地还有相传是子思教书育人处的子思书院。此外，孟子非常推崇孔子，他说，"自生民以来，未有盛于孔子也"，"乃所愿，则学孔子也"。孟子对孔子是如此崇拜，我们认为他受鲁文化的影响确实很深。

从多个方面看，我们可以看到孟子跟鲁文化的关系是非常密切的，鲁文化对孟子影响也是很大的。

3. 邹鲁文化对孟子的培育

孟子成为战国时期伟大的思想家、教育家，成为后来仅次于孔子的儒家学派的代表人物，与邹鲁文化对他的培育有直接的关系。在这里，我主要谈一下邹文化对孟子的培育。

前人探求孟子思想的渊源，大多关注鲁文化的巨大影响，这一点绝非偶然。刚才我们已经讲到，孟子有很大可能是鲁国公族孟孙氏的后裔，与鲁国有一种血缘的亲情。孟子葬母于鲁，应住鲁守丧三年，他跟鲁国有非常密切的关系。他是子思门人的弟子，而子思是孔子的孙子，孟子系统地接受过儒家教育，自然跟鲁文化有密切联系。孟子一生极其崇拜孔子，以孔子的继承人自居，以传播孔子之学为己任，这都反映出鲁文化对孟子的培育，以及鲁文化对孟子思想的巨大影响。这一点，历代的学者包括当代学者，都已有比较多的论述。

我着重谈一下邹文化对孟子思想的影响。这方面前人少有单独讲到的。所谓"邹鲁文化"，实际是邹文化与鲁文化，两者不能完全混为一谈，也不能只谈鲁不谈邹。

讲到邹文化对孟子的影响，我们先从孟子思想的形成来做粗浅的分析。孟子的核心思想之一是"仁政"思想。孟子的"仁政"思想首先来源于孔子，这是毫无疑义的。孟子继承和发展了孔子"仁"的思想，提出了明确的"仁政"主张，并将"仁"从道德层面引向政治，引向治国，也就是说，从如何做一个好人，发展到如何做一个好官、好国君。"仁政"思想里有孟子对孔子思想的创新、发展。同时，这与孟子的乡邦文化，即邹文化对孟子的影响是分不开的。从现有历史文献考察，孟子"仁政"思想的形成与邹国文化的传统有直接关系。这是我从有限的文献中总结出来的一点个人见解和看法。邹和鲁是毗邻的，不过邹和鲁在当时是两个不同的诸侯国，邹是邹，鲁是鲁，鲁国比邹国强大，邹国是鲁国的一个附属国。当然，那时的鲁国已衰弱，邹、鲁都生活在大国的夹缝中。公元前256年，鲁和邹一起被楚国所灭。但鲁文化和邹文化在渊源上有本质的不同。邹本来是东夷的一个土著小国，邹人是颛顼的后代；鲁则是周初分封之国，且鲁国人主要是遗民，有从周王朝那里来的，也有殷商的遗民。

邹人是东夷的土著，保留着东夷文化传统。东夷的文化中有"仁"的习俗，叫作"夷俗仁"，这是清人段玉裁在《说文解字注》中提到的。而邹人就有这种"仁"的习俗，用今天的话来讲，就是有仁义之风。

《孟子·梁惠王下》记载了这样一段话："邹与鲁鬨。穆公问曰：'吾有司死者三十三人，而民莫之死也。诛之则不可胜诛，不诛则疾视其长上之死而不救。如之何则可也？'"邹国和鲁国发生冲突之后，邹穆公来问孟子，打仗的时候老百姓向后退，只有官员奋勇向前，我手下的官吏死了三十三人，而老百姓没有死的。我要想惩罚这些老百姓吧，人太多了；不杀他们吧，他们看着官员在前面战死也不去营救，不能不惩罚。我该怎么办呢？从这里可以看出来，邹穆公对待百姓确实有不忍之心，但是他又拿不出主意，只好向孟子求教。总之，邹穆公没有滥杀百姓，这表现出他对老百姓是仁慈的，有"仁政"之风。汉初贾谊的《新书·春秋》中记载了邹穆公这样一段话：

> 王舆不衣皮帛，御马不食禾菽。无淫僻之事，无骄燕之行。食不众味，衣不杂采。自刻以广民，民亲贤以定国，亲民如子。邹国之治，路不拾遗，臣下顺从，若手之投心。是故以邹子之细，鲁卫不敢轻，齐楚不能胁。邹穆公死，邹之百姓，若失慈父，行哭三月。四境之邻于邹者，士民乡（向）方而道哭，抱手而忧行。酤家不雠其酒，屠者罢列而归，傲童不讴歌，舂筑者不相杵，妇女扶珠填，丈夫释玦鞞，琴瑟无音，朞年而后始复。

《新书》记载中的邹穆公是这样一个人：他不穿皮子和绸子衣服，没有奢侈的爱好，吃饭不求多种味道，穿衣不求华丽服饰，对自己严苛，对百姓宽厚，亲近贤人，定国安邦，爱民如子。邹国社会安定，路不拾遗，臣民服从，上下和谐，像手跟心一样协调。以邹这样一个小国，处于大国之间，鲁国和卫国不敢轻视它，齐国和楚国不能威胁它。邹穆公死了，老百姓像死了父亲一样，奔走哭丧三个月，周边邻国的百姓也面向邹国而哭，作揖施礼，表示尊敬。酒家不卖酒了，屠宰的停工致哀，小孩子不唱歌，舂米的罢活，女人不戴首饰，男人不穿修饰之衣；琴瑟无音，乐器不奏。过了一周年，这些活动才恢复。在这里我们看到的是一个感人至深的仁者形象。战国时期的国君中，邹穆公就是一个行"仁政"、得民心的典范。

无独有偶，汉代刘向《新序·刺奢》中也记载了邹穆公告诫官吏喂养禽鸟要用秕子（草种子）而不用粮食的话："穆公曰：'去，非汝所知也！夫百姓饱牛而耕，暴背而耘，勤而不惰者，岂为鸟兽哉？粟米，人之上食，奈何其以养鸟？……夫君者，民之父母，取仓之粟，移之于民，此非吾之粟乎？鸟苟食邹之秕，不害邹之粟也。粟之在仓与在民，于我何择？'邹民闻之，皆知私积与公家为一体也。"邹穆公说：去！你们不了解老百姓的辛苦。老百姓喂饱了耕牛，在烈日下耕耘，他们辛辛苦苦种出粮食，难道是为了喂养禽鸟吗？粮食是百姓的上等食品，君主是百姓的父母，粮食虽然在仓库里，但那不是我国君的，而本来就是老百姓的。粮食在国君仓库和在老百姓手里是一样的，我不能拿着老百姓的粮食随便去喂鸟兽。

可以看出，邹穆公跟老百姓心心相印、息息相通，确实是一个实行仁政的国君。虽然我们现在找不到其他材料证明邹穆公之前的邹国国君也有这样的言行，但是从邹穆公以"仁政"治国看，至少在汉代人所看到的有关邹国的历史记载里，邹国有一种"仁"的习俗，有一种"仁政"的治国传统。正因为有这样一种传统，所以邹这样一个小国，才可以安然无恙地在大国的夹缝中生存多年。

邹穆公与孟子同时而稍早，邹文化中"仁"的传统，邹国国君以"仁政"得民心的政治实践，说明了邹文化对孟子仁政思想的巨大影响。也可以这样说，为什么大力主张"仁政"的孟子不是出生在其他国家，甚至没有出生在鲁国，而出生在邹这样一个小国？从邹国的文化传统中，我们找到了答案。

4. 孟子与邹鲁之风的形成

孟子之前，文献上没有"邹鲁"合称的记载。"邹鲁"合称最早见于《庄子·天下》："其在于《诗》《书》《礼》《乐》者，邹鲁之士、搢绅先生多能明之。"庄子谈到，邹鲁地区的知识分子，大都能非常熟练地掌握《诗》《书》《礼》《乐》这些儒家经典。庄子这句话，描述了一个非常重要的文化景象：在邹鲁地区，传习孔子的学说已经成为社会风气，也可以说，邹和鲁这两个地方共同形成了良好的儒学学风。庄子这样说，说明"邹鲁"能够合称，而且形成一个良好的风气，与孟子这位儒学大师在邹鲁地区的文化活动有直接关系，应该是孟子促成了邹鲁文化的融合。所以，我们得出了这样三点看法：一是在孟子晚年，所谓"邹鲁之风"已经形成，这应与孟子一生努力传承创新儒学密不可分；二是"邹鲁之风"的内容是以崇尚儒学、传习"六经"的士风为主的，充分展示出邹鲁地区儒学故乡的特征；三是"邹鲁"并称，邹在鲁前，反映出邹文化在邹鲁文化中的重要地位及巨大影响力。

鲁国比邹国强大，为什么没有称"鲁邹"而称"邹鲁"呢？这说明邹文化有非常重要的地位。我们再回应前面提到的邹文化对孟子的影响，可以看出邹文化在当时的影响力，是邹、鲁文化的结合培育了孟子，而孟子的出现和文化上的突出成就，又使战国时期的邹、鲁文化进一步融合、提升，形成了一个统一体。这个统一体在学术上被称为"思孟学派"，而在文化上则被称为"邹鲁文化"和"邹鲁之风"。融合邹、鲁，提升邹、鲁文化，这是孟子做出的巨大贡献。

邹、鲁文化的结合，使儒学的故乡由孔子之鲁，扩充到孔、孟的"邹鲁"，并形成了一种特殊的区域文化风气，有力地提升了齐鲁文化在中华文明发展史中的地位和贡献。

二、孟子与稷下气象

战国时期，齐国的稷下学宫是诸子百家争鸣的中心。孟子一生与齐国关系极为密切，《孟子》中，齐国对孟子的巨大影响随处可见。而稷下学宫百家争鸣的学术繁荣景象，与孟子的加盟和推动密不可分。

1. 孟子游齐经历

孟子曾经三次到齐国，这在孟子周游的列国当中是去的次数最多的。第一次，孟子在齐国居住了九年左右。钱穆在《先秦诸子系年·孟子在齐威王时先已游齐考》中引证众多资料，详细考证："孟子游齐当在齐威王二十四年前……去齐当在齐威王三十三年后。"我们认为，钱先生的考证是可信的。孟子在齐国应是居留了九年左右，所以他对齐有非常深入的考察和研究。第二次是齐宣王初年，杨伯峻的《孟子译注》认为是齐宣王二年（公元前318年）。齐威王在位三十六年，孟子在齐宣王二年又到了齐国，这说明孟子离齐仅五年后又到了齐国，这一次他把母亲也接到了齐国。第三次是他把母亲归葬于鲁后返齐，直到齐宣王八年（公元前312年），孟子才离齐返邹，不再出游，这时孟子已六十多岁。我们可以这样说，孟子周游列国，是从游齐开始，又以游齐结束的。

孟子游齐正当齐威王、齐宣王在位时。这时，齐国在政治上实行改革，唯才是举、励精图治，是战国之齐最兴盛发达的时期。据《战国策·齐一·苏秦为赵合从说齐宣王》记载，齐国在经济上通货积财，工商并举，甚富而实；在军事上"带甲数十万"，有"战如雷电，解如风雨"之强势。孟子见齐宣王纵论天下大事，问"王之大欲"，齐宣王期待自己能"辟土地，朝秦、楚，莅中国而抚四夷"。也就是说，齐宣王要扩展他的国土，要让秦和楚两大强国向他朝拜。这里的"中国"相当于今天的中原、黄河流域一带。齐宣王希望率领中原各国来镇抚周边的少数民族，实际上就是要统一天下。在文化上，威、宣之世，大兴礼贤下士之风，建造稷下学宫，招贤纳士。据《史记·孟子荀卿列传》记载，"高门大屋，尊宠之"，用今天的话说就是建造了豪华的校舍，把各国知识分子都吸引到这里。齐国文化也呈现出一派繁荣景象。从徐干《中论》"昔齐桓公（午）立稷下之官（宫），设大夫之号，招致贤人而尊宠之，自孟轲之徒皆游于齐"的记载看，大约孟子从首次入齐始，就在稷下学宫常驻了。

2. 齐文化对孟子的影响

孟子在齐国稷下至少待了十几年，他对源远流长、博大精深的齐文化进行了深入的学习和考察，从多个方面吸收了齐文化的思想成果。我们从以下几个方面来谈。

一是孟子在齐国与齐国君臣交流深广。《孟子》一书共十四卷，除《滕文公上》外，几乎每卷都提到齐国或齐人齐事，这是当时的其他各国无法比拟的。书中提到齐宣王二十三次，是所有的国君中提到次数最多的。提到齐国大臣十二人，也是所有国家的大臣里提到最多的，包括鲁国。从书中我们能够看到，孟子跟齐国的君臣进行了深入广泛的思想交流。可见，孟子一生跟齐国的关系之密切。这说明孟子在齐地位很高，说明他在推行自己的"仁政"主张时不遗余力。同时，他的思想受齐影响之大也可以想见。

二是他对齐国历史文化耳熟能详，可以说了然于胸。他对齐国历史上齐桓公、管仲等明君贤臣都如数家珍。《孟子》里记载了齐宣王在雪宫见孟子时的一段对话。齐宣王问孟子"贤者亦有此乐乎？"孟子马上根据齐国历史作答："昔者，齐景公问于晏子……"这一段中，孟子把一百多年以前齐景公与晏子对话的具体内容做了详细的复述和评说。从这里我们可以看出孟子对齐国的历史文化，对齐国历史上明君先贤的政治主张，对他们的一些思想成就了然于胸，吸收很多。这里面曾经提到晏子所说的"诸侯朝于天子曰述职，述职者，述所职也"，就是叙述自己所做的工作。从这里我们能够感觉到他对齐国的历史文化确实耳熟能详。

三是孟子的许多思想能在齐国著作和著名政治家的主张中找到渊源。这说明孟子吸收了齐文化特别是管仲、晏婴等著名政治家的思想。例如孟子的仁政思想就吸收了齐文化的多个方面。据《管子》记载，管仲很早就提到要"省刑罚，薄赋敛"，"宽政役，敬百姓"，管仲也专门提到"仓廪实而知礼节，衣食足而知荣辱"，这都对孟子抨击虐政、反对残民，主张"有恒产者有恒心"等仁政民本思想有重要影响。孟子主张要给老百姓稳定的财产，有稳定的财产才能有稳定的人心，这个核心思想叫"制民之产"。所以"省刑罚，薄赋敛"跟孟子的"省刑罚，薄税敛"的思想是一致的，从这里能看出孟子对管仲思想的吸收。从管仲到孟子有三百年的历史，从晏婴到孟子也有一百五十多年的历史。管仲说，"定民之居，成民之事"，晏婴说，"君民者，岂以陵民？社稷是主"。这些话跟孟子的"民为贵，社稷次之，君为轻"也是一脉相承的。孟子的思想实际上是大量吸收了包括齐国在内的历史上著名政治家的思想主张，又有了新的发展。我们从这里可以看出孟子对齐文化的吸收以及齐文化对他的影响。

孟子在与稷下先生的广泛学术交流中，大量吸收各派的观点，丰富发展自己的学说。孟子到齐国是在齐威王和齐宣王时期，而这个时期也正是稷下学宫兴盛的时期。孟子也是著名的稷下先生。他在稷下学宫广泛的学术交流中，吸收了各学派的观点。当代著名学者张岱年先生有一篇文章是《〈管子〉学说的历史价值》，其中提到《管子》一书是战国时代齐国推崇管仲的学者的著作的汇集，可以说是齐国管仲学派的代表作。郭沫若先生则说："《管子》书乃战国秦汉时代文字之总汇……道家者言，儒家者言，法家者言，名家者言，阴阳家者言，农家者言，医家者言，轻重家者言，杂盛于一篮。"其中相当一部分是稷下学宫这些学者的论文集。

孟子一个很重要的学说叫"浩然正气"说，这个学说可以从《管子》这本书中找到它的理论渊源。郭沫若先生在《稷下黄老学派的批判》中说，"浩然正气"说，显然是将《管子·内业》等篇中的"浩然和平，以为气渊"之语及"灵气"说，袭取了来，稍微改造了一下。可见，孟子的"浩然正气"说，实际上吸收了稷下学者中的"浩然和平，以为气渊"以及"灵气"说，受到稷下之学的重大影响。

郭沫若先生还提到孟子的"民贵君轻"说，显然是吸收了慎到"立国君以为国，非立国以为君"的思想。慎到是稷下学宫中的著名学者之一，他认为：拥立国君是为了治理好国家，而不是建立国家为一个国君服务。这跟孟子的"民为贵，社稷次之，君为轻"思想有观念上的一致性。另外，据郭沫若先生研究，孟子的"有恒产者有恒心，无恒产者无恒心"之说，也是吸取管仲学派的"凡治国之道，必先富民"和"仓廪实而知礼节，衣食足而知荣辱"思想的结果，等等。

齐文化中所包括的稷下学者的思想，是孟子思想形成的一个源泉。也可以说，孟子杰出思想的产生与齐文化和稷下学术密不可分。

3. 孟子助推稷下百家争鸣的新气象

孟子在齐助推稷下学术发展，进一步巩固了稷下百家争鸣中心的地位。汉代著作《盐铁论·卷二·论儒》中记载："齐宣王褒儒尊学，孟轲、淳于髡之徒，受上大夫之禄，不任职而论国事，盖齐稷下先生千有余人。"可见齐宣王时期，稷下学者达到了一千多人，盛况空前，其中包括孟子和淳于髡。另据司马迁《史记·田敬仲完世家》记载："宣王喜文学游说之士，自如邹衍、淳于髡、田骈、接予、慎到、环渊之徒七十六人，皆赐列第，为上大夫，不治而议论。是以齐稷下学士复盛，且数百千人。"这也说明孟子在齐国的时候，稷下学宫发展很兴旺。而且，孟子在稷下地位特殊，主要有如下表现：

第一，官居卿位。《孟子》中有三段文字记载："孟子为卿于齐……公孙丑曰：'齐卿之位，不为小矣。'""夫子加齐之卿相，得行道焉。""夫子在三卿之中。"由此看出，齐王把稷下学宫中的其他著名学者都封了上大夫，而孟子则被封了更高一级的卿位。可见，孟子在齐国曾受到特殊礼遇。

第二，备受尊崇。《孟子·梁惠王下》记载，与齐宣王直接辩论最多的人是孟子，而且齐宣王对待孟子执弟子礼。孟子多次指责齐宣王，但齐宣王都是洗耳恭听。甚至孟子直接批判齐宣王的时候，齐宣王也没有与孟子针锋相对地顶撞，而是"王顾左右而言他"，可见，孟子在齐是备受尊重的。此外，孟子在齐国待遇最优厚。孟子声言要离开齐国，为了挽留，齐宣王说："我欲中国而授孟子室，养弟子以万钟。""国"是指都城，"中国"即都城中间最好的地方，"钟"是当时的一种量器。齐宣王为了挽留孟子，不惜给孟子的弟子以万钟粮食，并把京城中的最好地段给孟子建宅院。可见，孟子在齐国享受着特殊的优厚待遇。《孟子·公孙丑下》还记载："前日于齐，王馈兼金一百而不受。"这些记载都反映出齐王对孟子特殊的尊重。

第三，孟子能言善辩。他说，"我岂好辩哉？予不得已也。"孟子在稷下和各派学者展开争论，有力推动了稷下学者学术上的争鸣。战国时期重要的思想成果就是诸子百家争鸣的产物，而稷下学宫就是诸子百家争鸣的中心。孟子的到来，恰恰推动了这个百家争鸣中心各派间的争鸣。

第四，其道难行。尽管孟子在齐国做了很多努力，但是他的主张并没有得到充分接受，最终孟子还是离开了齐国。他离开齐国的原因之一，据文献记载，是他的主张"迂远而阔于事情"，用今天的话说，他的主张不适合于齐国的国情。这个也是不难理解的，在战国时期，最重要的是大国之间的兼并战争，而齐国在当时是能统一中国的大国之一。孟子主张仁政，这和齐国国君的意图是不合的，所以他最后离开了齐国。他离开齐国的时候欲去还留，"三宿而后出昼"，走了三天，住了三个晚上才离开昼这个地方，而昼离临淄城只有二十里。可见，孟子最后是以恋恋不舍之情离开齐国的，这也反映出孟子与齐国关系密切又对齐国失望，不甘轻易离去的矛盾心态。

概言之，孟子居齐的齐威、宣时期，正是稷下发展的高峰期，名家荟萃，人数众多。而孟子又受到齐王特别的尊崇，以高于"上大夫"的卿位常居于稷下学宫。我们认为，孟子极有可能就是助推百家争鸣达到最高峰的稷下领袖人物。孟子以其积极有为的人生态度、敏锐的政治洞察力和雄辩的才能，领导着稷下的学术走向了争鸣的高峰，创造了中国文化史上彪炳史册的稷下学术气象。

三、孟子对齐鲁文化的提升

齐鲁文化是培育孟子思想的沃土，孟子对齐鲁文化的提升也做出了巨大贡献。一方面是孟子对齐鲁文化"重心"地位的提升；另一方面是孟子促进了齐鲁文化的融合和二元一体的进程。

1. 对齐鲁文化"重心"地位的提升

公元前800年到公元前200年，正是我国的春秋战国时期，是中华文明发展的"轴心时代"，在这个时代，齐鲁文化是中国文化"轴心时代"的文化重心。为什么在齐鲁这个地方产生的孔子、孟子包括子思、荀子的儒家思想后来成为中国文化的核心思想？这与齐鲁文化的"重心"地位是有直接关系的。齐鲁文化的这一地位，在战国时期是以"邹鲁之风"与"稷下气象"为主要支撑的，在邹鲁地区形成了一种儒家的风气，在稷下学宫形成了百家争鸣的气象，这两者支撑了战国时期齐鲁文化在中华文明"轴心时代"的"重心"地位，而这两点也突出显示了孟子的贡献："邹鲁之风"因孟子的出现而真正形成，稷下争鸣气象因孟子的推动而达到高峰。

2. 促进齐鲁文化二元一体的融合进程

齐鲁文化在结构上是二元的，齐和鲁是两支从渊源形成到文化形态都有很大差别、各具特色的文化。大致说来，齐文化较多地传承了东夷的土著文化，鲁文化则是周文化的集中代表。鲁跟邹是两支不同的文化，齐和鲁也是如此，我们同样能从齐文化中找到关于"仁"的那种风俗的概念。但是在春秋战国时期，特殊的文化交流和融合的时代背景，使两支不同性质的文化能够形成一个文化圈，邹和鲁是这样形成了邹鲁文化，而齐和邹鲁也是在这样的大文化背景下交汇融合，形成了一个形象趋于一致、结构存在二元的齐鲁文化圈。

邹鲁文化形成一支文化，齐和邹鲁文化又融合成齐鲁文化圈，这两个方面的融合有什么不一样？我们可以这样认识这个问题：邹鲁文化形成的一个统一体，以及齐鲁文化形成的一个文化圈，在形象上是趋于一致的，但实质上仍然存在着二元，既是一个文化圈，又各具不同的特色，经历了由二元一体向一体之二元的变迁过程。在这样一个发展融合的过程中，有两个阶段非常重要。

第一个阶段是春秋末期孔子在文化上融合齐鲁，创立了儒学。即是说儒学的创立实际上也是鲁文化和齐文化融合的结晶。孔子周游列国之前的二十年，即在三十五岁的时候到了齐国，他在齐国待了三年，对齐文化有深入的研究和吸收。这一点我在《孔子与齐鲁文化》一文中有较深入的分析探讨。孔子创立儒学，实际上是齐鲁文化的一次融合。

第二个阶段，齐鲁文化的第二次融合就是战国时期。战国时期的文化融合有两个方面：一是齐强鲁弱局势深入发展，齐对鲁的土地兼并促进了齐鲁文化的融合。在战国时期，鲁国国力已经非常衰弱，它的国土面积就是现在的曲阜周边很小的范围，而原来鲁国的大片国土都被齐国兼并。这一种兼并，使齐和鲁的文化融合加快了。再一点是，鲁国的学者和各国的学者都在齐国的稷下展开了学术争鸣，儒学在齐地迅速地传播，使齐鲁思想文化的面貌由二元向儒学一体化迅速发展。这是一个很有戏剧意味的历史文化现象：在国土上，齐国大片地占领了鲁国的国土；但在文化上，鲁国却凭借它的儒家文化软实力，同时借助稷下的百家争鸣，在齐国大力推行儒家文化，促进了齐、鲁两国政治经济硬实力和文化软实力的逆向交流，促进了文化融合。在这一过程中，孟子起到了特殊的作用。细加分析，主要有三个方面：第一，孟子大力推行"仁政"主张，使儒学从诸子之学术走进了国君的殿堂，成为政治家的治国议题。第二，孟子在与齐人及稷下先生的交流融合和辨析中，推动了儒学进一步的丰富和发展，使之更加适应时代和历史发展的要求。也就是说，孟子借助稷下推动了儒学的丰富和发展。第三，孟子在齐国大量招收齐人为学生，例如他的著名弟子公孙丑、万章都是齐人。这样就壮大了齐人中儒家学派的组织力量，在齐文化中融入了儒学，在齐地形成一种儒家的风气，奠定了人才的基础。

正是在这样一个基础之上，孟子之后，《荀子·性恶》篇首次出现了"齐鲁"并称。"天非私齐鲁之民而外秦人也，然而于父子之义、夫妇之别，不如齐鲁之孝具敬文者，何也？"这里用"齐鲁"指儒家故乡的一种仁孝风气。荀子时期比孟子晚了数十年，也就是说，荀子时期，已经认为齐、鲁两地都具有一种儒家的文化风气了。我们认为，推动齐鲁文化融合的儒学大师，前有孟子，后有荀子。但是孟子以其邹鲁之人的身份而居齐好辩，推动了百家争鸣，贡献更加突出。

总之，邹文化是养育孟子的文化渊薮；邹、鲁文化的结合体，培育了孟子，是孟子思想的重要源头；齐文化对孟子主体思想的形成，产生了重大影响；齐鲁文化是培育孟子的文化沃土。孟子对齐鲁文化在中华文明史上的"重心"地位和齐鲁文化圈的形成，做出了巨大贡献。

（本文系2013年5月山东邹城"孟子系列公开课"讲座稿）

儒学经典与齐鲁文化

国学经典与儒学经典、经典时代与齐鲁文化，以及它们之间的关系，对弘扬优秀传统文化是一个比较重要的问题，又是一个不容易讲清楚的问题。因为这几个问题的内涵本身就争论颇多，不易说明白。例如，什么是国学，什么是国学经典，一直众说纷纭，争议很大。我试着按照自己的理解，从解读具体概念出发，讲讲它们之间的关系，抛砖引玉，以期引出大家对传统文化有关问题更深入的探讨。

一、国学经典与儒学经典

首先说国学经典。什么是国学经典呢？这是一个很简单却又很复杂的文化命题。复杂到仅"国学"这个名词就争论了一百年都没说清楚，也没有定论。目前学术界比较认同的一种意见是，在近代西学传入中国之前，现代意义上的国学并不存在。虽然在中国古籍《周礼》中就已出现"乐师掌国学之政，以教国子小舞"这样的说法，但这并非现代意义上的国学。实际上，国学是随着以基督教教义为经典（主体）的西学的大量传入和传播，为了区别于西学而产生的一个概念。

最早提出并使用这个概念的是章太炎先生。从章太炎先生在日本所讲的国学内容看，国学科目包括了诸子学、文史学、制度学、宋明理学、中国历史。而这实际上差不多就是中国传统文化的全部内容了。此后，章太炎先生多次举办国学讲习会，所讲内容涵盖了中国传统文化的主要方面。另一个几乎和章太炎同时提到国学的是梁启超。1902年梁启超在《论中国学术思想变迁之大势》中多次使用"国学"来指中国固有的学术文化。其主要包括文献学和德性学两个方面，也即反映中国历史之根源的文献学和反映中国人文精神实质的德性学。章、梁二位对国学的见解大致代表多数学者的主张。也可以说，这是近代以来最早也是影响最大的关于"国学"名词内涵的解说。

其实，纵观百年来"国学"这一名词的发展、演变，我们就会发现，"国学"一词被广泛提及主要有两个时期：一是清末民初，即西学以文化殖民方式大举进入中国之时；二是改革开放之后。所不同的是，第一个时期的国学热是被动的，据陈平原的话说，"国学"一词是被"西学"倒逼出来的，因此带有浓厚的防御色彩（见《文汇报》，《"国学"如何"新视野"》）。一百年后，也就是现在，国学是主动的，带有浓厚的积极弘扬的动机。

国学，既然指中国传统文化的全部，那么"国学经典"所包括的范围就极其广大了。梁启超1923年倡议创办中国文化学院，提出了中国文化发扬光大的五个方面：儒学，先秦诸子，宋明理学、佛学，中国文学、美术，历史学。这是梁先生当时的想法。翻天覆地的一百年过去了，世界格局和中国社会都发生了巨大的变化，特别是全球化、信息化和所谓"文明冲突"时代来临的新形势下，我们此时来谈国学经典，是否应有时移世易、与时俱进的思考？这应是不言而喻的。

我们现在正处在21世纪之端，21世纪是中华民族实现伟大复兴的时代。中华民族的复兴，首先是民族文化的复兴，而民族文化的复兴一要传承弘扬我们民族优秀的传统文化；二要以改革开放的姿态广泛吸收世界各民族的优秀文化来丰富我们的民族文化；三要在全球化，即世界文化多元格局的形势下，建设中国特色社会主义新文化。一句话，新的形势要求我们对国学的继承吸收要有与时俱进的思想进路。我个人认为，这个进路就是要落实党的十八大以来所提出的新时代大力弘扬优秀传统文化的一系列指导思想，其中很重要的就是要深入学习理解习近平同志有关传统文化的讲话、论述。从认识国学经典的角度讲，习近平同志的讲话给我们以很大的启发：其一，习近平在2013年8月19日全国宣传思想工作会议及之后，多次强调"四个讲清楚"。其中讲到"讲清楚中华文化积淀着中华民族最深沉的精神追求"，这里所说的"精神追求"很重要。传承中华文明，主要的就是传承民族精神，这是最根本的。实现国家的繁荣富强，实现中华民族的伟大复兴是先哲们最崇高的民族梦想，是近代以来，在灾难深重的岁月中奋斗不止的中华子孙最强烈的民族愿望和精神追求。其二，2014年，习近平在纪念孔子诞辰2565周年国际学术研讨会开幕会上的讲话中，特别强调了以下两点：第一，尊重各国各民族文明。"文明特别是思想文化是一个国家、一个民族的灵魂。无论哪一个国家、哪一个民族，如果不珍惜自己的思想文化，丢掉了思想文化这个灵魂，这个国家、这个民族是立不起来的。"第二，"研究孔子、研究儒学，是认识中国人的民族特性、认识当今中国人精神世界历史来由的一个重要途径。春秋战国时期，儒家和法家、道家、墨家、农家、兵家等各种思想流派相互切磋、相互激荡，形成了百家争鸣的文化大观，丰富了当时中国人的精神世界"。习近平同志上述讲话对我们今天认识国学经典具有很重要的指导意义。

那么，我们应怎样学习经典？中华传统文化源远流长，国学文献浩如烟海，而我们身处全球化、信息化的时代，已不可能如古人一样全面系统地研习众多的传统文化典籍。所以，从传承弘扬优秀传统文化来讲，就要注重思想文化，注重抓民族文化的"灵魂"，这是其一。其二，在思想文化传统中要突出孔子，突出儒家经典，传承和弘扬影响了我们民族文化精神的春秋战国时期之经典。梁启超先生在《国学入门书要目及其读法》一文中，将《论语》列为修养应用书类第一。他说："《论语》为二千年来国人思想之总源泉。"他还说："吾国民二千年来所以能搏控为一体而维持于不敝，实赖孔子为无形之枢轴，今后社会教育之方针，必仍当以孔子教义为中坚，然后能普及而有力。"梁启超所强调的国学经典是以儒家经典为核心的传统经典之作，这应是我们今天看待经典的一个依据。

在新的世纪，我们应该跳出20世纪初那个特殊时代、特殊国情下"国学热"的一些概念和解说，站在今天继往开来和实现民族文化复兴的历史高度，来重新思考新形势下哪些是国学经典，怎样认识儒学经典在国学经典中的主干地位，以及如何从儒学经典中去挖掘传承民族的优秀思想文化，并以此作为我们走向未来实现中国梦的丰富营养。我以为，我们应该回归传统经典，回归产生经典的时代，去追寻博大浩瀚的国学之源。

所谓传统经典，即如《文心雕龙·宗经》所定义的："经也者，恒久之至道，不刊之鸿教也。故象天地，效鬼神，参物序，制人纪，洞性灵之奥区，极文章之骨髓者也。"这样的经典，只有儒家"元典"著作才是合乎这个标准要求的。历史上所谓儒家经典的内涵经历了一个长期的演变过程，大致说来原本的经典只有孔子编订的"六经"；因《乐》失传，至汉代传"五经"，即《诗》《书》《易》《礼》《春秋》。《文心雕龙》即将"五经"作为经典来论说。后世儒家围绕"五经"，将儒家经典范围逐步扩大，将解说和诠释"五经"及阐发儒家核心思想的著作也纳入经典范围。东汉时加《论语》《孝经》，有"七经"之说；至唐代变一《礼》为三《礼》，变《春秋》为三传，加《尔雅》为"十二经"；五代至宋，加《孟子》为"十三经"，即《诗经》《尚书》《周易》《周礼》《仪礼》《礼记》《春秋左氏传》《春秋公羊传》《春秋穀梁传》《论语》《孝经》《尔雅》《孟子》。宋代将《论语》《孟子》，及《礼记》中《大学》《中庸》二篇合编为"四书"。"四书"与"五经"一起，成为近千年封建社会的传统经典教材。那么，以"五经"为主的儒家文献为什么成为经典？

第一，它们是对那个时代之前的中华思想文化精神的概括和总结。这些著作大多产生在春秋战国时期，这些经典是对春秋战国时代之前，也就是孔子之前的两千五百年的中华文明精髓的总结和概括。《诗经》是西周至春秋中期的诗歌总集；《尚书》则是虞、夏、商、周四代政治文献的总汇；《周易》是商、周之际先人对宇宙、社会发展规律哲学思考的结晶；《仪礼》应是周初制定的，是吸收夏、商以来早期"礼"文化的规范总结；《春秋》是以鲁国为主的编年春秋列国史。因此说，孔子所整理的"五经"作为三代文化的总汇，既是民族文化之源，也是中华五千年文明之根。江河滚滚，其源可溯，自是国学经典之源。

第二，它们是传统思想文化的主干。汉代"罢黜百家，独尊儒术"以后，儒学是历代封建王朝的统治思想。其思想的精髓即是通过以"十三经"为主的儒家经典传承的，儒家经典由"五经"扩大为"十三经"，正是随时代发展不断诠释补充的结果。东汉以后，道教产生，六朝至隋唐道家思想盛行，儒道佛相互融合，三教互补，共同丰富和构筑了中华传统思想文化的主体。其中，儒学始终处于主干地位，尽管时代有浮沉，儒学经典始终是历代奉若宝典的文献。

第三，它们是中华民族思想统一的基石。汉代实现大一统之后，就将传承"五经"作为官方主要的文化"统一"措施，并立为国策，设立博士官，专司其职。汉武帝"罢黜百家，独尊儒术"，实际奠定了经学为中华民族大一统民族思想文化基石的地位。此后，经典代代传承，绵延不绝。宋代以后"四书五经"更为治国经典与国学教育、科举晋身的主要路径，对中国传统文化影响之大，无与伦比。

第四，它们是民族精神的家园。自汉以后，中国人，尤其是知识分子精神思想之发生与构建，皆以经典所传承之儒家核心价值观念为起点，这些价值观念也是他们一生之所求，"修身、齐家、治国、平天下"的精神理念皆以儒家之"仁义礼智信"为准则。于国所依"半部《论语》治天下"，于己所求"'四书''五经'伴终生"。因此说，这些儒家经典就是中国人的精神家园。

二、儒学经典与经典时代

上面已经提到，经典几乎都产生于一个历史时期——春秋战国时代，或者说经典的时代就是春秋战国时代。这在中国文化史上确实应该引起我们的深思。为什么这个时代是中国文化史上最灿烂的时代呢？为什么经典几乎都产生在这个时代？在"十三经"当中，可以确切知道作者的十一经都是产生在这个时代。虽然《礼记》《尔雅》原作者不详，但我们可以确认的是：《礼记》是孔子的弟子或后学等儒家之徒整理的，也是生活在战国时期；《尔雅》这部书尽管是在汉代最终编定，但是大致来讲其成书与战国时期有密切关系。总的来讲，"十三经"都产生在这样一个时代。这个时代是一个混乱的时代，是列国纷争的时代，也是中国文化史上最灿烂最辉煌的时代。我认为这个时代有三个特点：一是旧制度崩溃——世卿世禄的旧贵族制度被打破，社会变革剧烈，社会结构发生巨大变化。二是"士"阶层崛起——知识分子大量涌现，形成一个阶层。在那个时代，知识从官府走向民间，大量高级知识分子产生，那当然是一个思想突破、文化繁荣的时代。士阶层崛起有两个原因，一个是贵族的没落造就了一批没落的贵族知识分子；另一个是私学兴起，庶族或平民因受了教育，上升为士而变成了知识分子。这两方面的结合造成了士阶层空前的崛起。这是那个时代成为中国文化史上最灿烂时代的一个人才条件。三是礼贤下士之风盛行。在那样一个天下混乱、大国争雄的时代，人才的向背往往决定着一个国家的强弱和斗争的胜败。当时的统治者都把知识分子奉若珍宝，恭敬有加且以至尊之礼对待，见士则自甘下位以崇敬之。这样一个尊重知识、尊重人才的时代即是大量产生知识、产生人才的时代，成为中国文化史上思想自由、学术平等、百花齐放、百家争鸣的时代，成为中华五千年文明史上占据核心地位的"轴心时代"。

中华五千年文明，就像一个历史的车轮在运转，有一个轴，这个轴就是春秋战国时期。这个时期也是对中华文明做出巨大贡献的时期。它的贡献可从三方面看：第一，这是中国思想史上空前的思想大解放时期，这一时期诸子蜂起、学派林立，汉代人称"九流十家"，实际是各种思想流派丛出的时期。在思想上也是民族思想文化的创新发展期、哲学突破期、思想凝聚期，是中华民族精神的成型期，也是此后两千年中华民族思想文化的奠基期和开启期。第二，这个时期产生了孔子、老子、管子、墨子、孟子、庄子、孙子、荀子等极大地影响中国历史文化进程的伟大人物，是伟人辈出的时代。这些伟大人物的思想，都对后代产生了巨大的影响。第三，这个时期产生了大量文献典籍，是中国各种思想流派经典丛生的时代。而"五经"则是对此前——自中华文明发生以来整个中华文化的总结，又是对后代影响至深至远的经典。这样一个时代，我们说它是中华文明当之无愧的经典时代是恰如其分的。

三、经典时代与齐鲁文化

中华文明的经典时代亦即春秋战国时期，除了上面我们讲到的特征之外，在文化上有一个很重要的特点，即那是一个地域文化各具特色、大放光彩的时期。中华文明多元一体，除了民族的团结统一，还有地域文化的多元一体化。从源头上讲，地域文化的多元除了地域辽阔、地理环境复杂多样的影响，也与"轴心时代"地域文化的繁盛和发展有直接的关系。原因大概有如下三点。

一是春秋时代大国争霸，战国时期七强争雄，五百余年间，所谓周王朝名存实亡，中华版图内实际处于分裂割据的状态。政治、经济、军事、文化的相对独立，大大促进了以各个大国为中心的地域文化的形成。历史上齐鲁、燕赵、吴越、秦晋、荆楚等皆为地域文化之总称，即与这种时代的裂变有直接关系。

二是各大国为生存、发展、壮大、繁荣，各以不同建国治国思想为指导，改革变法、争霸图强，所以各地域文化无不带有明显的思想文化的主导意识，地域文化与思想学派主张也往往紧密联系在一起。亦即，学派带有较鲜明的地域性，例如，儒墨出邹鲁，道家多楚宋，秦晋重法家，燕齐兴黄老、阴阳、方士之学等等。

三是地域文化多元，思想文化多元，文化巨人和伟大先哲层出不穷，但思想主张、政治改革之方向，大都是为着统一天下，亦即实现民族文化的一体和政治上的一统。这是经典时代各思想流派、各地域文化发展不约而同的努力方向和终极目标，所以中华民族文化最终形成多元一体格局，不只是文化发展的必然，亦为全民族人心所向，这种民族思想的价值取向和观念认同，奠定了此后数千年中华民族优秀传统文化的基础。

经典时代的文化虽各地域各有繁荣，但它们在中华经典时代的文化地位和贡献是不平衡的，就整个时代的文化发展而言，有不同时期文化中心的演变聚合与转移，也有始终影响着时代文化发展的文化"重心"，这个文化"重心"就是齐鲁。傅斯年先生在他的著名论作《夷夏东西说》中认为："自春秋至王莽时，最上层的文化只有一个重心，这一个重心便是齐鲁。"这一论断清楚地阐明了经典时代与齐鲁文化的特殊关系，也明确点明了齐鲁文化在那个时代的独特历史贡献。其实，不仅仅依据傅先生的精深表述，我们从历史文献中也可以找到类似的依据。《史记·儒林列传》载："天下并争于战国，儒术既绌焉，然齐鲁之间，学者独不废也。至于威、宣之际，孟子、荀卿之列，咸尊夫子之业而润色之，以学显于当世。"产生于鲁地的儒学是在齐鲁发扬光大。没有齐，儒难以壮大成为儒家学派。刘勰《文心雕龙·时序》说："春秋以后，角战英雄，六经泥蟠，百家飙骇。……唯齐、楚两国，颇有文学。……故稷下扇其清风，兰陵郁其茂俗。"文学即指文化学术。既指出了齐、楚，又突出了稷下、兰陵。齐、楚两国指的是哪里呢？稷下在齐国，兰陵属于楚国，现今的兰陵县在山东临沂，齐、楚文化学术主要是在这两个地方。值得注意的是，刘勰在这里对战国时代颇有"文学"的齐、楚是有不同表述的：稷下"清风"为上层学术文化，兰陵"茂俗"实指民间文化之繁郁。这里同样表明了齐鲁为上层学术文化的"重心"。

经典时代与齐鲁文化的关系还可从以下两个方面来看：

第一，诸子百家源出齐鲁。

战国诸子，号称"九流十家"，察其流，溯其源，皆出齐鲁。诸子之兴，源于儒，而儒学之兴实起因于礼崩乐坏，五官失守，私学大兴而以孔子在鲁地兴学为最先。各学派形成大多源于齐鲁文化培育产生之儒。钱穆先生认为："盖囊括而言，先秦学派，不出两流：其倾向于贵族化者曰'儒'，其倾向于平民化者曰'墨'。儒者偏重政治，墨者偏重民生。法家主庆赏刑罚，原于儒；道家言反朴无治，原于墨。……故自孔子以下，学者精神所注，莫非讨论人类'政治'与'生活'之两问题。"[①]钱穆先生所论，考诸子各家主张之源皆出齐鲁，甚为精当。我们再从各学派代表人物学由所出、师门传承细加分析，则更见诸子与齐鲁文化之渊源：

先说儒墨关系。儒墨两家均产生于鲁地，而墨家实际出自儒。《淮南子·要略》载："墨子学儒者之业，受孔子之术，以为

110

① 钱穆：《国学概论》，商务印书馆，1997。

其礼烦扰而不说，厚葬靡财而贫民，服伤生而害事，故背周道而用夏政。"钱穆称墨家实为儒家中之激进派，亦左派右派之别而已。

其次，说法家与齐鲁。先秦法家先驱远及管仲，管仲实为法家思想的先驱，由管仲影响形成的齐法家管仲学派，在战国之齐大行其道。战国法家思想家前有李悝、吴起、商鞅，后有集大成者李斯与韩非。李悝、吴起分别为孔子之徒子夏、曾子弟子，商鞅又受业于李悝，源出儒家既明；李斯、韩非俱为儒学大师荀子之弟子，荀子于稷下"三为祭酒"，虽文献无明载，但李、韩二人曾于稷下从师的可能性极大。可见法家与齐鲁渊源极深。

再说道家与齐鲁。钱穆旁征博引考辨，老子其人实出"战国晚世"，故有道家出于墨家之说。我们从学术渊源看，《汉书·艺文志》列姜太公为道家之祖，事出有因——太公立齐，即以道术治国，"因其俗，简其礼"，近"无为而治"。自管仲始，道法结合，大致是姜齐与田齐的治国理念。战国时期，黄老学派产生于稷下，实际与齐文化对道家思想的培育分不开，所以，道家代表人物老子、庄子虽非齐鲁之人，但考其渊源及战国道家之重要派别，实与齐文化关系极深。

再次，谈谈阴阳家与齐鲁。百家之中，阴阳五行家是个影响很大的学派，史评"闳大不经"，实为创新型、探索性极强的学派。他们对宇宙天象、地理环境的探索都达到了经典时代的最高峰。其主要代表人物邹衍、邹奭都是齐人。其思想来源既综儒家，又纳道家，为战国末期儒道融合之创新学派。

接下来，谈谈名家与齐鲁。先秦名家代表人物邓析、惠施、公孙龙，虽非齐鲁之人，但在百家争鸣中最为活跃。其中，影响最大的应属在齐稷下学宫的辩士倪说和田巴。文献记载，倪说，

111

宋人，善辩者也，持"白马非马也"服稷下之辩者。"齐辩士田巴，服狙丘，议稷下，毁五帝，罪三王，服五伯，离坚白。合同异，一日服千人。"（《史记·鲁仲连邹阳列传》正义）此外，稷下对产生于战国晚期的名家最主要代表人物公孙龙的思想也有巨大影响。

所谓诸子百家，依汉代人划分共十家，而有明确思想主张、理论建树和影响巨大的代表人物者，实为以上六家，所以汉代司马谈关于诸子百家有《论六家要旨》一文，独标上述六家。其余四家或主张杂而无主，难成一家学派，或无明确思想主张和代表人物。所谓纵横家，即游说于各诸侯国间之政客说士，在思想体系上亦难成一家学派。最后说农家的主要代表人物，一是主张"与民并耕而食"的许行，虽是楚人，却是鲁人墨子之再传弟子，大致属于墨家；二是陈仲子，是齐人，也有墨家之遗风。可见，所谓农家也就类似"墨分为三"中的一个支派罢了。综上分析，所谓春秋战国时代影响深远的诸子百家学派，其源盖出齐鲁，钱穆先生的考辨确是一个可信的论断。

第二，百家争鸣，汇聚稷下。

产生于齐国都城临淄的稷下学宫，是战国时代各国学者聚集荟萃的学术争鸣之地。这里需要说明的有几点：一是稷下学宫存在了一百五十年左右，与战国之齐的政权相始终。可以说终战国之世，这里始终是百家学者聚集争鸣的中心，这在战国七大国中是独树一帜的。二是从现存的历史资料看，当时各学派的学者都曾汇聚于此。兴盛时人数多达上千人。三是稷下争鸣的结果是各家学说的交流、融合、创新、发展，实现了中国思想史上的哲学突破。

112

表一　稷下各派学者一览表

学派	姓名	别称	国籍	时代
儒家	孟轲	孟子	邹	威王、宣王
	颜斶		齐	宣王、湣王
	王斗		齐	宣王、湣王
	田过		齐	宣王
	列精子高			湣王
	匡倩			宣王
	能意		齐	宣王
	闾丘先生		齐	宣王、湣王
	孔穿		鲁	湣王
	徐劫			襄王、王建
	荀况	荀子、荀卿、孙卿	赵	宣王、湣王、襄王
	公孙固		齐	湣王
	鲁仲连		齐	襄王、王建
法家	慎到		赵	宣王、湣王
	彭蒙		齐	威王、宣王
道家	田骈		齐	宣王、湣王
	接予			
	季真			宣王
	黔娄子			威王、宣王
	告子	不害		威王、宣王
墨家	宋钘			宣王、湣王
	唐易子			
阴阳家	邹衍	邹子	齐	襄王、王建
	邹奭		齐	襄王、王建
名家	尹文			宣王、湣王
	倪说		宋	宣王、湣王
	田巴		齐	王建
纵横家	淳于髡		齐	威王、宣王

表二　稷下部分知名学者思想兼容示意表

学者	主体学派	兼容学派	学者	主体学派	兼容学派
淳于髡	纵横家	杂家	尹文	名家	道家、法家、墨家
慎到	法家	道家	邹衍	阴阳家	儒家
宋钘	墨家	道家、小说家	荀况	儒家	法家
田骈	道家	法家	告子	道家	儒家、墨家

说明：1. 上表参考钱穆《先秦诸子系年》、郭沫若《稷下黄老学派的批判》、孙以楷《稷下人物考》、赵蔚芝主编《稷下学宫资料汇编》。2. 黄老学派合并入道家。

稷下学宫在中国文化史上产生了极其深远的影响。郭沫若先生曾评价：“这稷下学宫的设置，在中国文化史上实在有划时代的意义。”①这在世界文化史上也意义非凡。在希腊雅典由柏拉图成立的柏拉图学园与稷下学宫几乎同时出现，它们二者实际上是东西方最早的大学和研究院，在世界文明史上都产生了深远的影响。

四、齐鲁文化与儒学经典

由于齐鲁在经典时代特殊的历史地位和突出贡献，齐鲁成为经典的主要产生地。就“十三经”而言，几乎全是齐鲁之人的杰作。《诗》《书》《礼》《易》《春秋》为孔子编订；“三礼”之《周礼》向来被认为是周公所整理的西周官制文献；《礼记》多有学者认为是孔子弟子及后学、传人的论文汇编。据匡亚明《孔子评传》及诸多学者考订，孔子的学生70%以上是齐鲁之人。《礼记》作者应该主要是齐鲁的儒生，如《大学》为曾子之作，《中庸》为子思所纂，即是例证。此外，《春秋》三传的《左

① 郭沫若：《十批判书》，中国华侨出版社，2008。

传》为鲁人左丘明著，《公羊传》为齐人公羊高著，《穀梁传》则为鲁人穀梁赤的作品；《孝经》为曾子之作；《尔雅》虽不知作者，但据考订为战国秦汉时代的儒生之作，为齐鲁之人的可能性也很大。加上《论语》《孟子》，可以说"十三经"已知作者大多出自齐鲁。甚至说，作者不明的也可能产生于齐鲁。对于经典时代的经典，前人有更深一步的探讨。20世纪30年代湖南一位学者叫石一参，他在著作《管子今诠》中提到，中国经典之经典，先秦有四哲，为中华民族早期智慧的集大成之作。《老子》为哲学智慧之大成，《论语》为伦理智慧之大成，《墨子》为民间智慧之大成，《管子》为政治智慧之大成。此四典，合称"四哲"，为中华民族早期智慧的结晶，而"四哲"之中有三哲为齐鲁人的著作。

兵学著作也是民族智慧的珍品，经典时代也是兵学经典大放光彩的时期，而兵学经典多出于齐已是不争之史实。在中国军事史上，先秦时期号称有六大兵书《六韬》《司马法》《孙子兵法》《孙膑兵法》《吴子兵法》《尉缭子》，前四种皆为齐人之作。其实，齐人之兵学经典不止以上四种。石一参在《管子今诠》中曾评价管仲的计谋："后世谈兵者，但知谈孙子之书，以孙、吴并称而不知管子一书，多为孙氏十三篇所取材也。而孙子得用兵之法，将才也；管子得治兵之法，相才也。管子明其体，而孙子达其用，合二者而兼之，则兵家之能事毕矣！"看来真正要理解中国历史上的兵家，须把管子和孙子结合起来看，如此说，《管子》一书就不仅仅是政治智慧集成之作，也是兵学经典了。

经典时代的经典为什么多产生于齐鲁？细分析自是个很值得探讨的文化现象，有多方面的历史原因。如上所述，齐鲁是经典时代的文化"重心"，诸子百家与众多儒学经典的整理者、著作者多是齐鲁之人等等，都是非常重要的历史文化因素。细加分析，以下三个具体原因还是应该突出强调的：

第一，鲁国作为周代的礼乐文化中心，其丰厚的文化资源和礼乐文化传统具备产生经典的充分条件。一是鲁国保存了大量的三代文化典籍。周初封鲁，特以最优渥条件赐给鲁"祝、宗、卜、史、备物、典策"（《左传·定公四年》）。前四类为文化人才，"典策"即文化典籍，正如杨伯峻先生在《春秋左传注》中所解释的："周礼尽在鲁，必有典籍简册赐之。"《史记·孔子世家》记载，孔子能追迹三代之礼，序《书传》，上记唐虞之际，下至秦缪，编次其事。孔子说："夏礼吾能言之……殷礼吾能言之……"说明孔子在鲁国已看了大量夏商时代的古籍。《史记·孔子世家》又记载："古者《诗》三千余篇，及至孔子，去其重"，纂成现存的三百零五篇，这又说明孔子在鲁国也看了大量的各诸侯国收集来的诗乐文书和资料。孔子能整理"六经"以为教科书，能读《易》"韦编三绝"，说明鲁国收藏了大量的古代典籍文献。当时所谓"经典"，其核心内容是三代文化中整理出的珍贵文献，而鲁国充足的文献典策资料是他国所不具备的。二是礼乐传统及其人才之盛。西周以来鲁国即以周之正统自居。因其为周公封地，鲁国享有"鲁公世世祀周公以天子之礼乐"的特殊地位，而且"鲁得立四代之学"，也就是说鲁国享有与镐京同样的研习虞、夏、商、周四代文化的办学权利，鲁国贵族子弟有更优越的学习条件，鲁国之贵族较其他诸侯国更为一代文化贵族，其子弟更为一代文化传人。正因如此，在春秋大变革、贵族制度瓦解、"文化下移"过程中，鲁国上下乃至民间那些败落的贵族子弟及庶民中传承礼乐的文化人最为繁多。比如，孔子最得意的弟子颜回，十四世皆为鲁卿大夫，到颜回一代却贫困至"一箪食，一瓢饮，在陋巷"了。但颜回是孔子最优秀的学生，德行之高洁，学识之广博，连孔子都说学不如颜回，"弗如也，吾与汝弗如也"（《论语·公冶长》）。孔子之徒中此类出身的人当不在少数。孔子弟子大德大才者如此之多，固孔子之教为主要原因，但与其中大部分人原本受教育程度较高不无关系。有典籍之多，人才之众，这是产生经典的充足条件。

第二，私学兴于鲁，激发经典编纂，有利于经典的阐发与传播。孔子兴私学于鲁，人数最多："弟子盖三千焉，身通六艺者七十有二人"；分布最广，来自十一个国家；年龄跨度也最大，子路少孔子九岁，而子游则少孔子四十五岁。大约孔子在世时，再传弟子，即学生之学生恐怕已经不少了。这样庞大的教育集团，没有统一的教材是难以想象的。所以整理典籍、编订"六经"的工作，应运而生。而经典之为经典，与世之所需、广为传习也有极大关系。孔子率徒周游列国十四年，所到之处宣传自己的主张，并在各国广收弟子、传经布道，影响之大实非其他任何学派及私门之学所能比。孔子死后，其数千弟子离鲁而去，散布天下宣孔子之教，传经典之书，号称"显学"。"自孔子卒后，七十子之徒散游诸侯，大者为师傅卿相，小者友教士大夫。"（《史记·儒林列传》）而在邹鲁之地则形成传习经典的一代文风、世风。如《庄子·天下》说："其在于《诗》《书》《礼》《乐》者，邹鲁之士、搢绅先生多能明之。"可见，孔孟的故乡在当时已然成为经典传承发扬的基地了。

第三，齐文化对经典的传习发展影响甚大。如前所述，齐文化对《管子》及兵学经典的产生贡献巨大，更应提及者是齐对儒学形成发展的影响。一是齐对孔、孟、荀思想的影响。孔子三十五岁时先游齐三年，对齐文化有深入的考察、研究、吸收；

孟子三次游齐，居齐约二十年之久；荀子则在稷下三为祭酒，居齐四五十年。齐文化对儒家思想和经典的形成，以及对儒学理论发展的影响是齐鲁成为经典主要发生地的重要因素之一。二是齐鲁地域相连，经典时代婚姻、交往、战争、兼并、文化交流融合极密，齐为儒学经典首传之地。秦汉之时，齐为经学大师多产之国。汉初之时，"五经八师"，六为齐鲁之人，其四为齐人。可见，齐学对经典之发展影响巨大。

接下来，我对上面三者关系做一简单概括：所谓国学，自然是中国学术文化的总称，其发展源远流长，其规模浩如烟海。但"国学"概念的提出却是时代和社会文化发展需要的产物，因而具有强烈的时代性和现实性。"国学经典"自然是指国学中那些重要的具有代表性、标志性的文献，但在实际对"经典"做出界定、研究、应用的过程中，又不乏迥异的观点、视角或出发点。因而"经典"向来是个颇具争议的问题。站在当代全球化及世界文化交流碰撞、吸收融合等趋势空前加剧的新形势下，国学经典应该重点指向那些体现民族传统思想文化的经典文献——儒家经典和道家经典。而儒道两家的经典，则大多产生于中国文化的"轴心时代"——春秋战国时代，这一时代成为中国文化史上的经典时代。经典时代的文化"重心"在齐鲁地区，齐鲁文化是经典时代经典的主要产生地。这是我们解读国学经典及研究、传承理解优秀传统文化不可忽视的重要切入之点。

（本文系2015年9月在国家教育行政学院国学班的演讲稿，

题目、内容有修改）

齐文化与先秦儒学

　　山东自古称"孔孟之乡""齐鲁之邦"，在春秋战国那样一个列国纷争、大国割据的时代，齐、鲁两国山水相连，世为姻亲之国，交往密切；西周时期，齐、鲁国力相当，齐桓称霸之后，齐强鲁弱成为稳定趋势。战国之世，齐国称王称帝，鲁国衰微，状如小侯，山东大部区域为齐所兼并。儒学的产生，应是中华文明发展到世界文明的"轴心时代"的必然结晶。但儒学产生、发展、壮大于齐鲁之地而非其他区域，就需要我们对齐鲁文化的精神、齐鲁文化对先秦儒学的影响做进一步的深入探讨。我这里主要谈一下齐文化特别是稷下诸子争鸣对儒学的重大影响。

一、齐文化的主体精神：文化强国

　　齐、鲁两国虽为近邻，但自然环境有巨大差异。如果说，鲁文化的主体精神是礼乐教化，那么，齐文化的主体精神就是文化强国。齐立国于滨海不毛之地，但立国八百年间，发展为东方泱泱大国，春秋为霸主之国，称霸最早、时间最长、影响最大。《孟子》云："五霸，桓公为盛。"在战国"七雄"中，齐称王称帝，始终与秦、楚鼎立，为最强的大国之一。探其原因，最主要的就是争强图霸、奋发有为的"文化强国"精神。第一，姜太公立国之初就采用"尊贤尚功，因俗简礼"的政策，西周时期，就造成了"海岱之间敛袂而往朝焉"（《史记·货殖列传》）和"人民多归齐，齐为大国"（《史记·齐太公世家》）的局面。正因这一文化立国之策，管仲、晏婴等一大批并非齐国贵族出身的政治家，才走到齐国政治舞台的中央。《史记》为宰相立传，最早者即为《管晏列传》，可见齐国之管、晏在中国文化史上的巨大影响。第二，管仲相桓公，称霸诸侯四十三年，立国之本有三：一是"以人为本"。《管子·霸言》："夫霸王之所始也，以人为本，本理则国固，本乱则国危。"将"以人为本"之政策定为立国之基石。二是文明奠基。礼义廉耻，国之四维，"四维不张，国乃灭亡"（《管子·牧民》）。将国民的道德建设提高到事关国家盛衰存亡的高度来对待和实行，其霸业之成实赖思想文化之兴。三是民为柱石。"士农工商四民者，国之石民也。"（《管子·小匡》）"俗之所欲，因而予之；俗之所否，因而去之。"（《史记·管晏列传》）可见，齐将"四民"作为国家之柱石，将社会所需、民之所愿作为国家政策的主要依据。不能不说，齐国之强，文化强国而已。

战国时期，田氏代齐，即靠百余年间"大斗出、小斗进"等不断施惠于民的措施，使"民思田氏"心如流水，"齐国之政其卒归于田氏"（《史记·田敬仲完世家》）。立国后，历经六代国君，齐与秦、楚鼎足而立，尤其在齐威、宣王盛世的六七十年间，齐国大有统一天下之势。其文化兴国措施主要有：一是励精图治，从谏如流；二是礼贤下士，广纳贤才。最突出的业绩是创办了稷下学宫，对各派学者"高门大屋，尊宠之"，将天下人才汇聚一起。齐战国之强，实亦文化之强。而在齐闵王时期，乐毅率五国联军破齐，齐之败，实在于闵王骄纵，"诸儒谏不从，各分散"（《盐铁论·论儒》），败于重武轻文。一部齐国兴衰史，即是文化兴衰史。文化强国，齐史为鉴。

二、稷下学宫：中国文化史上的空前创举

1. 战国时代的唯一学术中心

钱穆《先秦诸子系年·稷下通考》载："扶植战国学术，使臻昌隆盛遂之境者，初推魏文，既则齐之稷下。"郭沫若说："这稷下之学的设置，在中国文化史上，实在是有划时代的意义。""周秦诸子的盛况是在这儿形成了一个最高峰的。"稷下存在了150余年，和田氏政权相始终。当时的几乎所有学派，如儒家、道家、法家、阴阳家、名家、墨家、农家都在这儿汇聚，形成了一个百家争鸣的学术中心。值得提出的是，战国初期，魏文侯招贤纳士，人才汇聚，盛于一时，但并未形成各学派争鸣的学术中心。战国"四君子"以养士数千人著名，但重在功用，人员庞杂，也没有形成学术中心。稷下是战国时代唯一的学术争鸣的中心。

2. 功能多元，奠定其在中华文明史上的崇高地位

稷下学宫的社会性质兼具三个方面：一是学术中心。郭沫若先生说其具有研究院的性质，可称为中国史上最早的研究院。二是大学堂。各派学者，如彭更形容孟子"后车数十乘，从者数百人"《孟子·滕文公下》，带领生徒汇聚稷下开展讲学，传承学说，发展学派，培养人才。稷下学宫之所以被称为"学宫"，实际上就是在孔子私学基础上形成的一个各学派汇聚的新型的官办大学，可称为中国文化史上最早的大学。三是智库。齐国统治者之所以创办稷下学宫，根本目的是富国强兵、统一天下。而从历史记载看，这些稷下先生"喜议政事"，"各著书言治乱之事，

以干世主"。《管子》一书是崇拜管仲的齐人整理的著作集。其中，被认为相当一部分是稷下先生的论文集。这部可称为齐文化经典的著作，与《论语》《孟子》大不同。一是内容驳杂，各派观点都有。郭沫若说，《管子》一书"道家者言，儒家者言，法家者言，名家者言，阴阳家者言，农家者言，医家者言，轻重家者言，杂盛于一篮"，体现出稷下论文集的特点。二是《管子》的主要内容是总结以管仲治国言行为主的政治思想，可称为治国理政之经典。稷下可称为中国历史上最早的智库。

3. 世界文明史上的东方明珠

在公元前四世纪，中国的稷下学宫和希腊的柏拉图学园差不多同时出现，是东、西方文明史上最早的高等教育大学堂，是集教育、学术于一体的思想文化中心。它们是人类文明"轴心时代"文化的突出代表，是在世界东、西方闪耀着人类智慧之光的辉煌双璧。

122

稷下学宫与柏拉图学园既是东、西方文化相通相融的文化渊源之一，也对东、西方不同教育制度、学术思想和文化传统产生了不同的深远影响。未来世界文明的构建还应到两千年前的稷下学宫和柏拉图学园中去寻找智慧，发扬光大稷下精神是当代人类文明建设的需要。其中两点尤其值得吸取：一是各家并存，兼容并包。稷下学宫是各派并存，地位平等，思想多元；柏拉图学园则是一师之传，弘扬"吾爱吾师，吾更爱真理"精神，崇尚师生平等、思想多元。世界各种文明历经千年发展，各有建树，独树一帜。在新的历史条件下，世界文明多元并存、交流互鉴，应不分主次，平等对待，共同发展。二是世界需要更多的稷下学宫和柏拉图学园。在尊重各种文明的思想基础上加强交流，相互吸收，让各种文明由相容到相融，在自我创新发展、变革提升中，寻求世界各种文明的共同繁荣之道。共同构建新的世界文化和人类命运共同体，这既是稷下学宫和柏拉图学园共同提供的人类文化发展的历史经验，也是放眼未来，人类文明发展不可不取之途径。

三、齐文化对先秦儒学的重大影响

先秦儒学最终形成博大精深的思想体系，除了孔子的创始和奠基之外，主要得力于孟子、荀子两位儒学大师的发展、创新。孔子的思想博大精深，但就其核心思想而论，学界较一致的共识是"仁"和"礼"。正是孟子发展、创新了孔子"仁"的思想；荀子发展、创新了孔子"礼"的学说。可以说，没有孔、孟、荀就没有先秦儒学的巨大成就，这三人的努力是缺一不可的。而孔、孟、荀之所以有如此的贡献，又都与齐文化的重大影响密不可分。

1. 齐文化对孔子的重大影响

孔子适齐。根据匡亚明等许多学者的研究，孔子在三十岁至四十岁这一段时期，就已形成了他的"仁""礼"结合、以"仁"为主导的原则思想。而正是在孔子思想形成的这一重要时期，孔子于三十五岁，即鲁昭公二十五年（公元前517年）因内乱而到了齐国，住齐约三年之久。这是孔子第一次离开鲁国，比他五十五岁周游列国还早了二十年。根据有限的记载，孔子在齐国至少做了三件事：一是"为高昭子家臣，欲以通乎景公"，即想通过齐贵族高氏，接近齐景公，谋求事业发展。二是"与齐太师语乐，闻《韶》音，学之，三月不知肉味"（《史记·孔子世家》）。《论语》也有基本相同的记载："子在齐闻《韶》，三月不知肉味，曰：'不图为乐之至于斯也。'"这说明孔子研讨齐国音乐，深究齐国文化。三是与齐景公谈论政治问题。"景公问政孔子，孔子曰：'君君，臣臣，父父，子子。'……他日又复问政于孔子，孔子曰：'政在节财。'"（《史记·孔子世家》）齐景公"将欲以尼谿田封孔子"，晏婴反对："君欲用之以移齐俗，非所以先细民也。"（《史记·孔子世家》）以上文献说明，孔子在齐国，对上至国君，下及贵族、大臣、乐师，是有广泛接触的，对齐文化做了深入的考察和了解。齐文化对孔子思想形成的影响是多方面的，仅就这次居齐活动看，至少有以下两个方面。

第一，齐桓称霸对孔子的巨大引力与影响。孔子之时，鲁国公室微弱，三桓坐大，孔子立志要做管仲那样的人，振兴鲁国。所以，从若干文献记载看，孔子在齐国对管仲的事迹了解透彻、理解深入。《论语》中四次提到管仲，管仲是孔子评价最多的人物。其中，一次批管仲，三次赞管仲。有两次极力称赞管仲的大"仁"与对民族文化的贡献，而且站位很高。一是，子路曰："桓公杀公子纠，召忽死之，管仲不死。"曰："未仁乎？"子曰："桓公九合诸侯，不以兵车，管仲之力也。如其仁，如其仁。"（《论语·宪问》）孔子不但驳斥了子路对管仲"不仁"的批评，而且深挖管仲之业绩，从"九合诸侯，不以兵车"，即称霸靠"盟会"（犹今日之开会、协商）而非靠武力、杀戮的角度，大赞管仲是"仁"者，站在儒家最高标准上大赞管仲境界之高。二是，子贡曰："管仲非仁者与？桓公杀公子纠，不能死，又相之。"子曰："管仲相桓公，霸诸侯，一匡天下，民到于今受其赐。微管仲，吾其被发左衽矣。岂若匹夫匹妇之为谅也，自经于沟渎而莫之知也？"（《论语·宪问》）孔子从管仲霸业保护先进的中原文化免受周边落后少数民族的侵扰、破坏，且数百年后仍施惠于民的角度，来说明杰出的管仲与一般人的差别，颂其对民族、国家的巨大贡献。这说明，在孔子"仁"的思想的形成过程中，管仲及齐桓霸业给了他重要的启迪。齐文化对孔子影响之深，可以想见。

第二，齐之音乐对孔子的巨大影响。周代文明之主体是礼乐文明。齐乐对孔子的影响竟达到"子在齐闻《韶》，三月不知肉味"的境界，足见感染之深，影响之大。值得注意的是，《韶》在鲁国也有。鲁襄公二十九年（公元前544年），吴国公子季札到鲁国观乐，观鲁乐工"见舞《韶箾》者，曰：'德至矣哉，大矣！'"但为什么孔子独独到了齐国对《韶》产生如此的感情？这从一个方面体现出齐文化对孔子的影响之重大、深刻。

2. 稷下学宫对孟子的影响

《史记·儒林列传》记载："天下并争于战国，儒术既绌焉，然齐鲁之间，学者独不废也。于威、宣之际，孟子、荀卿之列，咸遵夫子之业而润色之，以学显于当世。"据此说明，儒学在孔子去世、七十子散游之后，曾出现了一段衰微甚至被废置的阶段，而独在齐鲁仍被传承。值得注意的是，这种传承是在齐国的齐威王、宣王之时，由孟子、荀子进行并显于当世的。而威、宣之际，正是稷下学宫兴盛之时。这就道出了孟子、荀子传承创新儒学与稷下学宫的关系。

第一，孟子与稷下学宫。孟子在四十岁到六十岁之间，曾为了实现自己的"仁政"理想周游列国。大致到过齐、梁（魏）、宋、滕、薛等国，而主要是在齐国。为什么在齐国最久？原因有二：一是孟子将实现理想寄希望于齐宣王。他认为，当时各国只有齐国能统一天下，宣王行"仁政""不为也，非不能也"，"由反手也"。就是说，齐宣王对孟子的"仁政"主张，是不想实施而不是不能实施；若要实行，易如反掌。二是孟子到稷下游学，以求自己思想学说得到提升和吸收融合，弘扬儒家思想学说，同时批驳其他学派对儒学的攻击。孟子自称："我岂好辩哉？予不得已也。"在哪里能与各派学者当面辩论呢？在稷下学宫。

　　孟子在周游列国的二十余年中，曾三次到齐国，前后十数年。甚至可以说，所谓孟子周游列国，实际是以齐为中心的。孟子第一次到齐国是在齐威王后期，居住时间九年左右。第二次自梁适齐，是在齐宣王初年，杨伯峻的《孟子译注》认为是在齐宣王二年（公元前318年）。第三次是母亲去世后，孟子将母亲由齐归葬于鲁后返齐，直到齐宣王八年（公元前312年），孟子才离齐返邹，不再出游。这时孟子已六十多岁，未再见出游记载。可以说，孟子周游列国是从游齐开始，又以游齐结束。

　　孟子在稷下地位特殊。孟子游齐之时，正是稷下诸子各学派兴盛之世。《盐铁论·论儒》记载："齐宣王褒儒尊学，孟轲、淳于髡之徒，受上大夫之禄，不任职而论国事，盖齐稷下先生千有余人。"从有关记载看，孟子应是稷下最兴盛时期的领袖人物。主要体现于孟子在稷下的特殊地位：其一，官居卿位。《孟子》中有三段文字记载了孟子官居卿位："孟子为卿于齐……公孙丑曰：'齐卿之位，不为小矣。'"（《孟子·公孙丑下》）"夫子加齐之卿相，得行道焉。"（《孟子·公孙丑上》）"夫子在三卿之中。"（《孟子·告子下》）齐王将稷下学宫中的其他著名学者都封了上大夫，而将孟子封了更高一级的卿位。可见，孟子在稷下曾受到特殊礼遇。其二，备受尊崇。在稷下先生中，与齐宣王直接辩论最多的人是孟子，而且齐宣王对待孟子执弟子礼。孟子多次指责齐宣王，齐宣王都是洗耳恭听。甚至孟子直接批判齐宣王的时候，齐宣王也没有与孟子针锋相对地顶撞，而是"王顾左右而言他"（《孟子·梁惠王下》）。可见，孟子在齐备受尊重。孟子的待遇最优厚。孟子声言要离开齐国时，齐宣王说："我欲中国而授孟子室，养弟子以万钟。"（《孟子·公孙丑下》）齐宣王为了挽留孟子，不惜把京城中最好的地方给孟子建造宅院，以万钟粮食供养孟子及其弟子。可见，孟子在齐国享受着特殊的优厚待遇。其三，孟子以善辩闻名。孟子在朝堂之上与齐宣王辩论，在稷下和各派学者展开辩论，有力推动了稷下各派学者学术上的争鸣。战国时期重要的思想成果就是诸子百家争鸣，而稷下学宫就是诸子百家争鸣的一个中心。孟子的到来，恰恰推动了这个百家争鸣中心各派间的争鸣。

第二，孟子思想对齐文化与稷下学的吸收。孟子久居齐之稷下，对齐国社会与文化进行了深入的学习和考察，与齐国君臣交流深广。据笔者统计，《孟子》一书提到齐宣王二十三次，是国君中提到次数最多的，提到齐国大臣十二人，也是所涉国大臣提到最多的。孟子跟齐国的君臣进行了深入广泛的思想交流。孟子还亲自到齐之平陆等县邑进行社会考察，对齐之社会了解深入。他对齐国历史文化耳熟能详，对齐国历史上齐桓公、管仲、晏婴等明君贤臣如数家珍。由此看出孟子对齐国历史上明君先贤的政治主张、思想行为的熟知程度。孟子在与稷下先生的争鸣交流中，也大量吸收各学派观点，丰富发展了自己的学说。学界对齐文化经典《管子》作者问题一直聚讼纷纭，而近世以来，"《管子》一书……是战国时代齐国推崇管仲的学者的著作的汇集"[1]的观点是较具共识的。其中，孟子著名的"浩然正气"说，即可在《管子》书中找到理论渊源。如郭沫若先生分析，"浩然正气"说，显然是将《管子·内业》等篇中的"浩然和平，以为气

127

① 张岱年：《〈管子〉学说的历史价值》，《管子学刊》1987年创刊号。

渊"之语及"灵气"说，袭取了来，稍微改造了一下。[①]此外，郭沫若还认为孟子的"民贵君轻"说，显然是吸收了慎到的思想。慎到是稷下学宫中的著名学者之一，他提出的"立国君以为国，非立国以为君也"（《慎子·威德》）说法，跟孟子的"民为贵，社稷次之，君为轻"思想是一致的。另外，据郭沫若先生研究，孟子的"有恒产者有恒心，无恒产者无恒心"之说，也是吸取稷下先生"凡治国之道，必先富民"（《管子·治国》）等等思想。稷下学者的一些思想，是孟子思想形成的一个渊源，或者是与孟子思想相互吸收和交融的。

3. 荀子与稷下学宫

有关荀子生平的历史文献记载简而少，主要载于《史记·孟子荀卿列传》："荀卿，赵人。年五十始来游学于齐。……齐襄王时，而荀卿最为老师。齐尚修列大夫之缺，而荀卿三为祭酒焉。齐人或谗荀卿，荀卿乃适楚，而春申君以为兰陵令。春申君死而荀卿废，因家兰陵。李斯尝为弟子，已而相秦。"值得注意的是，在二百余字的《荀卿列传》记载中，荀子与齐之稷下学宫的关系占了大部分篇幅。说明在汉代人眼里，荀子一生的主要活动及其思想、成就与稷下学宫紧密联系在一起。

荀子何时到齐国稷下历来是争议最大的问题。其中，《史记》记载本身即多有矛盾之处。一是根据《荀卿列传》所载"年五十始来游学于齐"，而东汉应劭《风俗通义·穷通》记载："齐威、宣王之时……孙卿有秀才，年十五，始来游学。……至襄王时，而孙卿最为老师。"后世学者多采"年十五始来游学"之

---

① 郭沫若：《十批判书》，中国华侨出版社，2008。

说。①根据上述论析，在齐威、宣王时，荀子十五岁就到了稷下学宫。这正是稷下最兴盛之时，在这里，他向淳于髡、邹衍、田骈、慎到、环渊乃至孟子等各派著名学者访学、求学。正是从少年时代起在稷下的这段求学经历，为荀子充分学习、吸收、融合战国诸子百家及稷下各学派的学说奠定了坚实的学术基础。这同时说明，荀子从十五岁到稷下直到湣王末期，主要活动在稷下，达三十余年。荀子第二次入稷下是在齐襄王时期，襄王在位十九年，荀子在襄王去世后仍在稷下，齐王建时"齐人或谗荀卿"，方才离开稷下。这次居稷下亦有二十余年。荀子两次久居稷下，保守计算时间为四五十年，是史籍所载稷下先生中，驻稷下时间最长的学者。可以说荀子思想形成和对儒学发展的贡献是与稷下学宫紧密联系在一起的。荀子对儒学的最大贡献体现在以下方面：

第一，对孔子"礼"学的发展。一部《荀子》几乎每篇都谈到"礼"，并有《礼论》一篇，着重阐发"礼"涉及的各个方面。但其发展、创新的重要着力点是由礼及法。其一，隆礼近法，礼、法并重。刘毓璜先生认为："荀子在中年以后，长时期地主讲稷下，瞩目于学术风云的际会，在融汇齐、鲁两家儒学的基础上，不断开拓纳法入儒的新途径。"②荀子从战国末期大国争雄、一统天下的政治需求出发倡导"隆礼"思想，即大力突出强调"礼"在治国、统一天下中的巨大作用："礼者，治辨之极也，强国之本也，威行之道也，功名之总也。"（《荀子·议兵》）荀子对"礼治"地位的突出强调，实际上已经含有"近法"的

---

① 参见王先谦：《荀子集解·考证下》，中华书局，1988。钱穆：《先秦诸子系年·荀卿年十五之齐考》，中华书局，1985。
② 刘毓璜：《先秦诸子初探》，江苏人民出版社，1984。

性质："礼者，法之大分，类之纲纪也。"（《荀子·劝学》）他进一步提出："隆礼至法则国有常，尚贤使能则民知方。"（《荀子·君道》）将"礼"提升到"法"，国家才能实现有效治理。荀子进一步强调礼、法并重，治国要礼、法结合。《荀子》常常礼、法并提，如"学也者，礼法也"（《荀子·修身》），"礼法之大分"，"礼法之枢要"（《荀子·王霸》）等。他强调治国要礼、法并重："治之经，礼与刑"（《荀子·成相》）；"以善至者待之以礼，以不善至者待之以刑"（《荀子·王制》）；"隆礼尊贤而王，重法爱民而霸"（《荀子·大略》）。强调只有礼法并用，才能达到有效治国、统一天下的目标。他还认为，应该针对不同的阶层，分用礼、法之治："由士以上则必以礼乐节之，众庶百姓则必以法数制之。"（《荀子·富国》）其二，荀子作为战国后期法家的先驱，特别强调"法"。他从强国和统一天下的需要出发，著有《荀子·君道》一篇，突出强调法治。他提出："法者，治之端也；君子者，法之原也。"强调国君通过法治，以达到富国强兵的目标。正是对"法"的这种重视，他的思想具有了由儒到法的过渡性质，甚至有学者称他为"阳儒阴法"的思想家[1]。他的学生李斯正是继承发展了他的法治思想，成为著名的法家代表人物，辅佐秦始皇实现了中央集权改制。而荀子的另一弟子韩非，则在继承荀子"性恶论"基础上，继承发展荀子"君道"和重"法"的思想，主张"法、术、势"结合以加强"君道"，以赏、刑两大权柄施"法"，成为战国末期集法家之大成的著名思想家。韩非的法家理论被秦始皇重视和吸取，成为秦实现大一统法治的重要思想理论基础。荀子的思想主张正是通过弟

---

[1] 童书业：《先秦七子思想研究》，齐鲁书社，1982。

子李斯和韩非深深影响了秦帝国的政治，而汉承秦制，"阳儒阴法""王霸杂用"的思想成为历代统治者的主要治理思路之一。荀子对中国历史政治、思想文化的影响之深远，于此可见。作为儒学大师的荀子对儒法结合的这种"礼"论，以及对"法"的特别强调和重视，既是他所处的时代的需要，又与深受法家先驱管仲的影响，大量吸收齐法家的学说有密切关系。《管子》中大量记载了齐法家的学说、思想，并有《法禁》《法法》《任法》《明法》等专著论说，与荀子的大量吸收、融合关系重大。

第二，荀子的天道观与社会观是对先秦儒学的重要发展。在荀子的思想中，后世关注的是他"天人之分"的唯物天道自然观和"法后王"的社会历史发展观。这是在两个思想领域看似与传统儒家对立，而实为重大突破性创新发展的思想，是荀子作为先秦儒学及诸子百家集大成式思想家的重要体现。

先来说说荀子"天人之分"的天道自然观。从孔子到孟子，儒学倡导"天人感应""天人相合"，荀子的天道观则鲜明地提出天人之分。其主要思想有三点：一是，天是物质自然界，与人事无关。他说："天行有常，不为尧存，不为桀亡。应之以治则吉，应之以乱则凶。"（《荀子·天论》）即是说，天是自然物，它的运行是自有其规律的，人事的吉凶决定于人，而不决定于天。这就将自古以来被解释为各种神秘色彩的"天"，还原为自然的、客观的、独立存在的物质自然界，和人世间没有关系。二是，人应控制天命，利用自然。"大天而思之，孰与物畜而制之？从天而颂之，孰与制天命而用之？望时而待之，孰与应时而使之？"（《荀子·天论》）荀子所表达的对"天"要"制之""用之""使之"的思想，展现出一个唯物主义思想家的卓越见识和超越时代的进步性。三是，人要顺应自然，遵从规律。他提出：

"春耕、夏耘、秋收、冬藏四者不失时，故五谷不绝而百姓有余食也……圣王之用也，上察于天，下错于地，塞备天地之间，加施万物之上。"（《荀子·王制》）荀子强调要"不失时"，圣王要"上察于天"，就是指要遵从自然规律，顺时顺势而为。

其次，说说荀子"法后王"的社会历史发展观。孔、孟主张"法先王"，认为尧、舜、禹、汤等上古圣王先贤的德政及贤德是值得当世统治者学习、效法的，主张"以先王之政，治当世之民"，孟子甚至到了"言必称尧、舜"的程度。而荀子则在社会制度已发生重大变革的战国后期，鲜明地提出"法后王"的主张，即要效法"后王"来实现富国强兵、统一天下，只有这样社会才能不断推陈出新、向前发展。荀子的"后王"，一是"王者之制：道不过三代，法不贰后王"（《荀子·王制》），指周代的文、武等贤王。二是指当世之王。他明确指出："彼后王者，天下之君也，舍后王而道上古，譬之是犹舍己之君而事人之君也。"（《荀子·非相》）三是有的学者从荀子"后王之成名""不可不察也"中分析认为，荀子所谓"后王"，更主要的意义，是指他理想中的未来的"王"。综观荀子的"法后王"思想，值得注意的是，荀子的"法后王"，并不是反对效法那些上古的圣王，他认为："在'今'与'古'之间，'后王'与'先王'之间存在着'道'的连贯性，叫'道贯'。"[1]先王的优秀品质和德政，都被后王继承下来了，所以"欲观圣王之迹，则于其粲然者矣，后王是也"（《荀子·非相》）。荀子的"法后王"既是在孔孟儒家"法先王"基础上的继承、创新和发展，也有别于韩非等后期法家的"法后王"，显示出由儒及法、兼收并蓄的特点。荀子之

132

———————

① 童书业：《先秦七子思想研究》，齐鲁书社，1982。

所以被称为诸子学说集大成的思想家，只有在稷下学宫与诸子百家的争鸣与融合中才能实现，也只有久居稷下才能集大成。

第三，荀子对"六经"传授的特殊贡献。荀子作为先秦最后一位儒学大师，久居稷下学宫，曾三为祭酒，他的弟子徒属甚众，因而对孔子编定的"六经"在秦汉的传授影响甚大，这是荀子对儒学和中国文化的又一巨大贡献。清人汪中说："荀卿之学，出于孔氏，而尤有功于诸经。"王先谦《荀子集解·考证下》对清代学者所论多有梳理。

首先，对《诗经》的传授。荀子对《诗经》传授的贡献，分"毛诗"与"鲁诗"，荀卿是"毛诗"的直接传人；"鲁诗"的传授，则与和李斯同时受业荀卿的齐人浮丘伯有直接关系。入汉后，"鲁诗"第一代传人申培公年少师从浮丘伯学《诗》（《汉书·儒林传》《汉书·楚元王传》），可见"鲁诗"之传也源自荀卿。

其次，荀子对《春秋》经、传的传授。根据记载，左丘明著133《春秋左氏传》之后，经曾申、吴起、吴期、铎椒、虞卿传给荀卿，荀卿传阳武张苍，张苍传贾谊。《左传》赖荀卿而传。荀子弟子齐人浮丘伯的弟子鲁人申培公当年传"鲁诗"与《春秋穀梁传》于瑕丘江公，瑕丘江公传其子，子传其孙，其孙在汉代被立为博士。可见，《穀梁传》也是荀卿传授的。荀子对传承《礼》特别重视。荀子晚年久居并终老于兰陵，专意著述、授徒，兰陵应是战国、秦汉之际一个礼学传承的文化重镇。汉代传世的《大戴礼记》《小戴礼记》都与兰陵有关。甚至有学者提出，《礼经》传授是荀子"礼论"的支系与余脉。（见王先谦《荀子集解·考证下》："曲台之礼，荀卿之支与余裔也。"）荀子对其他诸经的传授，由于文献的阙如，难于详细考订。但清人汪中认为"荀卿于诸经无不通，而古籍阙亡，其授受不可尽知矣"。汪中《荀卿子通论》总结说："六艺赖以不绝者，荀卿也。周公作之，孔子述之，荀卿子传之，其揆一也。"荀子最主要的授徒之地是稷下学宫和兰陵。

概言之，无稷下学宫之百家争鸣，即无孟子、荀子对儒学的发展与创新。无齐文化对孔、孟、荀的巨大影响和滋养，先秦儒学博大精深的体系亦难形成，齐鲁文化共同孕育、培植了先秦儒学。

（本文根据2020年11月在曲阜"儒家思想与文化强国建设"

座谈会上的发言稿整理）

第二章　儒家学派与儒学传承

从孔子到孟子：邹鲁之风的形成与演变

在中国儒学史乃至文化史上，"邹鲁之风"是一个值得研究的重要文化现象。在汉代以后的两千余年里，"邹鲁之风"已经成为"儒风"及传统文明之风的代称，例如：《唐文拾遗》卷四十五载《元宗御注孝经赋》即有"九门翕集，清传邹鲁之风；万室雍熙，普咏文明之德"，以"邹鲁之风"与"文明之德"对应。元代诗人吴海，福建闽县人，博学而有气节，人称"性不悦流俗，慕邹鲁之风"（《元诗选二集·辛集》）。《台南古迹志》记载徐树人任职台南时，大兴海东书院"一时文士兴起，有海滨邹鲁之风"（《雅堂文集》）。可见，"邹鲁之风"历来成为一地优良文化风气的代表。

邹鲁是孔、孟的故里。邹鲁文化研究是儒学研究的一个重要领域。但毋庸讳言，这个领域的研究，特别是邹鲁文化与孔、孟及儒家学派关系等诸多问题的探讨，还是很不够的。

从孔、孟产生的地域文化的角度来深入挖掘和探求孔、孟及儒学孕育、产生、发展的文化动因，这不仅是儒学研究深化的需要，也是齐鲁文化研究的重大课题。本文拟从邹鲁之风的形成、发展与演变的角度，做一些粗浅的探索。

一、邹、鲁与"邹鲁"

"邹鲁"并称，始见于战国《庄子·天下》。不见此前史籍。但邹、鲁两国都是立国很早，而且有文化渊源的文明古国。关于两国文化的渊源、发展及相互关系，已有学者进行过有益的探讨论说[①]，但仍有必要在此进行梳理。

1. 邹与鲁——两支不同渊源的文化

邹、鲁两国毗邻，以今日观其古国遗址，相距不过二十公里。但从文化渊源看，两国文化并非一体。鲁，立国于周初分封诸侯之时，为周宗室、姬姓，史多有载，论者亦多，此不赘述。邹之文化渊源却值得深入探析。

从已有的研究成果看，能够确信的是：邹，即"邾"。邾，也作"邾娄"，为一立国早于鲁的东夷土著方国。其文化渊源，有学者依据《路史》《元和姓纂》等文献和出土文物"邾公牼钟"认为，邾人的祖先为陆终氏，而陆终氏为黄帝之孙、昌意之子颛顼（高阳氏）的后裔。[②]《路史》载："朱，曹姓，子，邾也。"曹为姬姓，如此说，邹与鲁应为同祖同源的姬姓方国了。但此说颇多可疑处。一是上述材料多据唐人之《元和姓纂》以及南宋罗泌《路史》，推导、传说成分较大。二是与先秦文献中有关邾、鲁关系的记载多有矛盾之处。细斟验之，笔者以为，王献唐先生《炎黄氏族文化考》认为"三邾土著为东夷炎族"而非黄帝族裔是正确的。此外，我们发现还有三条资料可以证明邹、鲁

137

---

① 李启谦：《论孟子思想与邹鲁文化》，《烟台大学学报》1995年第4期。王钧林：《论邹鲁文化》，《东岳论丛》1997年第1期。杨朝明：《邾鲁关系·邾国文化·邹鲁文化》，《齐鲁师范学院学报》2012年第4期。

② 郭克煜：《邾国历史略说》，载《东夷古国史研究》，三秦出版社，1988。

二国不同源，现补充如下。

第一，周王室未视邾为同族同源之国。邾为夏商时立国的东方较大方国，与商奄等同属东夷土著。其大约未参与周初的商奄、薄姑叛周之乱，在周公东征后保留下来。然而周初封建，并未封邾，只是将其作为周之附庸而据邾地。直至春秋时期，因其支持齐桓公霸业，"尊王"有功，方封其为子爵之国。（《左传·隐公元年》）显然，周王室并未将邾视为同宗，邾更没有像鲁、晋一样，具有"以蕃屏周"之待遇。

第二，春秋之世，邾、鲁最为敌对之国。邾、鲁毗邻，观春秋之世，邾虽时有朝鲁及与鲁盟好之事，但总体看，两者始终为敌意最大之国。这与鲁同晋、曹等同宗之国的亲密关系适成鲜明对照。此非纯为外交之事，而与文化相异有绝大关系。据顾栋高《春秋大事表》引李廉之语云："《春秋》内兵之伐国仅二十，而书公伐邾者六，书大夫伐邾者八，止书伐邾者一。邾在鲁之宇下，而陵弱侵小之兵史不绝书如此。"所以，王献唐在说到春秋邾三国之忧时说："邻国来侵，亦时以兵戎相见，其愁结最深者，莫如鲁。"[1]统观《左传》所记春秋史料，邾与鲁，能抗则抗，能伐则伐，时有结盟，但以敌对为主。《左传》记载中，亦不乏邾联莒、联齐、联吴、联晋等国攻鲁之事。[2]以"尊尊亲亲"为治国方针，至春秋时仍享有"周礼尽在鲁"之誉的鲁国，对邻国邾"相煎何太急"？看来，本非同根生。

第三，鲁人视邾为"蛮夷"之国。据《左传》僖公二十一年载，鲁僖公之母——成风的母国须句为邾所灭。"成风为之言于公

---

[1] 王献唐：《春秋邾分三国考　三邾疆邑图考》，齐鲁书社，1982。

[2] 童书业：《春秋左传研究》，上海人民出版社，1980，第362-364页。

曰：'崇明祀，保小寡，周礼也；蛮夷猾夏，周祸也。'"不仅指邾灭须句为蛮夷乱夏，且认为这是周王朝之祸。《左传》记载，鲁僖公于次年春"伐邾，取须句，反其君焉，礼也"。可见，邾在鲁人眼中，实为异类。邾、鲁之争，带有夷夏文化冲突的底色。

邹、鲁文化的差异，从古文字和考古学上也能得到进一步的认证。山东考古学者王树明先生在其《邾史二题》一文中就提出："邾之得名，缘于邾人原以蜘蛛为图腾。邾又'邾娄'一名，是人们直呼其图腾之名'蜘蛛'二字的声转易字。"[1]

又例，邾国有诸多与鲁人相异的习俗。《左传·定公三年》载：邾庄公下葬，"先葬以车五乘，殉五人"。这与同属炎帝后裔、保留较多东夷习俗的齐人殉车马、殉人[2]相类似，而在鲁国不曾发生。

近些年，在枣庄东江村发掘的三座小邾国墓葬中，发现春秋时期青铜器63件，24件有铭文，其中，多有小邾国君为嫁女而制作的媵器，这与在河北易县及河南洛阳发现的齐嫁女的青铜媵器十分相似。[3]

春秋之时，邾与鲁为敌，却一直与齐国结盟，数度夹攻鲁国，很有些"借齐势以侵鲁""邾为齐之属"[4]的倾向。这应该与文化上的同源有关。

做了以上梳理，我们大致总结出邹、鲁文化是两支渊源不同的文化。在春秋以前，鲁为周之封国，邹为周之土著附属国。

139

----

[1] 枣庄市山亭区政协编：《小邾国文化》，中国文史出版社，2006。

[2] 齐国故城遗址中，有大型殉马坑：东周殉马坑、殉车马坑两处。山东省博物馆：《临淄郎家庄一号东周殉人墓》，《考古学报》1977年第1期。

[3] 李学勤：《东周与秦代文明》，文物出版社，1984，第105页。李零：《读小邾国铜器的铭文》，载《小邾国文化》，中国文史出版社，2006。

[4] 童书业：《春秋左传研究》，上海人民出版社，1980。

在"兴灭国，继绝世"的周礼文化生态环境下，邹、鲁两国主要传承着各自的部族文化。邹为土著东夷古国，保留和传承着较多的东夷土著文化的特色；鲁为周文化在东方的代表，传承着以周礼为核心的周鲁文化传统。两国和平关系的维持主要表现为：邾（邹）以礼朝鲁、尊鲁，鲁以礼安邾，关系平稳，各承传统。

2. 邹鲁文化交汇于春秋，融合于战国

春秋时期，王室衰微，纲纪不张，礼乐崩坏，列国纷争。在鲁强邹弱的基本格局下，邹、鲁两国进入了一个以动荡、冲突、敌对为主的时期，从文化上看，则经历了一个由排斥、冲突到交流、融合的过程。大致可以说：春秋前、中期，两支文化在以冲突、敌对为主的关系中交流，春秋后期，随着鲁强邹弱国势的定格和士阶层兴起，邹、鲁在上层文化中加快了交流与融合。

春秋末到战国中期，是由邹、鲁两支文化到"邹鲁"文化融二为一的完成期。它以文化下移、士的崛起为基础，以孔子大兴私学为途径，以邹鲁士风的一体化形成为展现，实现了邹鲁文化融二为一的过程。这种融合，从民族文化的发展演变讲，是在犬牙交错的部族文化的交流融合中，在一个相对统一的地理单元内，夷、夏文化融合的缩影，是社会巨变所导致的原部族方国与封国之势力消长而形成的文化融合的必然结局。由邹、鲁到"邹鲁"，既是漫长的历史演变过程，又是社会文化巨变的结晶。邹、鲁两支异质文化的融合，不是简单的一加一式结合，也不是以鲁融邹的简单合并，而是两支文化的提升和升华。邹鲁文化既非邹文化，也不简单等同于鲁文化，邹鲁文化是在制度文化大变革时代产生的新区域型的文化。而其结晶体，即表现为"邹鲁之风"。

二、从《庄子·天下》看"邹鲁之风"的形成

"邹鲁"并称，最早见于《庄子·天下》，这也是关于邹鲁之风形成的最早文献记载。《庄子·天下》是一篇专论诸子百家争鸣的珍贵文献，被认为是中国历史上最早的学术史专论。《庄子·天下》认为：古之道术"配神明，醇天地，育万物，和天下，泽及百姓，明于本数，系于末度，六通四辟，小大精粗，其运无乎不在"。到了战国之世，"天下大乱，贤圣不明，道德不一"，而各派思想家各执一己之见。作者遂以此篇论述今之各派与古之道术的关系。

《庄子·天下》以"古之所谓道术者，无乎不在"为宗，评述当时主要学术流派及其代表人物的思想主旨及与"古之道术"的渊源关系，提及五个学派的主要代表人物十三人。其中，对墨翟、禽滑釐（墨家），宋钘、尹文（稷下黄老学派），彭蒙、田骈、慎到（稷下道法家），关尹、老聃以及庄周本人（本真道家）等四家观点一一予以评述，大致运用同一模式：先述学术宗旨及与古之道术关系，再提代表人物，继之评说基本思想主张。以稷下道法家为例："公而不党，易而无私，决然无主，趣物而不两，不顾于虑，不谋于知，于物无择，与之俱往。古之道术有在于是者。彭蒙、田骈、慎到闻其风而悦之。齐万物以为首……知万物皆有所可，有所不可。故曰：'选则不遍，教则不至，道则无遗者矣。'"另一家惠施、桓团、公孙龙等辩者（后世称名家），《庄子》也对其善辩特点及思想主张进行了评述。《庄子·天下》之文，汪洋恣肆，思想宏阔，知识广博，又精深独到，点石成金。虽然，该文的作者是否为庄子本人，历来存在较

大争议，但如非像庄子这样的旷世奇才确难写出如此高论。诚如王夫之所说："或疑此篇非庄子自作，然其浩博贯综，而微言深至，固非庄子莫能为也。"①

值得我们特别关注的是《庄子·天下》对儒家学派的记载，从内容及引文方式与前数家学派都不同，可说是一个特例。其记载为：

> 古之人其备乎？……其明而在数度者，旧法、世传之史尚多有之；其在于《诗》《书》《礼》《乐》者，邹鲁之士、搢绅先生多能明之。《诗》以道志，《书》以道事，《礼》以道行，《乐》以道和，《易》以道阴阳，《春秋》以道名分。其数散于天下而设于中国者，百家之学时或称而道之。

细分析这段文字，作者在这里实际提出了道术为天下裂之后散布的三个方面：一是"旧法、世传之史"；二是《诗》《书》《礼》《乐》之"五经"文献；三是百家之学。评析儒家，既没有与其他各家相提并论，也没有像其他各家一样去评析代表人物及思想主张，而是讲述了"邹鲁"之地的一个群体——"邹鲁之士"与"搢绅先生"的一种风气，即对《诗》《书》《礼》《乐》中的"古之道术""多能明之"。这是对"邹鲁之风"的最早描述。其中，有几点很值得关注。

1. "邹鲁之士"是邹鲁之风的营创者

在"士"阶层蓬勃兴起、百家争鸣的战国中期，"邹鲁之士"已是一个在各派各家学者中影响巨大的群体。以至庄子在评

① 王夫之：《庄子解》，中华书局，1964年。

述各主要学术派别时，不得不对他们做特别的表述。这个群体跟其他那些朝秦暮楚、"取合诸侯"的游士不同，他们固守着"邹鲁"文化家园，营造出一个区域独特的文化风气。这个群体数量之众，不限于部分学者，而是一个阶层——"士"。《庄子集解·天下》云："士，儒者。搢绅先生，服官者。……绅，大带。宣云六经所由传。"《庄子集释·天下》疏亦云："先生，儒士也。"总体分析，邹鲁之士大约由两部分人组成：一种是儒士，即如冯友兰先生所说，"是一种有知识有学问之专家，他们散在民间，以为人教书相礼为生"[1]。邹鲁为孔子兴学之地，儒士众多，当在情理之中。二是"服官者"，即穿官服的知识分子。我的理解即是新兴的士大夫阶层，包括大、小有知识的官吏。总之，邹鲁之地的庞大知识分子阶层成为百家争鸣中的一支生力军，正是他们催生了邹鲁之风的形成。

2. 邹鲁之风的内涵主体是尊孔读经的儒风

《庄子·天下》认为，那些"古之道术"载于《诗》《书》《礼》《乐》等古典文献中。邹鲁之士"多能明之"，既反映出在邹鲁之地研习"六经"，已是知识分子的一种普遍风气，也说明他们对"六经"典籍的研习已有相当的深度。班固在《汉书·艺文志》中对儒家所做的诠解，实际是对这种风气很好的总结阐发，即"游文于六经之中，留意于仁义之际，祖述尧、舜，宪章文、武，宗师仲尼，以重其言，于道最为高"。

而今人郭沫若先生则直接将对儒的诠释与邹鲁之士联系在一起，提出"儒本是邹鲁之士缙绅先生的专号"[2]。此亦足见邹鲁

---

① 冯友兰：《中国哲学史》附录《原儒墨》，中华书局，1984。
② 陈来：《古代宗教与伦理》，生活·读书·新知三联书店，2009，第367页。

之风在儒学形成中的重要历史作用。

3. 邹鲁之风的精神内核是一种崇尚道德教化之风

《庄子·天下》对邹鲁之风的精神文化内涵并没有直接的表述，但是，它肯定了其（古之道术）在"六经"中的蕴含，邹鲁之士"多能明之"，实际上是说，邹鲁之士最能理解与领会古之道术的实质，而这古之道术即是"配神明，醇天地，育万物，和天下，泽及百姓，明于本数，系于末度，六通四辟，小大精粗，其运无乎不在"（《庄子·天下》）的精神内核，亦即指中华文化自上古三代以来的文化精髓。而这个精髓，主要还是体现在精神层面，亦即思想文化方面。

陈来先生在其《古代宗教与伦理》一书中，对儒家思想的来源曾做过系统的梳理和考证。他认为："儒家思想本身是三代以来中国文化的产物。……儒家思想是接续着三代文化的传统的。"《周礼·地官司徒》提到，大司徒之职中，有所谓"十二教"，十二教中的"前六教明显是属于礼乐教化的部分，与后来春秋战国儒家所讲的礼乐教化，其精神是一致的"[1]。关于教，文献中记载："以乡三物教万民，而宾兴之。一曰六德：知、仁、圣、义、忠、和。二曰六行：孝、友、睦、姻、任、恤。三曰六艺：礼、乐、射、御、书、数。"（《周礼·地官司徒·大司徒》）可见所谓六德、六行，主要是道德教化。《左传·昭公二年》中有晋国韩宣子到鲁国感叹"周礼尽在鲁矣"的记载，鲁地作为周公的封地，一直是《周礼》之制的执行典范，到了春秋"礼崩乐坏"之时，鲁地可谓"乱云飞渡仍从容"，仍然保持了周礼。可

---

[1] 陈来：《古代宗教与伦理》，生活·读书·新知三联书店，2009，第373、377页。

以想见，邹鲁之风所展现的也是一种道德教化之风。

三、历时：由孔子到孟子

关于邹鲁之风形成的过程，并无直接的文献记载。但作为邹鲁之地一种"儒风"文化现象来探讨其形成的历史轨迹，我们大致可以做如下的追溯：邹鲁之风的文化基础，应该上溯至周公封鲁之时。杨向奎认为："鲁遵守西周传统，'周礼在鲁'是宗周礼乐文明的嫡传……以德、礼为主的周公之道，世代相传，春秋末期遂有孔子以仁、礼为内容的儒家思想。"[①]作为以尊孔读经为主体展现的邹鲁之风，其形成应该从孔子生前整理"六经"，以"六经"授徒开始。邹鲁之风在春秋战国之世的形成发展过程大致经历了：肇于孔子、兴于子思、盛于孟子三个阶段。

1. 第一阶段：肇端孔子，始于鲁

孔子对中华文明的最大贡献之一，是对以三代文献为主的古代典籍进行整理，进而编定"六经"。《庄子·天运》借孔子与老子的对话说："丘治《诗》《书》《礼》《乐》《易》《春秋》六经，自以为久矣！"匡亚明《孔子评传》中高度评价说："经过孔子整理的'六经'（现仅存'五经'），不同程度上反映了夏、商、周特别是春秋时期的政治、经济、文化、思想等方面的情况，对研究中国古代的思想文化史、政治社会史起了不可估量的作用。'六经'不仅是我国的珍贵史料，也是世界上不可多得的富有学术价值的古代文化瑰宝。这是中华民族的骄傲。"[②]在整理"六经"的过程中，孔子本身就为学生和社会树立了一个学习

---

① 杨向奎：《宗周社会与礼乐文明》，人民出版社，1992。
② 匡亚明：《孔子评传》，齐鲁书社，1985，第355-356页。

经典、尊崇传统的榜样。《史记·孔子世家》记载孔子读《易》"韦编三绝"的事，可见他读经之勤奋和编经之艰辛。据笔者粗略统计，《论语》中，有十三次专谈或采引《诗经》，七十五次提到《礼》，数次引用《书》《易》，多次论《乐》。诵读、研习《诗》《书》《礼》《乐》《易》成为他一生职业生活和精神追求的重要组成部分。孔子应该是"邹鲁之风"的开创者，也是其形成的前提和基础。

前人早就注意到孔子编定"六经"的目的之一，是作为私学教材。《史记·孔子世家》记载："孔子以诗书礼乐教，弟子盖三千焉，身通六艺者七十有二人。"近人周予同先生说："孔子既然设教讲学，学生又那么多，很难想象他没有教本。毫无疑问，对于第一所私立学校来说，现成的教本是没有的……孔子为了教授的需要，搜集鲁、周、宋、杞等故国文献，重加整理编次，形成《易》《书》《诗》《礼》《乐》《春秋》六种教本。"①孔子的弟子众多，其弟子尊崇孔子，亦以孔子为榜样，读经习经。可以设想，在孔子生前，鲁地在一定程度上已形成一种崇礼重经的文化风气。

应当看到，孔子去世后，鲁国文风一度消沉。一是弟子四散。《史记·儒林列传》载："自孔子卒后，七十子之徒散游诸侯，大者为师傅卿相，小者友教士大夫，或隐而不见。"《汉书·艺文志》云："昔仲尼没而微言绝，七十子丧而大义乖。"虽然孔子死后，"弟子皆服三年"，然后"相诀而去"，"弟子及鲁人往从冢而冢者百有余室"，但毕竟师生相聚论学、共读经典的昔

146

① 朱维铮编：《周予同经学史论著选集》，上海人民出版社，1996，第801页。

日风光不再，鲁地的文风大受影响。二是百家之学兴，读经之风消。时入战国之后，列国纷争，兼并战争激烈，为了取得战争的胜利，各国争相延揽人才，催生诸子百家的形成。而各家各派学者大多"喜议政事"，"各著书言治乱之事，以干世主"，力求投合统治者的需要。而以三代文献为主编定而成的"六经"，因其不合时宜而受到冷落。这也对鲁地文风产生重大影响。《文心雕龙·时序》中评论，"春秋以后，角战英雄，六经泥蟠，百家飙骇"，正是这种情况的写照。

2. 第二阶段：兴于子思，扩于邹

在邹鲁之风的兴起发展中，子思是一个关键人物。子思，名伋，为孔子嫡孙。其一生以弘扬其祖之学、教授"六经"为己任，在邹鲁之地大兴私学，使邹鲁之风得以兴盛发展。关于子思的生平，文献记载较少，大致说来有以下几点：

第一，子思生于孔子晚年，曾亲聆孔子教诲[①]，他一生以弘扬孔子之学为己任。《孔丛子·记问》记载："夫子闲居，喟然而叹。子思再拜请曰：'意子孙不修，将忝祖乎？'"可见，孔子晚年对子思的成长十分关注，每有闲居独处之时，祖孙问答，即刻教诲，解疑释惑，着力培养。《孔丛子》记孔子与子思对答共四处，涉及家事、任贤、礼乐、哲理等，内容广泛，可见用心。而子思也继承乃祖之志，以弘扬儒学为己任，成为孔子之学的正宗传人。正如康有为所说："孔子之道大矣，荡荡如天，民难名之，惟圣孙子思，亲传文道，具知圣统。"[②]

子思曾受孔子得意弟子曾子之教。《孟子·离娄下》记载，

---

① 据李启谦先生考证，孔子去世时，子思十二岁。李启谦：《子思及〈中庸〉研究》，载《孔子与孔门弟子研究》，齐鲁书社，2004。

② 康有为：《孟子微·礼运注·中庸注》，中华书局，1987，第187页。

"曾子、子思同道"。《礼记·檀弓上》《孔丛子·居卫》都记载了曾子对子思教育的话。宋儒则认为:"孔子没,传孔子之道者,曾子而已。曾子传之子思。"(《二程语录》)孟子则"受业子思之门人"(《史记·孟子荀卿列传》),可见子思是孔子死后,孔学传承中,"孔子→曾子→子思→孟子"这一传承谱系中的关键人物。

第二,子思做过官,但官职不高。他曾受到鲁、宋国君重视,做过师傅、咨询一类虚职,大致属于颇有声望的"士"一类。

他曾在鲁缪公时为官吏。《孟子·告子下》中提到子思:"鲁缪公之时,公仪子为政,子柳、子思为臣。"他也曾在宋国做官,但依《孟子·离娄下》的说法"子思,臣也,微也",可见,官职并不高。

第三,他一生主要的事业是继承其祖的衣钵:读经传经,兴学授徒,安贫乐道。《盐铁论·贫富》记载:"孔伋,当世被饥寒之患。"《说苑·立节》则记载:"子思居于卫,缊袍无表,二旬而九食。"可见,他一生比较贫寒。子思兴学的直接文献资料亦较缺乏,但子思一生,门人众多,应是事实,孟子即"受业子思之门人"。《礼记·檀弓下》记载:子思之母死于卫,赴于子思,子思哭于庙,门人至。另有多处记载子思与门人的对话,均可看出其门人之多。

子思兴学授徒,曾扩展到邹地。这方面先秦两汉文献中并无直接记载,但《史记·孟子荀卿列传》中,即有"孟子受业子思之门人"一说,孟子就学未有到邹之外的记载,可作一证。另,邹城地方文献及林庙石刻等多方面有记载,众多遗址尚存,想必有历史依据。

邹城现存的宋代以来的林庙石刻，记载子思曾来邹地讲学，并在邹地写成《中庸》。元代所修的中庸精舍，有孔颜孟三氏教授张鼌所写的《中庸精舍记》记其事，"旧名子思讲堂，谓孟子传道于此"[①]。此后，改为中庸书院、子思书院等，现仍有明清时代多次重修的遗址。

笔者综合各种资料认为：子思在战国初期邹鲁之风的形成发展中，是一个过渡性的关键人物。一是他将孔子去世后，因弟子各奔东西、散游诸侯，鲁地一度消沉的文风重新振作起来，使之得以延续。二是他将兴教讲学扩充到邹鲁之地。这在战国初期鲁国国力日衰，"状如小侯"的情况下，为邹鲁之地传承发展儒学、培养人才提供了支持，也为孟子的出现奠定了深厚的文化基础。三是子思施教，以传授"五经"为主。这为形成"邹鲁之士、搢绅先生"对《诗》《书》《礼》《乐》"多能明之"的邹鲁之风打下基础。《孔丛子·杂训》载："子上请所习于子思。子思曰：'先人有训焉。学必由圣，……故夫子之教，必始于《诗》《书》而终于《礼》《乐》。杂说不与焉。'"这说明，在战国百家之学兴，天下之士朝秦暮楚、以干世主的风气下，人们要学什么，思想是混乱的，而子思坚持"学必由圣"，排除杂说，以《诗》《书》《礼》《乐》教授弟子，传承儒学，这对邹鲁之风的形成、延续、发展起了决定性作用。而事实上，邹鲁之风由孔子教授"六经"之起，到孟子崇孔读经之兴，子思是个关键人物，正如清代黄以周在辑录《子思子》时所言："求孟子学孔圣之师承，以子思为枢轴。"（《清史稿》卷四百八十二）子思所作《中庸》中，共引《诗》十四篇，亦可见他对诗学的重视。

---

① 刘培桂编著：《孟子林庙历代石刻集》，齐鲁书社，2005，第28页。

3. 第三阶段：盛于孟子，风行邹鲁

从文献记载来看，邹鲁之风的繁盛和战国之世儒学的振兴是直接联系在一起的，这都得益于孟子的伟大贡献。

《史记·儒林列传》载："天下并争于战国，儒学既绌焉。然齐鲁之间，学者独不废也。于威、宣之际，孟子、荀卿之列，咸遵夫子之业而润色之，以学显于当世。"《文心雕龙·时序》中也有大致相同的记载。这说明，在战国早中期相当长一段时间，儒学声势大衰，《诗》《书》《礼》《乐》的传授也仅在齐鲁之地绵延不断而已。儒学的振兴，主要得益于孟子、荀卿二人。而"六经"复传，且在邹鲁之地形成知识分子一代文化风气，孟子功莫大焉。

第一，孟、荀为战国时代振兴儒学之大师，且在齐国的稷下学宫论儒传教，影响巨大，但孟子较荀子早半个世纪。前有孟子，后有荀子，共推儒学，显于当世，而所谓"威、宣之际"儒学"显于当世"主要是孟子。根据历代学者考订，荀子出现在稷下的时间大致在齐湣王时期及以后。

第二，孟子一生，绝大部分时间生活在邹国，其对邹鲁之地的文化影响是可想而知的。有关孟子生平事迹的材料较少，但现有历史文献中，大致可以这样来分析他与邹国故乡的关系。他四十岁之前没有离开邹国的记载，从总体看，主要有以下四个方面的生活内容：一是他在邹国接受了启蒙教育，著名的"孟母三迁教子"的故事就出现在这个阶段。二是他在这里从师学习，受子思影响巨大，是子思门人的学生。尽管后世学者以此认为孟子可能在鲁国求学，但古代文献中并没有孟子在鲁国或其他地方从师学习的记载，为子思之后学，与是否在鲁求学是两码事。孟子很可能是子思及其弟子在邹地兴学的直接受教者。三是孟子曾在邹地设教授徒。①四是初仕邹国。《孟子·梁惠王下》记载邹穆公问政孟子之事，所以，清人周广业在《孟子四考》一文中说："孟子之仕，自邹始也。"②

总结来看，早年孟子与邹国之关系，大致可概括为：幼承母教，从师学习，设教授徒，出仕为宦。他的人生是从邹国开始的。

第三，孟子在四十岁到六十岁的二十年间，曾周游列国。孟子于齐、梁两大国之间奔波往复用力最多，冀有所为。在邹、鲁、滕、薛、宋等国间率徒游说，传经讲学，将邹鲁之风传播各地。值得关注的是，孟子在齐威王、宣王之时，三次游齐，在稷下学宫长驻达十数年之久，在各国与君臣交往甚广。《孟子》一书中提到齐宣王就有二十三次，是所有国君中提及次数最多的。孟子在齐之稷下率徒讲学，不治而议，但官居卿位，特受尊崇；辩说争鸣，影响极大。在魏国，他与梁惠王大谈"仁政"，希望他"省刑罚，薄税敛"；他称不行仁政的梁襄王"望之不似人君"。在滕国，他"馆于上宫"（《孟子·尽心下》），受到很高礼遇。他对滕文公大讲"有恒产者有恒心，无恒产者无恒心"的道理，如此等等。我们可以说，孟子对邹鲁之风的形成发展，贡献是巨大的：一是孟子尽其所为，所到之处，大力弘扬儒学，力挽"儒学既绌"之颓势，重振儒风，大力提升了邹鲁之风的影响力。二是孟子培养了大批邹鲁之士。同时，孟子讲学始于邹鲁，其弟子大多为邹鲁之士。③孟子出游，从者如云，"后车数十乘，从者数百人"（《孟子·滕文公下》），这实际上为邹鲁之风的

151

---

① 杨泽波：《孟子生卒系年新证》，台湾《孔孟学报》2002年9月。
② 王其俊：《中国孟学史》，山东教育出版社，2012，第70页。
③ 刘培桂主编：《齐鲁诸子名家志·孟子志》，山东人民出版社，2009。

发扬光大，培育了数代传承的生力军。

第四，孟子终老于邹国。根据前人研究的成果，大致说来，孟子自六十岁左右直到八十四岁去世，晚年二十余载主要居住在故乡邹国，其晚年活动对邹鲁之风的推助及兴盛影响甚大，主要有以下几个方面的原因：其一，孟子晚年以研究《诗》《书》《礼》《乐》为主业，对邹鲁士风影响极大，《史记·孟子荀卿列传》云，孟子"退而与万章之徒序《诗》《书》，述仲尼之意"。《史记考证》引清人梁王绳语："七篇中言《书》凡二十九，援《诗》凡三十五；故称叙诗书。"赵岐《孟子题辞》亦说，孟子晚年，"治儒术之道，通五经，尤长于《诗》《书》"。《庄子·天下》所言"《诗》《书》《礼》《乐》者，邹鲁之士、搢绅先生多能明之"，与孟子晚年与众弟子万章等人在邹地研习传播《诗》《书》的活动有极大关系。其二，孟子晚年教授大量生徒，为邹鲁之士的大量涌现做出突出贡献。孟子晚年的情况文献记载不详，但其广招弟子、讲经授徒是可以肯定的，从文献记载看，万章、公孙丑之徒是其晚年不离左右的弟子，后世学者多有认为，"孟轲之书，非轲自著，轲既殁，其徒万章、公孙丑相与记轲所言"（《韩昌黎文集·答张籍书》）。同时，孟子曾说，"君子有三乐……得天下英才而教育之"（《孟子·尽心上》）为三乐之一。可见其晚年，一是学生数量多，二是来源广，孟子以此为乐事，估计其晚年教育成就之大，自己是很满意的。

孟子是孔子之后，传承、弘扬、发展孔子儒学影响最大的学者，他不仅对孔子尊崇备至，认为"自生民以来，未有盛于孔子也"，"乃所愿，则学孔子也"（《孟子·公孙丑上》），而且，他以捍卫弘扬孔子之道为一生最重要的历史担当，认为："由孔子而来，至于今，百有余岁。去圣人之世，若此其未远也；近圣人之居，若此其甚也。"（《孟子·尽心下》）而要担当起这一历史重任，"当今之世，舍我其谁也"《孟子·公孙丑下》。后世学者上到东汉赵岐下到韩愈，都对孟子在儒学特别是先秦孔子儒学发展中的独特地位给予中肯、特殊的评价，的确是"自孔子没，群弟子莫不有书，独孟轲氏之传得其宗"（《韩昌黎文集·送王秀才序》）。因而，观战国之世儒学及百家之学发展，孟子实成为儒家学派挽颓势、开新局的中兴巨人。自其同时代之后的学者庄子始，孟子已成为战国儒学的代表。故在《庄子·天下》中"邹鲁"并称孔孟之乡，邹、鲁并称，邹在鲁前，实因孟子。这是战国儒学发展的时代印记，也是孔孟故里区域文化发展的历史轨迹——儒学因孟子而兴，邹国因孟子而名世，"邹鲁之风"因孟子而达于繁盛。

四、展现：四大特征

纵观从孔子到孟子，"邹鲁之风"的形成、发展过程，结合《庄子·天下》及先秦文献对邹鲁之风的有关记载，笔者认为：在战国之世形成的所谓"邹鲁之风"实际是一种士风，亦即在邹鲁之地形成的一代知识分子的时尚风气，这种士风的文化特点，主要表现在以下四个方面：

1. 邹鲁之风是一种以"述唐、虞、三代之德"为己任，坚守传统、弘扬传统的风气

邹鲁之风是以历史担当精神，对自上古三代以来形成的民族文化精神持之以恒的坚守、传承和弘扬。孟子"言必称尧、舜"，邹鲁之士热衷于研习、传诵三代以来的经典文献《诗》《书》《礼》《乐》，以致形成了一种邹鲁士人共同创始的独特文化风气。战国时代社会巨变，战争频仍，"士风"的主流是热衷

政治、竞逐功利，著书立说，游说诸侯，迎合时尚，以干世主。

"邹鲁之风"显示的却是一种特立独行的社会风气，不合时尚，却为民族文化的传承做出了独特的贡献。

2. 邹鲁之风是一种尊崇孔子、弘扬儒学的风气

孟子曰："予未得为孔子徒也，予私淑诸人也。"他以"乃所愿，则学孔子也"为人生追求的目标，以孔子编定的"六经"为教材，"得天下英才而教育之"。而邹鲁之士，对《诗》《书》《礼》《乐》独"能明之"，这在战国中期，列国纷争，"角战英雄，六经泥蟠，百家飙骇"的大环境下是一个独特的文化景象。从战国儒学发展讲，邹鲁则是一处弘扬孔子儒学，培育儒家学者，坚持传播、弘扬儒学的大本营和文化基地。

3. 邹鲁之风是一种崇尚道德教化、宣扬修身养性的风气

邹鲁之士研修《诗》《书》，深挖圣王先贤的"圣德"，以为自己的楷模和榜样。孟子道性善，并专讲仁义礼智四端之说，倡言以身示范，立志要做"富贵不能淫，贫贱不能移，威武不能屈"的以天下为己任的大丈夫。《孟子》中三十八次引用《尚书》[①]，引《诗》三十五条，大力宣扬"养吾浩然之气"，"唯有德者，然后能金声而玉振之"。他认为邹鲁之士的时代使命就是在世风日下、人心不古的社会环境下，大力弘扬传统美德，"正人心，息邪说，距诐行，放淫辞，以承三圣者"，这是孟子极力宣扬和坚持的，也是邹鲁之风所体现的一种道德精神。

4. 邹鲁之风是一种知识分子坚持理想、壮志有为的风气

梳理邹鲁之风的形成发展过程，由孔子到孟子，都体现着胸怀天下、积极入世、奋发有为的人生态度。孔子及其弟子、

---

① 刘起釪：《尚书学史》，中华书局，1989，第49页。

子思、孟子是这样，邹鲁之士也是以此为主体精神的知识分子群体。孟子之所思所想即是"五百年必有王者兴，其间必有名世者"，要负起传承文明的历史责任，"如欲平治天下，当今之世，舍我其谁也"？以积极的人生态度，投身其中，"居天下之广居，立天下之正位，行天下之大道。得志与民由之，不得志独行其道"（《孟子·滕文公下》）。他周游列国，四处碰壁，壮志难酬之时，则"退而与万章之徒序《诗》《书》，述仲尼之意"（《史记·孟子荀卿列传》），坚持理想，独行其道。这反映出以孟子及其弟子为主体的邹鲁之士共同的精神面貌和风气时尚。

以如上四点为主要内涵特征的邹鲁之风在战国至秦汉的历史变迁中，传承发展，与时俱进，蔚然成为邹鲁之地一种独特的文化学象。

五、演变：由士风到世风

从有限的文献资料分析，邹鲁之风在战国之世经历了一个较为曲折的发展历程。总的趋势是在艰难中延续发展。赵岐《孟子题辞》云："孟子既没之后，大道遂绌。逮至亡秦，焚灭经术，坑戮儒生，孟子徒党尽矣。"这说明孟子去世之后，特别经秦始皇"焚书坑儒"，邹鲁之风受到了摧残，但邹鲁之风并未泯灭。

1. 士风延续，断而未绝

《史记·儒林列传》记载了秦末农民起义中邹鲁之士的活动情况。其中记载了"陈涉之王也，而鲁诸儒持孔氏之礼器往归陈王"之事，足见邹鲁之风在暴秦之世的坚守。还记载了"及高皇帝诛项籍，举兵围鲁，鲁中诸儒尚讲诵习礼乐，弦歌之音不绝"的文化景象。兵临城下，依然书声琅琅，弦歌不绝，亦可见邹鲁之士在恶劣的社会环境中，依然有着坚守传统、光大邹鲁之风的不屈不挠的抗争精神。

2. 我们也看到了邹鲁之风由士风向世风转化的迹象

《史记·货殖列传》载："邹、鲁滨洙、泗，犹有周公遗风，俗好儒，备于礼。"韦孟《在邹诗》："济济邹鲁，礼义唯恭。诵习弦歌，于异他邦。"这说明，好儒之风到秦汉时，已经从知识分子的士风逐渐演变为邹鲁之地的民风民俗了。邹鲁以尊孔好儒、风行诗书礼乐，已形成异于他邦的社会文化风气，成为中华文明史上卓异于他邦的文化名片。

六、影响：由邹鲁到全国

由于孟子及思孟学派的大力推波助澜，邹鲁之风在战国时代即已远播全国，深深影响了战国诸子百家争鸣的发展。

1. 孟子率邹鲁弟子周游列国，"后车数十乘，从者数百人"

孟子能言善辩，力倡仁政，传播儒学，弘扬邹鲁之风的文化精神，使区区小国之邹，因孟子而名扬天下。"邹鲁"遂成为儒学故乡之代名，推高了儒学在战国诸子百家中的"显学"地位，大大提升了邹鲁之风在诸子争鸣中的影响力。

2. 邹鲁之风劲吹稷下

孟子带万章、公孙丑等弟子三次游齐，与齐宣王等多有论辩，大力推行仁政主张。孟子长住稷下达十数载，官居卿位，待遇优厚，备受尊崇，与稷下各学派学者争鸣、交流、辩说、研讨，推动了邹鲁之风与稷下之学的交汇、融合，促进了齐、鲁文化的交流、融合以及儒学在齐地的传播。《史记·儒林列传》载："天下并争于战国，儒学既绌焉，然齐鲁之间，学者独不废也。于威、宣之际，孟子、荀卿之列，咸遵夫子之业而润色之，以学显于当世。""威、宣之际"，即是田齐政权最兴盛的威王、宣王之时，在半个多世纪中，稷下成为诸子百家争鸣的学术中心，前有孟子，后有荀子，光大儒学，助推诸子学术争鸣，齐鲁之地南有邹鲁之风，北有稷下学宫，共同确立战国学术文化的"重心"地位。

3. 邹鲁之风远播长江南北

从孔子到孟子，邹鲁之风如何影响传播到长江流域，历史文献中相关资料并不多。《孟子·滕文公上》记载："陈良，楚产也，悦周公、仲尼之道，北学于中国，北方之学者，未能或之先也。"这是有关荆楚学者北学孔孟之道，感受邹鲁之风，从而南传长江流域的一则间接记载。陈良是否来邹鲁之地，是否求学于孟子，该篇记载不详，但记载了楚地学者许行和陈良的弟子陈相等人在滕国与孟子辩仁政、论农家学派的事。滕为邹之邻国，又是孟子率徒久住论学之处，我们说，有大批的楚地学者来邹鲁之地求学，与邹鲁之士谈经论道，将邹鲁之风带回长江荆楚之地应在情理之中。战国时期邹鲁之士是否到长江流域传经说儒？虽然所见文献的直接记载并不足，但是，《史记·仲尼弟子列传》记载孔子弟子澹台灭明（字子羽，武城人）"南游至江，从弟子三百人，设取予去就，名施乎诸侯"。《史记·儒林列传》也有"澹台子羽居楚"的记载。可见，邹鲁之地的孔门后学曾大批南下长江一带，这恐怕从孔子时代就已开始。《吕氏春秋·先识览·去宥》有"荆威王学《书》于沈尹华"的记载，沈尹华为何处的儒家学者，史无详考，但楚国威王学《诗》《书》《礼》《乐》应有儒家学者教之，其中亦必有邹鲁之士。总之，从孔子到孟子，邹鲁之士将"邹鲁之风"传播至长江流域是完全可能的。

20世纪90年代在湖北荆门郭店楚墓中出土的一批战国中后

期的竹简，为邹鲁之风远吹长江流域荆楚之地提供了新的证据。这些竹简中有十四篇为儒家著作，李学勤先生认为，郭店楚简的"这些儒书都与子思有或多或少的关联，可说是代表了由子思到孟子之间儒学发展的链环"[1]。对于简书《五行》篇，庞朴先生认为，经部为子思所作，说部是孟子后学的缀补。陈来先生结合《荀子·非十二子》中"子思唱之，孟轲和之"，进一步提出"《五行》说文为孟子所作"[2]。其中出土竹简《缁衣》即出自《子思子》，已是绝大多数郭店竹简研究学者的共识。[3] 而《缁衣》中，简本保留战国中期的特点，引文只引《诗》《书》。[4] 郭店竹简的出土，为探讨邹鲁之风传至长江流域的路径提供了依据。

邹鲁之风怎样吹到长江岸边？杜维明先生有一段话值得我们分析思考。他说："郭店出土的资料有一个重要特点，就是这次出土的资料可以认为是先秦时期一个精致的图书馆里的材料。郭店一号楚墓的墓主，现在认为是'东宫之师'，也就是楚国太子的老师，他应该是当时水平很高的知识分子。"

杜维明先生的推导给我们打开了一扇门窗，让我们看到了邹鲁之风吹绿江岸的美妙图景，这个"水平很高的知识分子"，不知其名，但极有可能是一个饱学的邹鲁之士，理由有三：第一，

---

① 李学勤：《先秦儒家著作的重大发现》，载《中国哲学》第20辑，辽宁教育出版社，1999。

② 陈来：《〈五行〉经说分别为子思、孟子所作论》，载《思想·文献·历史：思孟学派新探》，北京大学出版社，2008。

③ 梁涛：《郭店竹简与思孟学派》，中国人民大学出版社，2008，第232–233页。

④ 周桂钿：《〈郭店楚墓竹简·缁衣〉研究札记》，《孔子研究》1999年第1辑。

从竹简的内容看，儒学的著作（共十四篇）中主要的是思孟学派的著作。这个时期正是在子思及其门人和孟子的推动下，邹鲁之风极盛的时期，一位邹鲁之地的儒学大师当了"东宫之师"最具可能。第二，从《五行》的作者即是子思与孟子来说，可能在一个较长的历史时期内，邹鲁之士持续地传播儒学于长江流域，使邹鲁之风在战国之世重现江南。第三，从《缁衣》内容多引《诗》《书》看，所谓邹鲁之学传布江南，实际是再现了从子思到孟子讲学授徒重《诗》《书》的传统，这更显示出邹鲁之士在江南复制了邹鲁之风的历史可能。

从郭店竹简发现的思孟学派有关活动情况，结合《庄子·天下》《荀子·非十二子》综合分析，大致可以看出，战国时期邹鲁之风形成的骨干力量——邹鲁之士，实际是思孟学派的广大成员，他们根植邹鲁，活跃四方，西至中原，南到长江，是推动邹鲁之风吹向全国各地的骨干力量。

《荀子·非十二子》中记载荀子批判思孟学派，"子思唱之，孟轲和之，世俗之沟犹瞀儒，嚾嚾然不知其所非也，遂受而传之，以为仲尼、子游为兹厚于后世"。这段话，以思孟学派在邹鲁之风形成发展中的一种文化影响来理解，会找到更好的注脚：荀子在这里以激烈的言辞抨击思孟学派，说他们那些"言必称尧舜"，自称是传承"真先君子（孔子）之言"的学说，由子思首唱在前，孟子呼应在后，这个前后近百年的"唱和"，是以那些"嚾嚾然不知其所非"的世俗之儒，"受而传之"，推波助澜的。这些"世俗之沟犹瞀儒"，实际指那些对《诗》《书》《礼》《乐》"多能明之"的"邹鲁之士、搢绅先生"。而被荀子指斥的思孟学派的"俗化"，正是指的邹鲁之风将孔子之教义，将《诗》《书》等经典推向大众化、社会化和风俗化的过程。这是思孟学派的特征，也是邹鲁之风在先秦儒学发展中的巨大贡献所在。郭店楚墓中儒简的出土，佐证了《荀子·非十二子》中对思孟学派特征的描述，也证实了邹鲁之风强劲的文化传播力。

战国时代，先秦儒学发展演变，广泛传播，在西汉时期上升为国家和民族的统治思想，为秦汉以后不绝于史的邹鲁之风在全国各地的落地生根，奠定了坚实基础。

（原载《山东师范大学学报》（社科版）2015年第3期，
题目有改动）

曾子其人与《大学》

自古以来，研究一种学术、一本著作，首先要知人识人，只有了解作者才能更好理解著作的内涵和意义。所以，讲清楚《大学》的作者是谁，无疑有助于我们理解《大学》的丰富内涵。但是，《大学》的作者问题历来是《大学》研究中争议最大的问题。陈来先生在讲《大学》的地位与贡献的时候，就提到作者问题历史上争议很大，众说纷纭。今天我来讲曾子与《大学》，一方面讲述关于《大学》作者问题的几种主要观点，另一方面讲曾子和《大学》的关系。

今天我们对《大学》的理解，更多的是根据宋代理学大家朱熹所整理和补充的版本。《大学》的流传有一个历史过程，从汉代流传到宋代，特别是宋代朱熹进行了整理和补充，对后代影响深远。所以，讲清楚朱熹对《大学》作者的看法，更有利于对《大学》内涵的理解和把握。在先秦儒学的传承、发展中，乃至整个中国儒学发展史上，曾子都是一个非常重要的人物。曾子是孔子的弟子，从至圣孔子到亚圣孟子有一百余年，这个传承孔子学说的过程中，曾子是一个关键人物，其地位很特殊，贡献特别大。从这样一个角度讲，我们需要了解曾子这个人物在儒学传承和弘扬过程中处于什么地位，做出了什么贡献。讲清楚这个问题，有利于对《大学》的理解，有利于对先秦儒学发展史中整个儒家学说建构的理解，也有利于理解整个"四书"的产生、编撰过程。

宋元以后，曾子被封为"宗圣"，是中国历史上儒家五大圣人之一。孔子有七十二个很有成就的弟子，被封为圣人的却只有两个。一个是颜回，他是孔子最欣赏、最能得孔子学说要领的弟子，所以颜回被封为"复圣"。但是颜回逝于孔子去世之前，他四十岁左右就去世了。再一个被封为圣人的弟子就是曾子，他被封为宗圣。自宋元以来，曾子在整个儒学传承发展中就是作为五大圣人之一而受到尊崇的。至圣孔子、亚圣孟子、复圣颜回、宗圣曾参、述圣子思，被后世誉为五大圣人。可见，在整个儒学的发展和中华文明的发展过程中，曾子非常重要，为儒学的传承发展做出了巨大贡献。从这个角度看，在讲《大学》的时候也有必要将曾子的有关问题讲清楚。我主要从三个方面来讲：一是曾子的家世和生平，二是曾子的地位和贡献，三是曾子的著述与《大学》。

一、曾子的家世和生平

1. 曾子的家世

曾子，鄫国宗室后裔。根据有关历史文献的记载，曾子是鄫国宗室的后裔，今天来看，他应该是贵族出身，但其家族到了曾子这个时期就败落了。春秋以前，有一个国叫鄫国，地理位置在当今山东临沂一带。根据当代知名学者蒋伯潜在《诸子通考》中引《元和姓纂》记载，鄫国本来是夏代大禹的后代。夏之名君少康的儿子曾曲烈，被分封到鄫国这个地方。"春秋时莒灭鄫，

162

鄫太子巫仕于鲁，去'邑'为曾氏。"也就是说，鄫国也是一个土著的古国，春秋时期鄫国被莒国所灭，鄫国的太子巫就逃到了鲁国做官。改"邑"名为曾氏，这是曾子家世的渊源和由来。此外，根据先秦时期编纂的记载世系渊源的《世本》："巫生阜，阜生皙，皙生参，字子舆。"即是说，曾子的曾祖，是逃到鲁国的鄫国太子巫。从其家族的渊源上看，曾子的确是贵族出身。

曾子是曾皙的儿子。曾皙名字叫曾点，字"皙"。《孔子家语》里面就说曾点的字是"子皙"。根据明代包大燐写的《曾点年谱》记载，曾皙比孔子小六岁，是孔子七十二个弟子之一，是孔子的第一批学生。因为曾子在唐玄宗以后被历代加封，所以其父亲曾皙也被加封。唐玄宗时期，曾子被封为"成伯"，他的父亲曾皙就被封为"宿伯"。宋真宗时期，曾子被封为"瑕丘侯"，因避孔子讳，改为"武城侯"，其父亲曾皙也被封为"莱芜侯"。明代，曾皙则被封为"先贤曾子"。历史上常常提到的曾子，指的是曾点还是曾参？我们可以说，一般讲曾子就是指曾参。曾皙有时候也被称为曾子，如明代封他为"先贤曾子"，但称曾皙为曾子的情况很少。

曾点的事迹，文献记载比较少。《论语》里面有一篇非常生动的记载，篇名叫《子路、曾皙、冉有、公西华侍坐》。文章中，孔子一一问学生的志向，子路、冉有、公西华都回答了自己在治国、从政方面的志向。而有关曾点的部分记载如下：

"点！尔何如？"鼓瑟希，铿尔，舍瑟而作，对曰："异乎三子者之撰。"子曰："何伤乎？亦各言其志也。"曰："莫春者，春服既成，冠者五六人，童子六七人，浴乎沂，风乎舞雩，咏而归。"夫子喟然叹曰："吾

与点也！"（《论语·先进》）

相比于大部分篇章的精言精句，此篇在描写人物活动时非常生动。此章讲人物形象最生动的就是讲曾点。据记载，孔子一开始让子路起来说，子路说我能治一个千乘之国，然后请冉有来说，冉有说我能治一个小国，治不了那么大的国家，能让老百姓过上好日子。公西华（原名叫公西赤）说，我的理想是当一个小相，就是主持礼仪的人。曾点没抢着说话，孔子说："点！尔何如？"下面的话写得很生动，"鼓瑟希，铿尔，舍瑟而作"，这里只用九个字，就写了三个动作，这三个动作表现了曾点这个人的性格。"鼓瑟希"，说明别人在那里侃侃而谈的时候，曾点在那里弹琴鼓瑟，突然被老师提问了，他才慢慢停下。"铿尔"，就是最后"嘭"一下停住了，这是第二个动作。第三个动作，"舍瑟而作"，把乐器放好，站起来准备回答老师的提问。九个字写了三个动作，在《论语》里面，这种描写很少出现。然后曾皙对孔子说："异乎三子者之撰。"我跟前面三位师兄弟说的不一样。孔子就说："何伤乎？亦各言其志也。"没有什么妨碍，各人说各人的志向罢了。曾皙说出自己的志向："莫春者，春服既成，冠者五六人，童子六七人，浴乎沂，风乎舞雩，咏而归。"夫子喟然叹曰："吾与点也！"曾点的意思是：我的理想是到暖春的时候，五六个成年人、六七个小孩子，一起到沂水洗洗澡，然后到舞雩台吹吹风，唱着歌回来。曾皙描述的场景，完整地勾画出一个淡泊名利者的形象，反映出曾点认为在当时礼崩乐坏的社会环境下，最理想的就是过超凡脱俗、淡泊名利的生活。这样一种生活，竟然得到孔子很高的评价和赞许，认为只有曾皙的理想是和自己相合的。我们在研究孔子思想演变的时候，其中一条重要线索就是孔子曾经去问学于老子。先秦时期，诸子百家思想的形成，特别是在春秋末期儒家学派形成早期，儒家和道家的思想是相互吸收和影响的。另据《论语·微子》，孔子对隐士大致有三种态度：遇荷蓧丈人就"使子路反见之"；遇楚狂接舆就"孔子下，欲与之言"；听子路谈遇到长沮、桀溺，孔子说："鸟兽不可与同群，吾非斯人之徒与而谁与？"结合孔子对三种隐士的态度看，孔子对曾皙的赞赏透显出孔子思想中"达则兼济天下，穷则独善其身"的相融。可见，曾皙对孔子思想能够深入理解和融通。限于历史资料的缺乏，虽然没有更多的事例进一步证明曾皙思想与孔子思想的相融相通，但此例说明，曾皙应是得孔子思想真髓的弟子之一，这是可以想见的，这对曾子成为孔子思想的最主要传人之一影响很大。

再来看曾子之子。古籍当中提到曾子有一个比较著名的儿子叫曾申。刘向《别录》里记载"左丘明授曾申"，是说《左传》的传承是由左丘明传给曾子的儿子曾申，曾申再传授给吴起（战国时期诸子百家中法家代表人物之一）。唐代陆德明《经典释文·叙录》载，曾申从子夏受《毛诗》，传于李克（悝）；从左丘明受《左传》，传于吴起。说明曾申不仅仅是传承《左传》的重要学者，而且是《诗经》中《毛诗》的主要传授者。从这里可以看出，曾子的儿子曾申，实际上是一个大经学家。

此外，根据文献记载，曾子一共有三个儿子，在《礼记》和其他古籍里面都提到过。长子叫曾元，次子是曾申，第三个儿子是曾华。《孟子》提到了曾西，关于曾西的身份，历来有争议：一个说法就是曾西就是曾申，名申，字子西，也称曾西；另一种说法是曾西是曾子的长孙，即曾元的儿子。最早提到曾西和曾子话题的是赵岐，他认为曾西是曾子的孙子，朱熹《四书集注》也持此说法。但若干古籍认为曾西就是曾申。包括当代比较权威的杨伯峻《孟子译注》也提到，唐代陆德明《经典释文·叙录》引用若干人对曾西的考证，最后得出结论，曾西是曾子（参）的儿子。《孟子·公孙丑上》载："或问乎曾西曰：'吾子与子路孰贤？'曾西蹙然曰：'吾先子之所畏也。'""吾先子"，尊称父辈是先子。有的人考证历史上称"先子"的只是称父亲，没有称祖父的，所以认为曾西是曾子的儿子。以上是讨论曾子的家世。

2. 曾子的生平

首先，关于曾子的出生地。曾子的生平主要记载在《史记·仲尼弟子列传》中："曾参，南武城人，字子舆，少孔子四十六岁。孔子以为能通孝道，故授之业。作《孝经》。死于鲁。"从这里我们可以注意到，曾子是南武城人。南武城在春秋时期有两个：一个在费县，另一个在嘉祥。后代对于曾子的籍贯是哪一个武城，历来有争议。比较通行的看法是今嘉祥县。主要证据如下：一是《史记会注考证》里面引用了《大戴礼记》："曾参，南武城人。"之所以称为"南武城"，即指鲁都曲阜西南面的嘉祥县，与费县在曲阜东北不同，故加"南"以区别。后代考订，有南武城和北武城，以曲阜为中心来看费县和嘉祥的位置，北武城应该就是现在的费县，南武城应该就是嘉祥。二是据明万历二十四年（1596年）《兖州府志》里面的《圣里志》载："国朝甲子创建曾子庙，于嘉祥县南武山之阳，元时碑记可考，古重建焉。"这是说曾子的庙就在嘉祥南边南武山之阳，元代就已经建了，现在（明代）重建。特别是《古迹志·嘉祥县》里面记载："南武城，世传曾子故里也，在县南四十里，以在南武山下，故名。"为什么叫南武城？原来这里有一座山叫南武山。《兖州府志》还记载，有人发现曾子的墓地是在嘉祥。所以，从多个证明来看，曾子故里应该是当今嘉祥县。

其次，关于曾子的生卒年。根据《史记》记载，曾子比孔子小四十六岁，孔子生于公元前551年，可以推算曾子生于公元前505年。从生卒年看，曾子应该是孔子晚年的弟子，而且是晚年弟子中更晚一些的弟子。在整个《史记·仲尼弟子列传》里面，比曾子年龄更小的有，但是很少，曾子应该是孔子晚年弟子中年龄最小的之一。根据《阙里文献考》记载，曾子比较长寿，活了七十岁。如果按七十岁计算，应该是死于公元前435年前后。这个时间距孔子去世四十四年，距离孟子出生六十年左右，与孔子的孙子子思时代差不多。

再次，关于曾子的生平事迹。大致来分，以曾子二十七岁时孔子去世，三十一岁时父亲曾点去世为界，曾子的生平可以分前半生和后半生。前半生主要的经历是师从孔子。他早年从学，年龄最小。根据有关记载，曾子十七岁的时候，因为父亲曾点引荐当了孔子的直系弟子，成为七十二贤之一。清代熊赐履的《学统·正统·曾子》记载："十七岁以父命，从学孔子于楚。"从这里看，曾子拜师的时候，好像不是在鲁国，是在周游列国时。这个记载也有多人质疑，我们暂不去考订是不是在楚国。曾子跟从孔子周游列国这件事情比较明确。《孔丛子·居卫》记载：曾子随孔子，游于诸侯。具体到过哪几个国家？至少是到过卫国，也可能到过楚地，因为陈这个地方后来就是楚国的地盘。曾子特别敬重颜回，特别尊崇颜回的人格，在很多方面学习颜回。《大戴礼记·曾子疾病》记载，曾子对他的儿子曾元和曾华说："吾无夫颜氏之言，吾何以语汝哉！"意思是说，我没有颜回那么高尚的情操和对人生有教益的警言警句，便不知道对你们说什么才好。这说明他特别崇拜颜回。

　　曾子后半生主要是教授生徒，传承、弘扬孔子之道。曾子在孔子去世之后，守孝三年。不久，他的父亲去世，又守孝。孝期满了以后，主要以教授生徒、传授孔子之道为己任。他的弟子众多，据说名弟子有十三人之多。《孟子·离娄下》记载，曾子在武城时，越国人打过来，曾子就躲避了。越人退了之后，曾子回来了。有人议论曾子，说他胆子太小了，不够坚毅。他的学生沈犹行为其辩解："昔沈犹有负刍之祸，从先生者七十人，未有与焉。"从这里我们可以看出，曾子弟子已经到了七十多人，确实是弟子众多。清代王定安修的《宗圣志·卷十六》记载，曾子名弟子有十三人，列了许多人的名字，像乐正子、单居离、公明仪、子思、公明高、沈犹行，这些《孟子》里面都提及了。还有公明宣、阳肤、公孟子高、孟仪、檀弓、吴起等人。

　　根据历史记载，曾子可能到过卫国、齐国、晋国、楚国等国。《庄子·让王》记载："曾子居卫，缊袍无表，颜色肿哙，手足胼胝，三日不举火，十年不制衣。"说明曾子曾经在卫国居住了较长时间，而且生活一度艰难。"缊袍"是指以乱麻为絮的袍子。"颜色肿哙"说明皮肤浮肿灰暗，不健康。"手足胼胝"是指手掌脚底因长期劳动摩擦而生出了茧子。三天不生火，十年不制新衣服，说明生活很艰苦。《庄子·让王》说曾子在卫国待了十年，但是没有其他确凿印证的记录，或许只能说曾子在卫国待过。《韩诗外传·卷一》记载："曾子仕于莒……亲没之后，齐迎以相，楚迎以令尹，晋迎以上卿。方是之时，曾子重其身而轻其禄。"我们可以理解为，齐国、楚国、晋国曾用非常丰厚的高官厚禄吸引他去，但是曾子似乎没去。因为只有这一段话，不好确定真实性。这三个国都是大国，都让曾子担任最高的官职。但"曾子重其身而轻其禄"，不想要这么优厚的待遇，所以估计曾子没去这三国任职。也有人考订，说可能去过，但是待的时间不长。曾子为什么不去？我个人理解是，曾子是个立志传播孔子之道、弘扬儒学，并将其作为终生大任的人，不愿再去混迹官场。这同时说明，曾子是一个非常有志向的人。所以从这个角度看，曾子在面对这些大国的聘任的时候，应该是断然拒绝，仍然教授生徒，传播孔子之道。这样理解比较合理。但《韩诗外传·卷七》记载曾子一段话："既没之后，吾尝南游于楚，得尊官焉，堂高九仞，榱题三围，转毂百乘，犹北乡而泣涕者，非为贱也，悲不逮吾亲也。"意思是，我父母去世之后，我曾经到楚国做了高官，住在高堂大屋之中，有百余辆车供我及护从使用，但是我仍然常常面向北方（家乡）而流泪。为什么？不是因为官职还不够高，而是因为我想孝敬父母，可惜他们已经去世了。这既说明曾子可能曾在楚国做过一小段时间的高官，也反映了曾子对父母的缅怀和孝敬。

另外的记载是，曾子到过楚国陈地和西河。《礼记·檀弓下》记载："子张死，曾子有母之丧，齐衰而往哭之。"这是说他的师兄子张去世的时候，曾子正好在为母亲服丧，但是他仍然前去吊唁子张。当时子张在陈地，曾子不辞辛劳赶去吊唁。《礼记·檀弓上》记载："子夏丧其子而丧其明，曾子吊之。"子夏儿子去世，晚年丧子，非常悲痛，眼睛都失明了。曾子到子夏那里去吊唁，子夏在西河，相当于现在的陕晋交汇之地。说明曾子曾经跋山涉水到过西河这个地方。其他的时间，曾子主要在武城家乡教授学生，传播孔子之道。

随着孔子地位的提升，曾子后代得到历代帝王的赠封。唐高宗时期曾子被赠封官职"太子少保"；唐玄宗时期被赠封为"郕伯"；宋真宗时期被封为"瑕丘侯"；因犯孔子名避讳，到了宋徽宗政和元年（1111年）时，被改封为"武城侯"；在南宋咸淳三年（1267年），又被加封为"郕国公"。根据《周礼》载，爵位有五等，公是第一位的，侯是第二位。可见，曾子后代在宋代就已经被封到很高的爵位了。元代至顺年间，曾子被封为"宗圣"，加封"郕国宗圣公"。明代嘉靖年间改称"宗圣曾子"。近八九百年来，曾子成为孔子大成殿里面四配（颜回、曾子、子思、孟子）之一，享受着供奉。

二、曾子的地位与贡献

程颐说："孔子言参也鲁，然颜子没后，终得圣人之道者，曾子也。"宋代大儒程颐认为，能够真正得圣人之道的，除了颜回就是曾子，这说明曾子在孔子儒学的传承发展中占有很高地位。清朝大学问家崔述在《洙泗考信录》及《洙泗考信余录》中，对孔子及其弟子的事迹进行了系统梳理，逐一考订。崔述认为，"曾子于孔门，年最少而学最纯"。即曾子在孔门中是最年轻、最正宗的传人。后代之所以称其为宗圣，就是从这句话去理解的。他又说："故孔子既殁，后学多宗曾子者。圣道之显，多由子贡；圣道之传，多由曾子。子贡之功在当时，曾子之功在后世。"他将子贡和曾子做了对比，的确，子贡在当时传承孔子之道，弘扬孔子之说，做出了很大的贡献。在所有孔子弟子里面，只有子贡守墓六年。但是，依崔述的评价，子贡的贡献是在当时，曾子的贡献是在后代。曾子对弘扬孔子之道有什么贡献？结合前人的研究成果，我认为可以从以下几个方面来总结：

1. 深刻阐发孔子之道

第一，深悟孔子之道。曾子能够深刻领悟孔子之道，而且是领会最深、最得其要领的弟子。前面我们提及曾子坚守孔子的处世之道，其中很重要的一点就是像孔子那样坚守正道，淡泊名利。孔子周游列国，所到之处大多碰壁，但无论怎样碰壁，不改其志。《论语·述而》记载："子曰：'饭疏食饮水，曲肱而枕之，乐亦在其中矣。不义而富且贵，于我如浮云。'"这是孔子对待人生、对待功名利禄的态度，淡泊名利，安贫乐道。曾子是很好的践行者、坚守者。《孟子·公孙丑下》提到，曾子曰："晋、楚之富，不可及也。彼以其富，我以吾仁；彼以其爵，我以吾义。吾何慊乎哉？"从这里看出，对待高官厚禄、对待仁义的态度，曾子和孔子一样。曾子不仅安贫乐道，而且对淡泊名利充满了自豪与自信。

第二，最能领悟孔子之道的精髓——忠恕之道。《论语·里仁》记载："子曰：'参乎！吾道一以贯之。'曾子曰：'唯。'子出，门人问曰：'何谓也？'曾子曰：'夫子之道，忠恕而已矣。'"曾参将孔子学说概括为"忠恕"二字，显示出曾子对孔子之道领悟最深，最得孔子之道，最得精髓。另外，孔子在《论语》里面提到"仁"字最多，其思想以仁和礼为核心。孔子在《论语》里提到仁109次，提到礼75次，在各种场合都说到仁。孔子的弟子是怎么理解"一以贯之"的孔子之道的呢？我们可以将子贡与曾参做比较。其一，《论语·卫灵公》记载了孔子与子贡的对话。"子曰：'赐也，女以予为多学而识之者与？'对曰：'然。非与？'曰：'非也，予一以贯之。'"即是说，我虽然学了很多，但是我的思想是有一个贯穿始终的核心和主线的，而不单纯是学问的积累。这说明孔子对弟子，包括曾子，强调"吾道一以贯之"，就是在强调自己的思想有一个理论核心。其二，《论语·雍也》中记载了子贡请教孔子的话："如有博施于民而能济众，何如？可谓仁乎？"可见，孔子在对话中，不但告知什么是仁，而且告知怎么才能够行仁。在这里，"己欲立而立人，己欲达而达人"的思想是孔子之道的一个核心，很值得关注。其三，在《论语·卫灵公》中，还有孔子与子贡的一段对话。"子贡问曰：'有一言而可以终身行之者乎？'子曰：'其恕乎！己所不欲，勿施于人。'"

综上所述，在孔子对子贡的谆谆教导及解说中，我们已经看到，孔子之道一以贯之的就是其核心思想仁，而其仁的精髓就是忠恕。所以历代学者多以忠恕来解读孔子仁的思想。所谓忠，就是"己欲立而立人，己欲达人而达人"；所谓恕，就是"己所不欲，勿施于人"。对孔子之道的内涵，孔子对子贡，不仅从多个方面循循善诱，而且为他层层分析，也不乏画龙点睛地一语道破。而对比来看曾子，孔子只是说"吾道一以贯之"，曾子马上就总结出两个字——忠恕。由此看来，最得孔子之道，最领悟孔子之道精髓的，只有曾子。所以，我们从对忠恕的理解上看出，曾子最能够理解孔子之道的精髓，得到孔子之道的真传。

第三，深入地阐释孝道。孔子最重视孝，在《论语》当中大量论述孝。《论语·为政》篇，连续四段话全是说孝的。孔子认为：孝弟，为仁之本。据说，曾子通孝道，孔子因此收他为弟子，而且后人认为是曾子作了《孝经》。也就是说，曾子对孔子孝道是最能阐发又最能落实的人。可以说曾子是阐发孔子孝道的理论家，又是身体力行的实践家。

孔子如何论孝？学生问什么是孝，孔子回答：第一是无违，就是不要违背礼。樊迟问无违是什么意思？孔子说："生，事之以礼；死，葬之以礼，祭之以礼。"这是孔子对实践孝行的理解。"今之孝者，是谓能养。至于犬马，皆能有养。不敬，何以别乎？"这是孔子对孝的一种解释。孔子论孝的地方很多，我们就不一一论述了。在这里，我们总结一下曾子是如何传承、发展孔子的孝道的。主要有两个方面：第一方面是曾子论孝与孔子有相通之处。《孟子·滕文公上》记载孟子说过这样一段话："亲丧固所自尽也。曾子曰：'生，事之以礼；死，葬之以礼，祭之以礼，可谓孝矣。'"这话和上面孔子的话是一致的，说明曾子时时牢记孔子关于孝道的教诲。第二方面是曾子创新发展了孔子的孝论。曾子认为，孝对社会有重大影响："慎终追远，民德归厚矣。"什么叫慎终追远？朱熹解释说："慎终者，丧尽其礼。追远者，祭尽其诚。""盖终者，人之所易忽也，而能谨之。远者，人之所易忘也，而能追之……下民化之，则其德亦归于厚也。"通过朱熹的解释可以看出，曾子不但深刻领悟孔子的孝道，而且对孔子的孝道理论有发展。

2. 曾子是孔子之道的忠实践行者

第一，曾子以行仁道为己任。《论语·泰伯》中，曾子说："士不可以不弘毅，任重而道远。仁以为己任，不亦重乎？死而后已，不亦远乎？"曾子把传承、推行孔子的学说，作为重大的历史责任和长久的人生奋斗目标。所以，必须有一种高远坚定的毅力才能做到。"仁以为己任"，以弘扬孔子的仁道作为自己一生承担的使命和重任，难道这个任务不重吗？这个任务一直奋斗到死才能结束，难道不远吗？从这里可以看出，曾子将弘扬孔子之道作为自己的终生奋斗目标，做到了死而后已。

第二，曾子践行孔子孝道。试举几例，说明曾子如何对待父母。《孟子·离娄上》记载："曾子养曾皙，必有酒肉。"依今天的理解是，用最丰盛的物质奉养父亲。"将彻，必请所与"，先请父母吃完，将撤饭菜的时候，必请问一下给谁。这是"生，事之以礼"。"问有余，必曰有。"意思是，曾皙要是问曾子，你把饭送给我吃了，还有吗？他必然回答说：有。为什么必然回答说有，这是不让父母担心。孟子赞扬说："若曾子，则可谓养志也。事亲若曾子者，可也。"孟子认为，像曾子这样赡养父母，不但是在衣食奉养上满足父母的物质需求，而且是从精神上使父母心情愉快。如果孝敬父母像曾子这样，那就是最好的了。《礼记·檀弓上》还记载：曾子"执亲之丧也，水浆不入于口者七日"。父母去世之后，曾子七天不吃不喝，这是一种极度的悲痛。《孟子·尽心下》记载"曾皙嗜羊枣，而曾子不忍食羊枣"，是说曾子的父亲曾皙爱吃羊枣，父亲去世后，曾子只要看到羊枣就想起父亲，不忍心去吃父亲曾经爱吃的羊枣。这也可以看出，曾子时时在追思和怀念父母。可以说，无论是生前，还是葬礼，抑或是死后，曾子都是践行孔子孝道的典范。

第三，曾子是践行孔子修身之道的典范。孔子非常强调自省修身。《论语·里仁》载："见贤思齐焉，见不贤而内自省也。"当我们看到优秀的人时，就想像他一样；当遇见不好的人时，自己就反省是不是跟他一样，要引以为戒。曾子善于自我反省。《论语·学而》载："曾子曰：'吾日三省吾身：为人谋而不忠乎？与朋友交而不信乎？传不习乎？'"在《论语·述而》中有"子以四教：文、行、忠、信"的记载。忠和信，是孔子最重视的两种品质之一。《论语·学而》第一篇就是，"学而时习之，不亦说乎"，学习了应该经常温习。曾子每天反省三遍，就是反省孔子教导弟子时最关心的三个问题：一是忠，这是孔子思想的核心；二是信，与朋友相交是不是诚信；三是，学习了孔子的思想，是不是经常温习。曾子在修身上也忠实地践行了孔子之道。

3. 倾力传承孔子之道

第一，曾子与门人编纂《论语》之说。《论语》是记载孔子言行最主要的著作，我们研究孔子、传承孔子的学说，最主要的依据是《论语》。那么《论语》是怎么编纂的？《汉书·艺文志》记载："《论语》者，孔子应答弟子时人及弟子相与言而接闻于夫子之语也。当时弟子各有所记。夫子既卒，门人相与辑而论纂，故谓之论语。"这里有三个方面说得很清楚：一是《论语》记载的大都是孔子应答弟子的话，或是他自己教导弟子的话，是最权威的孔子言论；二是当时的人，还有他的弟子，听到孔子的话，就"各有所记"地留存下来；三是孔子死了之后，弟子们将各自记录的内容梳理整理起来，最终编纂成了《论语》这本书。所以，《论语》看起来不是很系统，好像随意的问答或记录，这与它编纂的过程有关系。虽说是以弟子们为主来编纂的，但细细追究有疑问：孔门弟子众多，由谁来主持编纂？后人对此多有探讨。

唐代柳宗元在《论语辩二篇》中认为，《论语》"载弟子必以字，独曾子、有子不然，由是言之，弟子之号之也"，"是书记曾子之死，则去孔子也远矣"，又说"卒成其书者，曾氏之徒也"。柳宗元的考证、推理是有道理的。他认为，在《论语》里面，凡是提到的弟子，都是提他的字，例如：提到仲由，都是称子路。但是提到曾子、有子时，却在里面称"曾子""有子"，称他们为"子"无疑是尊称。这说明《论语》有可能是以曾子的弟子和有子的弟子为主来编纂的。当编纂者提到自己老师的时候，就称为"子"了。柳宗元甚至认为，最后编成这本书的是曾子的弟子。朱熹在《四书章句集注·论语序说》里引用程颐的话说："论语之书，成于有子曾子之门人，故其书独二子以子称。"这说明，在宋代大儒程颢、程颐、朱熹看来，柳宗元的结论是可信的。

清代学者崔述《洙泗考信余录》载："《论语》于曾子不字之

而子之，所记曾子言行亦多，疑皆曾子门人所记。盖曾子于孔门，年最少而学最纯，故孔子即殁，后学多宗曾子者。"这里有一句话，"于曾子不字之而子之"，"不字之"，就是不以他的字来称他，而是称他为"子"，这和唐、宋大儒的意见是一致的。但崔述的考证更进了一步：一是《论语》里面记曾子的言行特别多，所以崔述怀疑这本书是曾子的门人编的，这从情理上是很符合的；二是曾子在孔子的弟子中年龄最小，学得最好，而且他很长寿，所以孔子去世之后，孔子的再传弟子大多拜在曾子门下，成了曾子的学生，"多宗曾子"。我们统计一下，《论语》里面记曾子的有十三章，记子夏的有十一章，记子游的有五章，记有子和子贡的各四章。前面柳宗元说可能是曾子和有子他们两家的弟子编的，但有子在《论语》中才记了四章。从这个角度看，《论语》应该是曾子的门人而不是有子的门人编纂的。由前面所说"门人相与辑而论纂"可推断：曾子和他的弟子编纂《论语》的可能性非常大。但是，《论语》里面又记载曾子死，而且记载"曾子曰"，如果只是曾子编纂的话，他不好自己称自己为"子"。

所以，我们可以得出结论：曾子及其门人是《论语》的主要编纂者。据《汉书·艺文志》所谓"《论语》者，孔子应答弟子时人及弟子相与言而接闻于夫子之语也。当时弟子各有所记"，我们可以推信，提供资料的主要是曾子，或者是曾子搜集、保存了其他弟子的材料，最后整理编纂成书的应该是曾子的弟子，或者包括"多宗曾子"的那些弟子和后学。如果这样说的话，曾子对孔子和儒学的贡献确实是太大了。如果没有曾子和曾子的弟子，我们今天就读不到《论语》，或者不可能传承下来这个版本的《论语》。因此，我们总结，曾子传孔子之道，首先是主持编纂了《论语》。对这个问题，学术界还没有作为定论，但我认为曾子对《论语》的编纂贡献最大，这是无可置疑的。

第二，曾子是孔、孟之间儒学的主要传承者。韩愈认为："孟轲师子思，子思之学，盖出曾子。"（《送王秀才序》）程颐也认为："孔子没，曾子之道日益光大。孔子没，传孔子之道者，曾子而已。曾子传之子思，子思传之孟子，孟子死，不得其传，至孟子而圣人之道益尊。"（《二程集·河南程氏遗书》卷二十五）先秦儒学的传承大略如下：孔子传给曾子，曾子传给子思，子思传给孟子。子思作《中庸》，曾子作《大学》，加上《论语》和《孟子》，构成所谓中国人的"圣经"。

我们对前面的讲解做简单总结：曾子是孔子之道的主要传承人。从曾子的生平业绩看，其一，曾子是孔子晚年弟子，又是长寿之人，这应该是传承孔子之道的先天条件。其二，《史记·儒林列传》记载："自孔子卒后，七十子之徒散游诸侯，大者为师傅卿相，小者友教士大夫，或隐而不见。"意思是孔子死后，七十二弟子大部分散游各地。根据记载，只有曾子一生主要生活在鲁国，一生在这里传播孔子之道，以传承孔子之道为己任，而且曾子又重仁德，行孝道，对孔子之道最得要旨，领悟最深，践行最得力。所以，我们可以认为，曾子确实是孔、孟之间最重要的儒学传人。其三，曾子是《论语》的主要编纂人。曾子和他的弟子是《论语》主要的资料收集者和编纂者，这个贡献非常大。其四，曾子是子思的老师，子思是思孟学派的主要奠基人。曾子是否直接授业于子思，这个问题由于缺乏文献记载历来有争议，但是作为子思门人之徒的孟子，他距离曾子去世只有六十年左右，他的记载应该是最可信的。《孟子·离娄下》记载："曾子、子思同道。曾子，师也，父兄也；子思，臣也，微也。曾子、子思易地则皆然。"孟子认为曾子是子思的老师，这是非常重要的依据，他的记载应该最早、最可靠。而且从孟子来看，孟子是子思门人的学生，又推崇曾子，可见曾子是老师的老师。《孟子》文本中，共有二十二处说到曾子，而提到孔子其他弟子和门人的次数是：子贡七次，颜回七次，子路六次，子夏三次，子张两次，子游两次。这可以间接说明曾子对孟子的巨大影响。所以也可以这样说，在孔子到孟子之间，曾子是最主要的儒学传承者，他在儒学发展史上的地位是无人能够替代的。

三、曾子的著述与《大学》

《汉书·艺文志》记载，《曾子》十八篇。《大戴礼记》是西汉中期戴德编著的礼制著作，原有八十五篇，现仅存三十九篇，其中有十篇是记载曾子的事迹。这十篇都列了题目，我们称之为《曾子》十篇，主要是记载曾子的言行。学术界大多承认《大戴礼记》中《曾子》十篇，是由曾子的弟子或后学所记载的曾子的一些言行。从另一个角度，我们可以这样说，《大戴礼记》中的《曾子》十篇，也可以算作曾子的著作，这样就更契合曾子作为"宗圣"对儒学做的贡献。此外，《礼记》中记载曾子言行的其他著作还有《大学》《中庸》《檀弓上》《檀弓下》《曾子问》。历史上考订，曾子的著作主要有这些。

先来谈一下曾子与《孝经》的问题。曾子与《孝经》是一个大问题，《孝经》曾经列入"十三经"，是对后代影响巨大的经典著作之一。《孝经》作者问题，历来争议很大，质疑也很多。主要说法有如下几种：司马迁在《史记·仲尼弟子列传》中说："曾参……作《孝经》。"班固在《汉书·艺文志》中却说："《孝经》者，孔子为曾子陈孝道也。"他认为《孝经》是孔子对曾子讲孝道的讲话记录，也就是说，《孝经》是孔子的著作。宋代大儒朱熹在《朱子语类》中甚至认为，《孝经》里面抄《左传》的话太多，不像曾子之作。宋代王应麟在《汉艺文志考证》中提到，"详其文义，当是曾子弟子所为书"，认为《孝经》是曾子弟子所作。清代姚际恒甚至说："是书来历出于汉儒，不惟非孔子作，并非周秦之言也。"他认为《孝经》不是孔子作的，是汉代人所作，对《孝经》提出了完全的质疑。另外，《孝经》里有"仲尼居，曾子侍"这样的话。直呼孔子之名，又直接称自己为曾子，可知，今本所见《孝经》不是曾子的著作。

如何认识曾子和《孝经》的关系？首先，曾子在孔门中以孝闻名，他论孝讲得最多，他践行孝做得最好，在孔门弟子当中最有资格、最有思想来写《孝经》的，应该非曾子莫属。司马迁说曾子作《孝经》应该是有依据的。其次，现在看到的《孝经》，的确又不像是曾子所作，有很多值得怀疑的地方。历史上有人提出来一个观点：汉代司马迁所见到的《孝经》和我们今天看到的《孝经》可能不是一个本子，或者说后人修改了《孝经》，添了一些话，所以里面加了"仲尼""曾子"之类的话语。再者，今本《孝经》主要是宣扬曾子传孝道的一些言论、行动。这样来看，《孝经》中曾子居传道的主导地位，《孝经》的思想跟曾子是契合的。所以我们认为，很有可能是曾子曾经编写过《孝经》，汉代曾子的后学，或者他的弟子的再传弟子及曾学传人，又围绕曾子的言行编纂而成了如今我们看到的《孝经》。所以，从原则上来讲曾子编《孝经》也是可以的。

再论曾子与《大学》。《大学》实际上是《礼记》中的一篇，而且是比较短的一篇，全篇一共1546字。《礼记》不是一个人所写，出于多人之手。《礼记》里面收的那些文献著作，又是多种文献的杂合，所以《礼记》本身就是文章汇编。梁启超将《礼记》篇章分为五类：一是通论礼仪、政治、哲学的论文，二是解释《仪礼》之作，三是记载孔子和孔门弟子言行、杂事的文章，四是考辨古代制度、礼节之作，五是一些格言名句。《礼记》是怎么编的？汉代的时候，传承《仪礼》的主要有两个人：一个叫戴德，另一个是戴德的侄子戴圣，他们叔侄两个都来解说"五经"之一的《仪礼》。各人解说篇章不一样，戴德讲的叫《大戴礼记》，戴圣解说的叫《小戴礼记》。这个书传到东汉末年，大经学家郑玄来做注解的时候，感觉《小戴礼记》解释得比较好，他就对《小戴礼记》做了详细的注释，《小戴礼记》传下来了，就是我们今天看到的"十三经"的《礼记》。《大戴礼记》原来的八十五篇中传至后世的有三十九篇。所以《礼记》有两种：《大戴礼记》和《小戴礼记》，《小戴礼记》即今日所见之《礼记》。

在《礼记》里面有两个重要的篇章，一篇是《大学》，另一篇是《中庸》。戴德、戴圣都没说它们是怎么来的，而且《礼记》是收集前代人的著作——就像今天把前朝人的一些著作用一个论文集全部收集起来那样，根本不知道作者是谁。《汉书·艺文志》里面，也没记载作者是谁。《隋书·经籍志》《旧唐书·经籍志》《新唐书·艺文志》，都没有著录作者是谁。当然，《礼记》的作者是谁，在唐代以前就是个悬案，《大学》的作者是谁没人提，也没有记载。唐宋以后，特别是宋代以后，《大学》《中庸》被单从《礼记》当中选出来，跟《论语》《孟子》合在一起成为"四书"，而且成为当时的教科书。用我们今天的话说，它们当时被视为中国人的"圣经"，人人都读，入学就读。作者是谁？众说纷纭。

关于《大学》的作者有多种说法。第一种，汉儒及戴圣合编说。既然《小戴礼记》是戴圣所注，那么《大学》可能是汉代的儒家学者和戴圣在编《礼记》的时候合作编的。第二种，徐复观的秦儒说。徐氏认为，《大学》不是汉代人写的，是秦代的儒生写的，即秦始皇统一六国以后由秦代的儒生所写。第三种，战国后期儒家编写说。清代崔述根据文体认为，《大学》应该是战国后期的文字。第四种，唐君毅认为《大学》是先秦七十子后学编写的。第五种，孔子的著作。第六种，汉初大儒叔孙通写的，等等。还有说是曾门弟子写的。总的来讲，《大学》的作者是谁，众说纷纭，争议非常大。

我们今天怎么看？我们还是取朱熹的说法。这也是比较通行的、大部分人认同的说法：《大学》的作者是曾子。我们刚才已经讲了，《中庸》是子思所作，那么曾子最有资格来写《大学》。为什么呢？朱熹认为，《大学》虽然不长，但是分为经和传。开端一篇是经，那是孔子说的；后面的解释，那十章是曾子说的，所以主要的著作权属于曾子。朱熹在《大学章句集注·序》中说：孔子"独取先王之法，诵而传之以诏后世。……三千之徒，盖莫不闻其说，而曾氏之传独得其宗，于是作为传义，以发其意"。这段话很重要，说经的部分是孔子从尧、舜、禹、汤、文、武、周公这些先王的学说中总结的理论，孔子给弟子们讲诵，以传到后代，三千弟子没有不听孔子讲的。但曾子是最理解孔子思想真谛的人，于是曾子替孔子做解说，来阐发孔子的意思，所以说《大学》有孔经曾传之分。这是最合理的解释。但朱熹在首章末尾加上注释："右经一章，盖孔子之言，而曾子述之。凡二百五字。其传十章，则曾子之意而门人记之也。"意思是孔子讲经，曾子来记载转述。其传十章，则是曾子解说，而门人记录，成了《大学》篇章。这可以概括成：经，孔子之言、曾子述之；传，曾子之意、门人记之。这样比较合乎实际。所以《大学》一书应该主要是曾子的著作。

从儒学史角度看，"四书"是和先秦儒家道统谱系的传承对应的。由《论语》到《大学》，再由《中庸》到《孟子》；从至圣到亚圣，这个传承体系就是：从孔子传至曾子，曾子传至子思，子思传至孟子，完整地形成了一个传承体系。我们对"四书"的解说，对先秦时期儒家学说的传承和整个体系的形成，也就有了一个架构。近几十年来，有好多学者通过帛简竹简的解说，来证明子思的老师就是曾子，这个关系也越来越清晰。我们可以这样说，"四书"不是偶然形成的，而是先秦时期儒家传承体系当中的正宗传人——孔子、曾子、子思、孟子四大圣人的智慧结晶。

（根据2019年孟子研究院"孟子大讲堂"讲座稿整理）

子思其人与《中庸》

　　本文主要从以下三个方面来探讨子思与《中庸》的关系：孔子与子思——关于子思其人、其学与其事；子思与孟子——关于思孟学派；子思的著述与《中庸》。在讲子思与《中庸》之前，先做一个总体的说明。

　　第一，子思与《中庸》的研究是中国儒学史上最重要的内容之一，是一个研究重点。之所以说子思与《中庸》的研究是一个重点，有这样三点原因：其一，子思其人重要。子思是孔子的嫡孙，是已知儒家历史人物中与孔子血缘最近、对孔子的学说贡献巨大的孔氏家族第一人。子思是一个大学者，又是孔子的孙子，在孔子研究、儒学研究方面，是一个应该重点关注的人物。其二，子思的研究在整个先秦儒学研究中是重点之一。按照唐代儒学家韩愈的道统说，中国文化的传承有一个谱系：由尧传至舜，舜传至禹，禹传至汤，汤传至文、武、周公，文、武、周公传至孔子，孔子传至孟子，孟子死了以后，道统中断。在这个谱系中，由孔子到孟子，这一段是最重要的历史阶段。而孔子到孟子有一百多年的历史。在这一百多年当中，儒学的发展，孔子思想的传承、发展和弘扬是什么状况？这是儒学研究的一个重要环节。这期间，虽然孔子有三千弟子、七十二达人，而且这期间"儒分为八"，儒学分成了好多个流派，但从孔子到孟子之间是儒学发展的一个低潮。《史记·儒林列传》载："天下并争于战国，儒学既绌焉。"各个国家都忙于打仗，儒学就被扔在一边，没有人再去宣传和弘扬了。《文心雕龙·时序》提及："春秋以后，角战英雄，六经泥蟠，百家飙骇。"当时主要靠战争来决定胜负。孔子编订的"六经"就像是泥鳅在污泥中被贬低，而甚嚣尘上的是其他各学派。这说明从孔子到孟子这一百来年，儒学发展实际上经历了一个低潮。虽然孟子高举起了儒学的大旗，大力弘扬孔子的学说，儒学又兴盛起来，但孔子到孟子这一百年之间的传承、发展，却是不寻常而又很重要的。从整个先秦儒学发展史看，在这一百年当中，子思是一个极重要的儒学大师，他上承孔子，下启孟子，发挥了非常重要的作用。其三，宋代以后，"四书"成为影响最大、传播最广、最受重视的儒家经典，被现在的人们称为中国人的"圣经"。在"四书"里面，《中庸》虽然只有三千多字，却一直被作为经典文本，从宋代以来的一千余年，一直是历代研究、传播、阐释的重点。

第二，子思和《中庸》的研究是一个难点。一是真正的资料较少。先秦的儒学大师里面，孔子有《史记·孔子世家》，孟子与荀子有《史记·孟子荀卿列传》。孔、孟、荀在《史记》里面都有专设的世家或列传，但没有子思的相关传记和记载。此外，先秦其他著作里面关于子思的记载也比较少。《孟子》里面虽然有五条，但只记载了比较简单的几个史实。所以整体来看，记载子思事迹的文献很少。二是有关子思的传世材料，向来多被称为"伪书"。记载子思著作相对比较多的是《孔丛子》，但《孔丛子》这本书既不是先秦时期所写，也不是两汉时期所写，而是三国魏晋时期形成的。所以这本书向来被学者认为是一本伪书。因此，书中所记载的子思的事情，可信度就值得商榷。近年来，经过考古发现的与《孔丛子》相关的简帛文本，对照《孔丛子》这本书来看，《孔丛子》里面记载的一些史实，特别是孔子和子思的，还是比较合乎历史事实的。因此，《孔丛子》里面的资料是可以用的，但是可用的材料不是很多，且需要分析。后代学者，特别是20世纪以来的学者研究认为，《孔丛子》这本书应该是出自孔氏的后人，是孔子魏晋时期的子孙，他们把祖先的一些历史事实搜集起来编成《孔丛子》，记载了从孔子到孔鲋这一段孔氏家族的史实和故事。从这样一个角度来讲，关于子思的历史文献资料少，研究起来就是一个难点，但又是儒学研究的一个重点。因为它是个重点，大家关注得自然就比较多，又因为材料少，所以争议就比较大。

第三，近几十年来的考古挖掘成果使得子思的研究出现了突破性的新进展，主要集中在郭店楚墓竹简的发现。20世纪90年代，在湖北荆门市郭店楚墓中出土了一批战国中、后期竹简，其中有十四篇为儒家著作。国内外研究郭店竹简的学者基本一致的意见是：郭店竹简中的这些儒学竹简，都与子思有或多或少的关联，是研究子思和思孟学派的新发现、新材料、新突破。在相当长一段时间之内，子思的研究成了一个热点。郭店竹简的出土，虽然为我们研究子思提供了新的甚至是重要的资料，从一定程度上推动了子思和思孟学派研究的深入，但是，这些资料也是散碎的，许多问题在学术上仍存在较大争议。

由于以上原因，今天来讲子思与《中庸》的相关问题，大致可以说，关于子思和《中庸》的任何一个问题都是有争议的。因此，我们要了解历史上对子思和《中庸》有关问题的看法和评价，就必须对目前子思研究中的不同意见和观点做较全面的介绍。

一、由孔子到子思——子思其人、其学与其事

1. 关于子思的生卒年

子思的生卒年，事关一系列子思研究乃至先秦儒学研究的重要问题。如子思与孔子的关系；子思与曾子及孔子弟子的关系；子思与思孟学派的形成，以及子思与孟子的关系等。然而子思的生卒年，却是子思研究中争议最大的问题之一。如何确立子思的生卒年？有两个很重要的材料作为依据，但是这两个材料之间又有相互矛盾的地方，所以备受争议。一条材料是确定子思生于孔子去世之前。《史记·孔子世家》记载："孔子生鲤，字伯鱼。伯鱼年五十，先孔子死。伯鱼生伋，字子思，年六十二。"子思之父孔鲤，先孔子而死，则子思自当生于孔子在世之时了。第二条材料是，子思是跟鲁缪公有交往的一个人。《孟子·万章下》等篇有关于缪公与子思交往的记载："缪公之于子思也，亟问，亟馈鼎肉。子思不悦。"《汉书·艺文志》也记载，子思"名伋，孔子孙，为鲁缪公师"。这样，两种比较可信的记载，却生出一些有争议的问题。

第一个矛盾是：孔子去世是在公元前479年，历史上已有定论。可以推断子思一定是生于公元前480年以前。子思跟鲁缪公有交往，说明他一定在鲁缪公在世的时候还活着。根据比较权威的杨宽的《战国史料编年辑证》整理的鲁国在位国君年表，鲁缪公在位三十三年，是从公元前415年到公元前383年。如此推断，子思至少是生于公元前480年以前，死于公元前415年之后。那么，至少应是活了六十六岁。《史记》上却说"年六十二"。就

这么两个时间点的界定，使子思的生卒及年寿难确定。

第二个矛盾是：《论语·先进》记载，颜渊死后，由于家里很穷，颜渊的父亲颜路请求用孔子的车子来做棺材的外椁（古时棺材用木做两层，里面一层叫棺，外面一层叫椁）。孔子回应说："才不才，亦各言其子也。鲤也死，有棺而无椁。"这里面透露出一个信息，就是颜渊死的时候，孔鲤已死。子思是生在颜渊去世之前。那么，根据历史记载：颜渊、孔鲤去世时，孔子的年龄是多少呢？相关文献记载是矛盾的。《史记·仲尼弟子列传》记载："回年二十九，发尽白，蚤死。"而《孔子家语》记载："颜回，鲁人，字子渊，少孔子三十岁。"即颜渊去世时孔子五十九岁。而《孔子家语》记载"孔子二十岁生伯鱼"，前引《史记》所载，孔鲤五十岁去世，这样推断，孔鲤死的时候孔子是七十岁。而据前考订，孔鲤去世在颜渊以前。因而，如果将文献资料的记载对比印证，有很多内容存在矛盾之处。

钱穆先生的《先秦诸子系年》有专篇《孔鲤颜回卒年考》，对孔鲤和颜回去世的年份有专门的考订，意图澄清迷雾，给出一个较为合理的答案。他曾引了《史记》里面的记载，也引了《孔子家语》的记载。《孔子家语》记载颜回比孔子小三十岁，"年二十九而发白，三十一早死"。如果这样算的话，颜回死的时候，孔子是六十一岁。根据上面的记载，孔鲤又死在颜回之前，那子思应该出生在孔子六十一岁之前。果如钱穆所考，到孔子去世的时候子思应该大于十二岁。钱穆又有《先秦诸子系年·子思生卒考》，在前考基础上，提出：子思至迟亦在公元前483年出生，死于公元前402年，活了八十二岁。钱穆认为《史记》说子思年六十二岁，"或谓六十二乃八十二之误"。另外，著名历史学家蒋伯潜在《诸子通考》里面提出了这样的推断：孔鲤和颜回是在同一年（公元前495年）去世，子思也在这一年出生，甚至说子思是个"遗腹子"。按他的说法，子思应该活了九十二岁。孔子去世时，子思已十七岁。孔德立教授曾有《〈孔丛子〉与子思生年问题》一文，提出"子思当生于公元前491年，卒于公元前400年，终年九十二岁"。

对于子思的生卒年，学界比较通行的是采用钱穆先生的说法，因为钱穆在这个问题上考订比较扎实。即子思生于公元前483年，死于公元前402年，活了八十二岁，孔子去世的时候子思四岁。依这个时间来探究子思与孔子的关系，现在看却不是太恰当，好多记载与之矛盾。如果按照蒋伯潜先生的考证，子思活到九十二岁，孔子去世时，子思十七岁，就比较好解释后面的事情。

2. 幼承祖训

幼承祖训，是子思年幼的时候曾经亲自受到祖父孔子的直接教育。这对子思成为一个儒学大师是至关重要的。关于这方面的文献记载主要有两条，都来自《孔丛子》。关于《孔丛子》一书，前面已经做了介绍。第一条原文如下：

> 夫子闲居，喟然而叹。子思再拜请曰："意子孙不修，将忝祖乎？羡尧舜之道，恨不及乎？"夫子曰："尔孺子，安知吾志。"子思对曰："伋于进膳，亟闻夫子之教：'其父析薪，其子弗克负荷，是谓不肖。'伋每思之，所以大恐而不懈也。"夫子忻然笑曰："然乎？吾无忧矣。世不废业，其克昌乎！"（《孔丛子·记问》）

《孔丛子》记载的这段精彩对话，透露出孔子对子思的期望、教育与影响：一是，孔子曾经借吃饭或相聚的机会对子思进行道德传承教育，让子思做一个有出息的孝子；二是，子思对祖父的教诲时时牢记在心，并努力践行之；三是，祖孙的对话反映出孔子对子思的厚望和期许。此外，在《孔丛子》的篇章中还有几篇是记载子思请教孔子的。一则是，子思问孔子，为人国君不知道任贤的好处，因而不能任用贤人是什么原因？孔子说，这些国君不是不想用贤人，是那些负责的官员不能正确地识别人才，以至于赞扬国君的就得到提拔，批评国君的就受到处罚。这样一来，德才兼备的就很难提拔起来了。这一则可以看作是子思请教孔子有关治国道理的。另一则是，子思问他的祖父，世界万事万物非常复杂，有真有假，如果必须辨别的话，从哪里着手呢？孔子说，应该从你的心里。自己内心所具有的精、气、神（用我们今天的话说就是世界观、价值观、人生观）是最高标准。从你内心这样一种判断标准来推究万事万物的事理，就不会被事物的表象所疑惑，只要全面进行考察后做出判断，什么事情都不难。

我们从这几则故事可以总结出，孔子对子思进行了多方面的教育。大致说来，一是立志教育，二是政治素质方面的培养和教育，三是对社会事物的认识，也就是认识论方面的教育。从这几个方面来讲，子思在幼年时期得到了孔子较全面的培养和教育。这是子思成为儒学大师得天独厚的条件。

3. 师承曾子

子思除直接受益于祖父孔子的教导外，他是如何成长的？这在关于子思生平的研究中是一个重要问题。其中，有一个史实是不可忽视的，据《史记·孔子世家》记载，孔子去世以后"鲁城北泗上，弟子皆服三年。三年心丧毕，相诀而去，则哭，各复尽哀；或复留。唯子贡庐于冢上，凡六年，然后去。弟子及鲁人往从冢而家者百有余室，因命曰孔里"。这说明，虽然子思年少，父、祖皆殁，但孔子的众多弟子尚在曲阜，少则三年，子贡六年，也有部分弟子一直守冢未曾离去。所以，我们可以想见，孔子众多弟子从不同的方面，对子思的成长产生了教育、熏染、培养的作用。所以说，子思对孔子思想的学习、理解、传承，较他人有更直接、更优越的环境和条件，这是他成长为儒学大师的重要因素之一。

刘向《说苑·建本》记载子思之言："学所以益才也，砺所以致刃也，吾尝幽处而深思，不若学之速；吾尝跂而望，不若登高之博见。"而在《子思子》中，还有子思对其儿子孔白（字子上）的一段说教："先人有训焉，学必由圣，所以致其材也；砺必由砥，所以致其刃也。故夫子之教，必始于《诗》《书》而终于《礼》《乐》，杂说不与焉。"这充分说明，子思自幼接受孔子的教育，深谙儒家学习之道，心无旁骛，专注于"五经"典籍的学习，不仅是个好学者，还是一个善学者。

当然，在继承孔子遗志培养子思的孔子众多弟子中，有一位或受孔子之托，或得众弟子之荐，对子思培养尽力最大，为子思之师者，也是完全可能的。由此产生了子思与曾子的关系——子思是曾子的学生。这历来是一个有争议的问题。

其一，子思师从曾子。按照唐宋以来学界的一般说法，先秦儒学的传承体系是由孔子传于曾子，曾子传于子思，子思传于孟子，即子思是曾子的学生。最早提出子思师从曾子的是韩愈。他在《送王秀才序》一文中说："孟轲师子思，子思之学，盖出曾子。"意即子思之学渊源于曾子。宋代程颐、程颢则进一步将韩愈之说系统化，提出："孔子没，传孔子之道者，曾子而已。曾子传之子思，子思传之孟子，孟子死，不得其传，至孟子而圣人之道益尊。"二程明确指出，孔子去世之后，其学说的主要传承人就是曾子，曾子传给子思，子思传给孟子。孟子死了以后就不得其传了。所以说，到了孟子，以孔孟之道为主体的圣人之道就更加尊贵，更加受尊崇了。这是宋代二程的解说。宋代大儒朱熹也曾经说过，曾子"虽是做功夫处比颜子觉粗，然缘他资质刚毅，先自把捉得定，故得卒传夫子之道，后来有子思、孟子，其传亦永远"。朱熹以颜子做比较，肯定曾子是最终得孔子思想真传的人，从而肯定了孔子之孙子思是师从曾子的。从这里可以看出，虽然历史记载并不多，但是从唐代韩愈到宋代的大儒都肯定这样一个传承谱系：孔子到曾子，曾子到子思，子思到孟子。

曾子对孔子思想传承的贡献之大，在《论语》中是有记载的。一是《论语》中记载过曾子的达十三章之多，《论语》里面记载曾子的谈话、语录也较其他弟子为多。二是从思想传承看，曾子对孔子思想是理解最到位、阐扬最深刻的。可以从几点来分析：第一点，曾子很可能是编纂《论语》的主持人之一。宋儒对此也有论说："程子曰：'论语之书，成于有子曾子之门人，故其书独二子以子称。'"[①]证据虽单薄，但也是有道理和可能的。第二点，曾子最理解孔子思想的核心和精髓。《论语·里仁》载："子曰：'参乎！吾道一以贯之。'曾子曰：'唯。'子出，门人问曰：'何谓也？'曾子曰：'夫子之道，忠恕而已矣。'"可见，曾子对一以贯之的孔子之道的理解是最深刻又最坚实的。第三点，曾子以传承弘扬孔子仁的核心思想为终生大任。《论语·泰伯》载曾子曰："士不可以不弘毅，任重而道远。仁以为己

---

① 朱熹：《四书章句集注·论语序说》，中华书局，1983。

任，不亦重乎？死而后已，不亦远乎？"第四点，孔子之道最讲修身，而曾子是最能将夫子之道落实到行动上的门生之一。《论语·学而》载曾子曰"吾日三省吾身"，就是最明显的例子。另外，曾子也是传承、实践孝道的典范，弘扬孔子为政以德、为政以民的典范。因此，韩愈和宋儒认为孔子之道传之曾子的确是有依据的。

子思接受曾子的师承教育，成为孔子之道的正宗传人之一，这种说法可以给子思的生平、业绩和历史定位一个更合理的解释。那么，除了宋儒之说，还有没有其他文献可以佐证这种说法呢？我认为，至少有两条记载可以佐证。第一，《礼记·檀弓上》记载，曾子曾经对子思说："伋！吾执亲之丧也，水浆不入于口者七日。"子思曰："先王之制礼也，过之者俯而就之，不至焉者跂而及之。故君子执亲之丧也，水浆不入于口者三日，杖而后能起。"在这段对话中，曾子称子思是直呼其名"伋"，没有客气称呼，这说明曾子以师长的口气教育过子思。这里记载的是曾子与子思师生之间教学相长的例子，各言其志，与《论语》中记载的孔子及其弟子的对话相似。第二，在《孔丛子·居卫》中有这样的记载："曾子谓子思曰：'昔者吾从夫子游于诸侯，夫子未尝失人臣之礼，而犹圣道不行。今吾观子有傲世主之心，无乃不容乎？'子思曰：'时移世异，各有宜也……伋于此时不自高，人将下吾；不自贵，人将贱吾。'"在这番对话中，我们也能看出曾子与子思师生关系的端倪：曾子以孔夫子如何处理君臣关系来教育子思，显示出师长对弟子行为方式的关注、关心和忧虑，而方式又是直接提出批评，体现出师生关系的亲密。

其二，在历代学者中，也有说曾子与子思不是师生关系的，质疑师生关系者不乏其人。有几种情况：一是否认传孔子之道者是曾子。南宋时期的叶适在《习学记言》卷十三中提出，"以为曾子自传其所得之道则可，以为得孔子之道而传之不可也"。他认为曾子的主体思想跟孔子的主体思想并不相合，曾子是自传其道，真正得孔子真传的不是曾子。他认为宋儒关于道统的说法并不正确。二是认为子思师从他人，否定师从曾子。康有为在《孟子微·序》中认为："子游受孔子大同之道，传之子思，而孟子受业于子思之门。"康氏提出，子思的老师不是曾子，而是子游。三是既质疑道统说的孔子传之曾子，又质疑道统说的曾子传之子思。20世纪以来，特别是清末民初的学者，像章太炎先生、钱基博先生等都质疑曾子为孔子的正宗传人，从而否定曾子是子思的老师。钱基博在《古籍举要》中认为："子思称《诗》《书》而道尽性，肇启孟子，传道统；曾子善言礼而隆威仪，毗于荀卿，为儒宗。其功夫一虚一实，其文章一华一朴，故不同也。"钱穆先生在《先秦诸子系年》中说："子思师曾子，其说不见于先秦，则诚可疑也。"这实际提出一个问题：子思师曾子，文献证据不足。

我们综合上述肯定和否定两方面的情况，怎样来认识这个问题呢？我个人认为有两点值得关注和思考。第一点，子思的老师很可能不止曾子一个人。如前所述，子思出生在孔子去世之前，而且孔子去世时他已十几岁了。孔子的弟子们在孔子去世之后都是守孝三年及以上，还有部分弟子就在孔子的墓旁定居下来。这里提供的一个信息就是：子思的少年时代有可能是和孔子的众多弟子一起度过的。这些弟子们在相处的过程中，把对孔子的深厚情感和对传承孔子学说的希望寄托在孔子的孙子子思身上，因而子思得到了孔子若干弟子的培养和教育，这种可能性是有的。第二点，在所有的文献里，还没有发现孔子的其他弟子来教育子思的记载，只有曾子教育子思甚至直呼其名的记载。因此，虽然孔子的若干弟子都可能参与了对子思的培养，但是他的主要老师应该是曾子。在这方面，孟子提供了一个比较可信的记载。《孟子·离娄下》载："曾子、子思同道。曾子，师也，父兄也；子思，臣也，微也。曾子、子思易地则皆然。"在这里，孟子肯定曾子、子思二人同道，即肯定了道统说。其中说到曾子是老师，是父兄，就是说曾子是老师；而子思相较曾子是臣（微，即低一等的关系），实际就是说子思是学生。孟子是子思门人之弟子，《孟子》中的记载是距离曾子、子思最近、最直接的文献。孟子这样说，我觉得这是认定曾子是子思老师的一个非常重要的文献依据。由此我们可以说，子思师从曾子，是历史上比较可信的一个共识。

4.周游列国

据史书记载，像当时的许多学者一样，子思也曾经周游列国，但史书大多记载简略，我们只能根据有限的资料，做一个大概的描述。

困宋。《史记·孔子世家》记载，子思"尝困于宋。子思作《中庸》"。而《孔丛子·居卫》记载："子思年十六适宋，宋大夫乐朔与之言学焉。"综合这两篇来分析，可得出两点看法：一是子思曾经在宋国待过相当长一段时间，甚至年轻时就到宋国去了，但他在那里干得并不顺利，未能离开，却有志难酬，故称"困于宋"。二是他曾经跟宋国的学者乐朔大夫等有密切交往，谈学论文，因而很有可能是在宋国写成了《中庸》。

居卫。子思曾经在卫国待过。在《孔丛子》一书中，专门有一篇《居卫》，记载了子思与卫国君的五次对话。其中，有批评国君自以为是的，有批评国君喜欢阿谀奉承的。有一篇荐贤的故事讲得很精彩："子思居卫，言苟变于卫君。"他向卫君推荐苟变这个人才，说这个人可以带领五百辆战车打仗，如果你能任用这个人，就能天下无敌。卫君却对他说，这个人有毛病，他当官吏的时候，向老百姓收税，顺便把老百姓家的两个鸡蛋拿去吃了，所以我没任用他。子思就对卫君说，用人要"取其所长弃其所短"，现在处于战国时代（以战争胜负决定国家存亡），应该选猛士来担任将军，你因为两个鸡蛋的事情而放弃这样一个将才不录用，千万不可让邻国知晓啊。卫君很受震动，连连道谢，表示接受子思的教诲。从这儿看，子思在卫国参与了政治，做了很多有益的事，受到了卫国国君的尊敬。

适齐。子思曾经到齐国。《孔丛子》之《居卫》《抗志》两篇中，记载了子思到齐国的一些活动情况。《居卫》篇记载："子思适齐，齐君之嬖臣美须眉立乎侧。齐君指之而笑，且言曰：'假貌可相易，寡人不惜此之须眉于先生也。'子思曰：'非所愿也。所愿者，唯君修礼义，富百姓……伋徒患德之不邵，不病毛鬓之不茂也。'"这段是说齐国的国君在接见子思时，专门让一个宠臣对须发、眉毛做了假饰、化妆，站在一旁，然后齐君指着宠臣对子思说，这个人你看着他非常漂亮吧？如果你愿意的话，我可以把假的须发、眉毛移到你的身上。子思回答，这不是我所希望的。我希望你以道德礼义治国，让老百姓富起来。我孔伋所忧虑的是良好的道德风尚立不起来，并不忧愁我的头发眉毛不浓密漂亮，以此向齐君提出了以德治国和富民的建议、主张。《孔丛子》还记载，子思游齐期间，与齐国的宗室权臣田庄子一起去登泰山，说明子思和齐国的上层有很密切的交往。而《孔丛子·抗志》中还记载了子思与齐君的三次对话，内容包括他反对齐君以霸道治天下，批评齐君滥杀无辜，劝说齐君要任用贤人，说明子思在齐国参与了一定的政治活动和朝廷议政。

在费。《孟子·万章下》记载费惠公之言："吾于子思，则师之矣。"说明他曾经在费国被国君尊为老师。《孔丛子·抗志》记载："费子阳谓子思曰：'吾念周室将灭，泣涕不可禁也。'子思曰：'然，此亦子之善意也……唯能不忧世之乱而患身之不治者，可与言道矣！'"从费国公子阳跟子思的谈话中，我们可以看出，子思在费国不仅跟国君及宗室有密切交往，被尊为师长，而且从儒家的观点出发，对作为弱国的费国如何在大国争霸中求得生存、实施德治，以及如何修身提出了一些主张。

5. 出仕鲁国

综合有关材料看，子思在周游列国后回到鲁国，与国君鲁缪公有密切交往，曾经做过官，对当时鲁国的政治、外交产生了重要影响。从其生平考察看，时间大概是在其六十岁以后的晚年。

为君师。根据《汉书·艺文志》记载，子思"名伋，孔子孙，为鲁缪公师"。这里记载了鲁缪公尊子思为师。另一条旁证是《孟子·万章下》记载缪公多次对子思宣称他要学习古千乘之国的国君"友士"，但子思对缪公称他为"友"很不高兴。他说："以位，则子，君也；我，臣也。何敢与君友也？以德，则子事我者也。奚可以与我友？"子思在此明确强调"子事我"，即说明，我们是师生关系，你怎么能跟我做朋友？可见两人师生关系的真实性。

受尊崇。《孟子·公孙丑下》记载："鲁缪公无人乎子思之侧，则不能安子思。"意思是说，鲁缪公认为，必须每天有人来陪着子思，为子思服务，如果不派一个人在子思的身边为其服务的话，子思是不舒服的，是没有安全感的。说明鲁缪公为子思的生活起居想得非常细致周到，表明他对子思的敬重。《孟子·万章下》中记载了一段缪公与子思相处的故事。大意是：鲁缪公经常请教子思，因而多次向子思赠送鼎肉（以鼎制肉，一定是美味；鼎肉相送，表示非常尊重）。但子思不高兴，把给他送肉的人赶出门外，然后行大礼下拜并拒绝接受。他对来者说：从这以后，我才知道，鲁缪公是把我当狗、马和牲畜一样来养着的。后来，缪公就不敢给子思赠送东西了。然后，孟子借机评说国君应如何对待贤人：只是在表面上尊重贤人，但不重用他，这难道是敬重贤人吗？我们从这里可以看出，子思在鲁国受到了极大的尊重。

任重臣。《孟子·告子下》记载："鲁缪公之时，公仪子为政，子柳、子思为臣。"公仪子（休）为相的时候，子思是最重要的大臣。《孔丛子·公仪》还记载"缪公欲相子思，子思不愿"的事，即缪公曾经让子思做宰相，子思不愿意做。由此不难看出，子思很可能在鲁国当过重要的大臣。

谋国事。子思在鲁国既受尊崇，又为重臣，或许参与了国家大事的决策，对缪公时期的政治产生了重大影响。上文提到《孟子·万章下》记载缪公多次请教"友士"的故事，实际就是讨论如何对待知识分子。此外，《孔丛子·公仪》记载："穆公问子思曰：'吾国可兴乎？'子思曰：'可。'公曰：'为之奈何？'对曰：'苟君与大夫慕周公伯禽之治，行其政化，开公家之惠，杜私门之利，结恩百姓，修礼邻国，其兴也勃矣。'"这段内容是鲁缪公和子思讨论怎么样让国家兴盛的问题。子思建议：如果你能按照周公和伯禽治理鲁国的方式来治理国家，坚持正确的治国方略，将国家的优惠措施落实到老百姓身上，把贵族所享受的那些特权收回、斩断，恩惠老百姓并与之同心同德，以礼义和邻国交往，这样国家很快能够兴盛起来。在缪公之时，鲁国公室衰微，"三桓"坐大，政出私门。缪公任用公仪休当政，实行改革，"强公室，杜私门"。子思的建议，实际就是支持鲁缪公的改革。从这里可以看出，子思曾经参与了鲁缪公时期很多政事的决策。鲁缪公曾经实行改革，在改革当中，主要采纳了子思的意见。甚至可以说，子思是鲁缪公改革的一个幕后策划者和支持者。

6. 子思与邹

子思是否到过邹国？是否在邹国从事过教育、政治、文化活动？传统的历史文献并无记载。但是，唐宋以来，随着孟子地位的大幅提升，以及孟子和子思的师承关系，子思的地位也得到了大幅提升。北宋徽宗时期，子思被追封为"沂水侯"；元代文宗至顺元年（公元1330年）被加封为"沂国述圣公"。唐宋以来，学界往往将孟子看成是子思直接授业的弟子。因而子思是不是在孟子的家乡邹国讲过学，就成为一个受人关注的问题。甚至，子思曾在邹设学堂讲学，似乎成为元代以后邹鲁一带当地人的共识。这在《孟子林庙历代石刻集》一书中可以看到记载。

子思讲堂。明刻本刘浚编《孔颜孟三氏志》中，辑录了元代元贞年间的石刻《中庸精舍记》，其中记载："县治东隙地，今为淫祠者，旧名子思讲堂……岂子思子时至邹邪？历世兹久，文字不完，传信传疑。"可见，此前已有子思讲堂之称，只是无文字依据。元代大德九年（1305年），马豫作《渊源堂记》，则称："邹县城东南隅之阳，因利沟之阴，有子思之堂，名曰'渊源'，乃子思传道于孟子之地也。"这是将子思之堂认作子思传道于孟子之所了。元代至元年间，《暴书台碑阴记》记载："沂国述圣公昔居邹教孟子，此祠世传以为故庠。"暴书台就是当年子思教过孟子的学堂。（参见刘培贵编著《孟子林庙历代石刻

198

集》）总结来看，在元代元贞年间《中庸精舍记》尚未说子思在邹办学；到了大德九年，《渊源堂记》就说子思在邹地讲过学；到了《暴书台碑阴记》，直接说这里是子思教孟子的地方。

从历史记载看，虽然子思直接教授孟子是不可能的，但子思是否在邹讲过学则很值得探讨。我个人认为有两个需要重视的点：其一，尽管有子思为鲁缪公师、为费惠公师的简单记载，但是历史文献中非常缺乏有关于子思的师徒关系以及子思讲学的记载。我们总体上可以这样说，子思作为孔子的孙子、曾子的学生，弘扬儒家之道、传承儒家之说是子思终生奋斗的责任。如果从这样一个角度理解子思一生的活动，他虽然周游列国，在各国也受到国君的敬重，甚至参与一定的政事，但子思的一生一定教授了大量的生徒，培养了大量儒家学者。虽然没有发现关于子思在邹国办教育的文献记载，但也没有关于子思在其他地方办教育的记载。而子思一生的主要职业应该是从教。这不但是自孔子以来的传统，子思自己也担负着传播孔子思想、传承儒家学说的责任，不可能不招收大量的学生来传播儒家之说，培养大量的儒家人才。从这一点来说，子思在邹国办教育是可能的，没有记载不代表不可能。其二，从孟子的生平来看，没有资料说他青年时期曾到各地求学，也没有孟子到鲁国求学的记载。这很可能说明孟子是在他的故乡——邹国接受了比较系统的儒学教育，特别是接受了《诗》《书》《礼》《乐》等经学的教育。从以上两个方面来看，虽然先秦、两汉的历史文献中没有记载子思曾经在哪里办学堂，但是鲁国和邹国距离近，子思在邹讲学的可能性非常大。所以我们可以得出这样一种推断：子思曾经在邹国设学讲授"五经"，传授孔子的学说，且培养了一大批学生。孟子就是他在邹国培养的众弟子中的一个。所以，《史记》说孟子曾学于子思之门人，应该是在邹国完成的学业。换言之，从元代以来，在邹修子思讲堂、子思书院，或是有一定的历史合理性的。

二、由子思到孟子——关于思孟学派

1. 子思与孟子的关系

历史上有思孟学派的提法，但孟子与子思的关系却是在孟子与子思研究中向来存有争议的问题。这种争议一直持续了两千年，主要集中在：孟子是子思的弟子还是子思门人（弟子）的弟子？

孟子为子思弟子说。从汉代开始，就有一种说法：孟子是子思的学生，《汉书·艺文志》记载，孟子"名轲，邹人，子思弟子，有列传"。东汉赵岐《孟子题辞》中说："孟子生有淑质，夙丧其父，幼被慈母三迁之教。长师孔子之孙子思。"这就是说子思是直接向孟子授业的老师。但事实上，从子思和孟子生平的研究来看，孟子不是子思直接授业的弟子，而是子思门人的学生。

孟子受业于子思的弟子。如前所述，根据历代学者的研究共识，子思约生于公元前483年，去世于公元前402年；孟子出生于公元前372年，去世于公元前289年。子思去世的时候，孟子还没有出生，而且相距三十年。关于子思寿数，尽管有九十二岁、九十三岁、八十二岁、六十二岁等几种说法，但这些主要是用来考据他的出生年代的。至于他去世的年份，大致结论没有再晚过公元前402年的了。孟子出生在公元前372年，与子思去世年份相差三十年，所以清代大学者崔述在《孟子事实录》中就说过："即令子思享年八十，距孟子之生，尚三十余年，孟子何由受业于子思乎！"他又提出："孟子云：'予未得为孔子徒也，予私淑诸人也。'若孟子亲受业于子思，则当明言其人，以见其传之有所自，何得但云'人'而已乎！"孟子以没有成为孔子的弟子为遗憾，如果亲受业于孔子嫡孙子思的话，他会直接说出来，为何只说"私淑诸人"而没说自己是子思的学生呢？这一点就说明他自己也不承认是子思的学生。

2. 关于思孟学派的记载

思孟学派的问题是先秦儒学乃至整个儒学研究史上一个非常重要的问题。历史上有没有思孟学派？这对于整个先秦儒学的发展是个大问题。就学派的构成而言，前有子思，后有孟子，具备形成儒学中一个思想流派的条件。但关于这个学派的情况，历来是有争议的。最早将子思、孟子思想放在一起讨论的，见诸于《荀子·非十二子》："案往旧造说，谓之五行，甚僻违而无类，幽隐而无说，闭约而无解。案饰其辞而祗敬之曰：此真先君子之言也。子思唱之，孟轲和之。世俗之沟犹瞀儒，嚾嚾然不知其所非也，遂受而传之，以为仲尼、子游为兹厚于后世，是则子思、孟轲之罪也。"如众所知，荀子是战国时期的大儒，距离孟子的时间比较近。荀子以批判的态度将子思和孟子的思想连在一起，而且认为他们是一脉相承的，所以历史上大略有思孟学派。我们不去评论荀子为什么这么评说子思和孟子。虽然荀子与子思、孟子同属儒家学派，但在先秦时期，儒学已经分成了若干支派，他们观点不一，甚至是针锋相对的。荀子批判了当时的好多学者，其中包括子思和孟子。从这里可以看出，在荀子的眼里，子思和孟子是一前一后、一唱一和的思想一致的学派。结合《史记·孟子荀卿列传》中有"孟轲，驺人也。受业子思之门人"，说思孟学派由子思创立，经其门人传承，孟子发扬光大，的确是有依据的。

当然，对历史上的思孟学派，也有人持不同看法，认为思、孟不是一个学派，其主要依据是《韩非子·显学》中的记载："自孔子之死也，有子张之儒，有子思之儒，有颜氏之儒，有孟氏之儒，有漆雕氏之儒，有仲良氏之儒，有孔氏之儒，有乐正氏之儒。……故孔、墨之后，儒分为八，墨离为三，取舍相反不同，而皆自谓真孔、墨。"按韩非子说法，儒分为八派，其中有子思一派，也有孟子一派。而这些学派，虽然都自称自己真正地传授了孔子的学说，但往往对于孔子学说"取舍相反"、差别很大，难以形成一个学派。但我们认为，历史上应该有一个思孟学派。这个思孟学派就是子思唱之，孟轲和之。子思和孟轲差了几十年，前面有子思这一种学派，后面又形成了孟子这样一种学派，前者是后者的先导，后者是前者的创新发展。这和思孟学派的形成是不矛盾的。而且，20世纪初以来，学界就对子思与孟子的思想学说进行过综合比较研究，认为他们的思想体系是有传承性的。如杨树达先生《孟子学说多本子思考》一文，"列出九条证据说明孟子与子思学术思想相同"[①]。所以我们认为，历史上应该有个思孟学派，这个思孟学派主要以子思之儒和孟子之儒作为两个支柱，一个在前，一个在后。孟子之儒传承发展了孔子的学说，发展了子思之儒的思想理论体系，创新了子思的学说，形成了孟氏之儒，子思之儒和孟子之儒融合发展为思孟学派。

3. 思孟学派与郭店楚简

1993年10月在湖北荆门郭店一号楚墓中出土了一批竹简，被称为郭店楚简。经鉴定，这批竹简为战国中期的作品。从1998年5月文物出版社出版《郭店楚墓竹简》以来，一直到2010年前后，郭店楚简成为国内学术界的研究热点，国内外召开了数十次

① 钟肇鹏：《思孟学派简论》，载《儒家思孟学派论集》，齐鲁书社，2008。

学术研讨会，发表了近千篇相关论文，出版了数十部专著和论文集。孟子研究院特聘儒学专家陈来先生、李存山先生、梁涛教授、孔德立教授等，都在郭店楚简与思孟学派研究上做出了突出贡献，泰山学者梁涛教授专门出版了50余万字的《郭店竹简与思孟学派》一书，在国内外产生了很大影响。尤其是孟子研究院名誉院长杜维明先生，他不仅是国内外郭店楚简与思孟学派研究的开拓者、领航者，而且是诸多国内外重要专题研讨会的卓越组织者和领导者，很多国际、国内研讨会都是杜维明先生领导和参与的。特别值得一提的是，2007年8月，在杜维明先生的亲自领导、支持下，教育部人文社科重点研究基地山东师范大学齐鲁文化研究院和哈佛大学燕京学社共同主办的"儒家思孟学派国际学术研讨会"在山东师范大学召开。为成功举办这次研讨会，2007年4月，应时任燕京学社社长的杜先生邀请，我作为齐鲁文化研究院院长专程赴美国哈佛大学燕京学社访问，双方具体、细致地研究了会议方案，杜先生决定出资2万美元，大力支持本次会议。来自十数个国家的六七十余名学者济济一堂，专题研讨郭店楚简与思孟学派的问题。众多学者从不同角度发表了关于思孟学派研究的一些重要的、创新性成果，会后结集出版了《儒家思孟学派论集》[1]。

二十多年来，研究郭店楚简的论文、专著、博士硕士论文可谓浩瀚，限于时间和我个人学术视野，现主要根据较集中的郭店楚简研讨会论文集《中国哲学》第二十辑[2]、二十一辑[3]和部分相

203

① 山东师范大学齐鲁文化研究中心、美国哈佛大学燕京学社编：《儒家思孟学派论集》，齐鲁书社，2008。

② 《郭店楚简研究》，《中国哲学》第20辑，辽宁教育出版社，1999。

③ 《郭店简与儒学研究》，《中国哲学》第21辑，辽宁教育出版社，2000。

关资料、研究成果，就郭店楚简与思孟学派研究的有关问题做一个大致的梳理和介绍。主要有以下几点：

第一，郭店楚简的出土是对思孟学派在先秦儒学史上重大意义认识的提升。经过学界近二十年的研究探讨，可知楚简的学派归属主要是儒、道两家。而根据出土年代的测定，楚简主要是处于孔、孟之间的思孟学派的文献。李学勤先生在《郭店楚简与儒家经籍》一文中说："简的主要内容，属于道家的是《老子》，属于儒家的我认为是《子思子》。"在先秦儒学史研究上，限于传世文献资料的缺乏，孔、孟之间的儒学，尤其是思孟学派的面貌始终是模糊的、单薄的，甚至在诸多方面是空白。郭店楚简的重大发现，补充新材料，展露新面貌，填补空白，震惊学界，引发了围绕思孟学派研究的新的学术争鸣。杜维明先生在《郭店楚简与先秦儒道思想的重新定位》一文中说："郭店楚墓竹简出土以后，整个中国哲学史、中国学术史都需要重写……通过这批资料，我们要对战国末期直至汉代的许多资料，重新进行定位。我们对孔、孟之间先秦儒家资料的认识，会有质的飞跃，也会有许多新的发现。"而且，从楚简的材料来看，孔、孟之间先秦儒学的发展是多元多样的。庞朴在《古墓新知——漫读郭店楚简》一文中指出，郭店楚简的出土"填补了儒家学说史上的一段重大空白，还透露了一些儒道两家在早期和平共处的信息"。李存山在《从郭店楚简看早期道儒关系》一文中则认为："楚简是活跃在楚国的一个儒家流派的著作……较多地带有儒道结合或互补的特色。"李泽厚在《初读郭店竹简印象记要》中则指出："竹简各篇年代不一，内容兼容并包……但主体仍属儒学的不同倾向或派别的文献。"

第二，郭店楚简出土是对思孟学派研究的新开拓。首先是思孟学派文献的认定。根据大多数专家的解读意见，郭店楚简中的儒简共十四篇，其中主要是思孟学派的文献。这对思孟学派研究的重大突破性意义，怎么高估都不过分。甚至可以说，郭店楚简成为一时"热点""显学"，主要是思孟学派新材料的发现，带动了思孟学派这一先秦儒学发展中重要环链的研究。庞朴在《孔孟之间——郭店楚简中的儒家心性说》一文中提出："这些见于竹帛的儒家经典，属于同一思孟体系。"根据李学勤先生文章《先秦儒家著作的重大发现》《荆门郭店楚简中的〈子思子〉》中的考订，简中《缁衣》等六篇应归于《汉书·艺文志》著录的《子思子》。他并一一考订《缁衣》《五行》《成之闻之》《尊德义》《性自命出》《六德》六篇和子思学派的关联。而姜广辉在《郭店楚简与〈子思子〉——兼谈郭店楚简的思想史意义》一文中，通过对楚简思想内涵与传世文献的比较，除基本肯定李学勤先生的意见外，又增加认定《唐虞之道》《穷达以时》《鲁缪公问子思》等篇都是"为子思所作"。前文已论，传世文献中关于子思的记载少而散，郭店楚简的挖掘填补了子思研究中非常稀缺的历史资料，这是近几十年来考古挖掘上的重大发现，大大丰富了思孟学派研究的文献资料。李学勤先生说："这些儒书……代表了由子思到孟子之间儒学发展的链环。"

其次，郭店楚简极大地推动了思孟学派的深入研究。郭店楚简新材料的发现，给思孟学派研究带来了生机，产生了一批创新性成果。在思孟学派的整体研究上，梁涛教授做出了突出贡献，主要反映在他的力作《郭店竹简与思孟学派》一书中。该书无论在郭店楚简研究还是思孟学派研究上都是一个新开拓，是郭店楚简推动思孟学派研究的一个硕果。其最值得肯定的是，在深入挖掘郭店楚简的文本资料、广泛吸收有关研究成果的基础上，结合传世文献，第一次完整地呈现了思孟学派的历史面貌。他将思孟学派形成的背景、酝酿、形成、完成，以及与早期儒学的关系，进行了系统全面的探讨、论述，写成了一部创新版的思孟学派发展史。该书出版后，知名学者庞朴、陈来、姜广辉、廖名春等都给予高度评价，李学勤在《序》中称赞该书"提出一系列新颖独到的见解"。此外，由于楚简的出土，思孟学派思想体系的研究也取得令人耳目一新的开拓。庞朴先生的贡献尤为突出。他在《孔孟之间——郭店楚简的思想史地位》一文中，强调"这些见于竹帛的儒家经典，属于同一思孟体系"，并通过对楚简的深入解读，对这一学派思想体系的特色做出了明晰的概括："在这个天—命—性—情—道的程序中，性是居中的核心；命和情，是性之所自出与所出；天……不是外在的自然或上帝，而是社会力；至于道，……它也不是天道，而是人道；这是此一学派的很重要的特色。"

206
　　第三，郭店楚简促进了思孟学派具体文献研究的开拓与深化。在郭店楚简的研究中，大量的具体文本的解读和思想内涵的探讨，是对思孟学派研究的开拓和深化。在这方面，众多学者都做出过不懈努力。例如廖名春《荆门郭店楚简与先秦儒学》、姜广辉《郭店楚简与〈子思子〉——兼谈郭店楚简的思想史意义》，都对儒家（思孟学派）文本逐一做了辨析、解读和论说；比较多的集中于《缁衣》《唐虞之道》《性自命出》《五行》等篇的研究和解说。其研究的深度和开拓的广度，都是非常值得肯定的。限于时间，我仅就后两篇研究的深度、开拓性和创新性做一个简要的介绍。

　　《性自命出》的识读研究是郭店楚简文本研究的重点之一，学者主要对儒家思孟学派的心性说做了深入的探讨。庞朴先生认为，"它所谓的性，既非食色自然之性，亦非善恶道德之性"，而是以情释性，该篇"情的价值得到如此高扬，情的领域达到如此宽广，都是别处很少见到的"。他由此得出结论："真情流露是儒家精神的重要内容。"而李泽厚则认为，该篇的"要点在于：强调对自然人性做各种分析、陶冶和塑建"。在对该篇进行研究的论文中，陈来先生的《郭店楚简之〈性自命出〉篇初探》是一篇重磅文章。该文从九个方面对文本中的"性"进行了深入分析和解读，提出观点："《性自命出》的人性说，可以说正是孔子与孟、荀之间的发展形态，它所提出的性自命出的思想发展了孔子的人性论，从天—命—性—情—道的逻辑结构来讨论人性的本质和作用。"陈来先生对《性自命出》在孔门中学派归属的三种可能性进行了深入探讨，提出"很可能，子游、公孙尼子、子思就是一系"的创新观点。

在郭店楚简文本中，《五行》篇是最受关注、相关论文最多的篇章之一。对于《五行》的研究不仅进一步证实了思孟学派的存在，厘清了思孟学派思想传承的路径，而且思孟学派研究上的一个关键问题——荀子所批判的"子思唱之，孟轲和之"的"五行"是何内涵，他们是如何唱和的，这个问题有了一个落地的答案。在《五行》研究上，颇用心力的有日本池田知久的《郭店楚简〈五行〉研究》、邢文的《〈孟子·万章〉与楚简〈五行〉》、庞朴的《竹帛〈五行〉篇比较》。他们的共同特点是对楚简《五行》、马王堆帛书《五行》以及传统文献做结合、比较研究。池田知久认为，楚简《五行》的内涵极其丰富，既有孟子的思想，也反映了荀子的思想。邢文则提出，楚简本比帛书本更接近于子思之作，与《孟子·万章下》做比较，看出孟子对子思五行的继承，论证了思孟学派的确存在。陈来先生的《〈五行〉

经说分别为子思、孟子所作论——兼论郭店楚简〈五行〉篇出土的历史意义》一文，基于对20世纪70年代以来《五行》篇学术史的探讨，从以往研究的薄弱环节出发，依据郭店竹简出土后研究的新进展，提出：《五行》篇分经、说两部，"经部为子思作，说部为孟子作"。这就呼应和坐实了《荀子·非十二子》中说的"子思唱之，孟轲和之"，从而对思孟学派的存在和其思想体系的构建提出新的力证。

第四，郭店楚简是对子思生平资料的重要补充。郭店楚简中发现了《鲁穆公问子思》一篇，对子思生平、思想的研究都具有重要意义。全文如下：

> （鲁穆）公曰："向者吾问忠臣于子思，子思曰：'恒称其君之恶者，可谓忠臣矣。'寡人惑焉，而未之得也。"成孙弋曰："噫，善哉，言乎！夫为其君之故杀其身者，尝有之矣。恒称其君之恶，未之有也。夫为其君之故杀其身者，效禄爵者也。恒称其君之恶者，远禄爵者也。为义而远禄爵，非子思，吾恶闻之矣。"

该篇文章，多数研究者认为是子思或其弟子之作，或可属《子思子》内容之一，记鲁缪（穆）公与大夫成孙弋的对话。该文不仅进一步确证了子思为鲁缪公师的史实，看出子思对缪公在政治、用人上的影响，也反映出子思能批判国君之恶的鲜明个性和为人、为政的气节。将这种性格、气节与孟子思想、个性特点做比较，可以看出孟子义利观的思想渊源以及思孟学派在思想传承上的清晰脉络。这不仅对子思生平业绩，而且对子思和思孟学派思想内涵的挖掘，都提供了重要文献依据。

三、子思的著述与《中庸》

1. 关于子思的著述

根据传世文献记载，结合郭店楚简出土文献的研究，我们梳理一下子思的著述，主要包括两个方面：第一，传世的子思著述。《汉书·艺文志》的《诸子略》中，曾著录《子思》二十三篇，但该著述大概在六朝时期散佚了。《隋书·经籍志》中有《子思子》七卷，这应该就是辑佚的本子了。此后《旧唐书·经籍志》载有《子思子》八卷，《新唐书·艺文志》《宋史·艺文志》对《子思子》一书皆有著录。可以比较确定地说，北宋以前，子思的著作还是存在的。但是，很可能在北宋南迁过程中，隋唐以来的本子也散佚了，南宋汪晫编《子思子全书》一卷，显然是辑佚本，收《四库全书》中；清代洪颐煊辑《子思子》一卷，入《问经堂丛书》；清人黄以周也有辑佚本《子思子》传于世。另，《隋书·音乐志》曾经引用沈约（南北朝时期）的话说，《礼记》中的"《中庸》《表记》《坊记》《缁衣》皆取《子思子》"。可以理解为，现存《礼记》中的《中庸》《表记》《坊记》《缁衣》都是子思的著作，后世学者多予公认。第二，郭店楚简中的子思著作。根据李学勤等学者的考订，郭店楚简中共出土十四篇儒简，较多学者认可为子思或其学派著述的有九篇：《缁衣》《五行》《成之闻之》《尊德义》《性自命出》《六德》《唐虞之道》《穷达以命》《穆公问子思》。

2. 关于子思作《中庸》

子思作《中庸》，尽管秦汉以来文献多主此说，但这仍然是个有争议的问题。现根据相关文献记载梳理如下：

其一，子思著《中庸》说。这是一个主流观点。（1）汉魏六朝的记载。《史记·孔子世家》记载："伯鱼生伋,字子思……尝困于宋。子思作《中庸》。"《礼记正义》引汉经学家郑玄语：《中庸》,"孔子之孙子思作之,以昭明圣祖之德也"。《孔丛子·居卫》记载："子思曰:'文王困于羑里作《周易》,祖君屈于陈蔡作《春秋》,吾困于宋,可无作乎?'于是撰《中庸》之书四十九篇。"这些记载,不仅明言子思作《中庸》,还探讨了他创作的缘由:一是为了弘扬祖父孔子的思想、学说、道德;二是效法先圣文王与孔子,在受困之时著述以成个人宏愿。这说明在秦汉、魏晋时期,子思作《中庸》是无争议的。(2)唐宋时期学者多持此说。唐代李翱在《复性书》中说:"子思,仲尼之孙,得其祖之道,述《中庸》四十七篇,以传于孟轲。"他认为子思得到了祖父的教育和思想的真传,就把它申述出来,作了《中庸》。我们看《中庸》的内容也能发现,上篇主要是借着"子曰",来叙述孔子的话,即强调子思得孔子思想学说之真传,传承作了《中庸》。子思在后世被尊为"述圣",就有他善于传承、申述孔子思想的原因。宋代朱熹在《中庸章句序》中说:"《中庸》何为而作也?子思子忧道学之失其传而作也。……子思惧夫愈久而愈失其真也,于是推本尧舜以来相传之意,质以平日所闻父师之言,更互演绎,作为此书,以诏后之学者。"朱熹不但提到《中庸》是子思作所,还谈了子思为什么作《中庸》,是子思担心从他祖父传下来的正统思想学说失传,因而他溯源尧舜之道,融合祖父孔子的精句要言,而作《中庸》。总的来讲,在宋儒之前的儒家传统认识中,子思作《中庸》是基本一致的认识。

其二,疑非子思所作。从宋代开始,有人对子思作《中庸》提出质疑,有代表性的是宋代欧阳修和清代袁枚。欧阳修曾经在《问进士策三首》中提出质疑，他认为，对照《论语》，《中庸》记载孔子的话，都是些虚言高论，不像复述的孔子话语，让人没有兴趣看下去。总之，《中庸》不像孔子之孙子思所作。清代人袁枚在《与人书》中提出了一个有一定依据的质疑："《论》《孟》言山皆举泰山，以其在邹鲁也；《中庸》独曰'载华岳而不重'，子思足迹未尝入秦，疑此是西京人语。"袁枚认为，因为邹鲁距泰山很近，《论语》《孟子》中凡说到山都是指泰山，而《中庸》中独独提了"载华岳而不重"的句子，子思的足迹并没有到过秦川之地，因而他怀疑《中庸》是长安人写的（而非子思）。这两位提出质疑的学者知名度很高，欧阳修是"唐宋八大家"之一，大文学家，也是政治家；袁枚是清代著名诗人、散文家、文艺评论家。他们的质疑虽有一定代表性，但缺少儒学史基础上的深入探究，因而说服力并不强。至于袁枚等清代学者提到的"华岳"以及前人质疑书中有"车同轨，书同文"，疑为秦后人所作等问题，我觉得梁涛教授在其《郭店竹简与思孟学派》一书中，有合情合理的解说。梁涛教授先是引用李学勤先生《对古书的反思》中的话，"古书的形成每每要有很长的过程……一般都要经过改动和变化"，后加以自己的解说，"在有各种资料明确记载《中庸》是子思所作的情况下，仅仅根据一两句言论，便断定《子思》一书晚出，显然难以成立"。所以，否定《中庸》为子思所作站不住脚。历史学家蒋伯潜在《诸子通考》中进行了考订分析，认为《中庸》并非全篇都是子思所写。逐一分析以后，他认为《中庸》可以分为五大部分，第一章相当于一个前言；这一章除外，从第二章到第十九章，算是前半部分。前半部分，可以称为是经（第十六章除外），这一部分为子思所作；后半部分加上第十六章，是子思的后学添加的。后学也不是同一个人，不是出于一个时间。这些后学最晚的可能是秦始皇统一以后的。蒋伯潜先生的考订也解答了"车同轨，书同文"为何出现在书中这一问题。

3.《中庸》内容概说

《中庸》有丰富的思想内涵，这里将内容的概况作一简单介绍。需要说明的是，对于《中庸》的整体结构、逻辑关系、思想体系等方面的解读，学界向来也是众说纷纭。我主要以蒋伯潜先生《诸子通考》为主，参阅有关学者意见，做如下简介，供大家参考。

全书分经、传两部分。内容大致分上篇、下篇，上篇为经，下篇为传，属于经、传合一的著作。全书共三十三章，第一章，大致相当于前言、总纲；其余部分：上篇（第二章至十九章）为子思所作；下篇（第二十章至三十三章）为子思的弟子和后学所作。从文章形式、内容和特点看，经和传比较混杂，上、下篇各具特点。《中庸》不是出自一人之手，从文体特点来看，是一种多文体的杂和之作。

第一，上篇（第二章至十九章）。在内容上，上篇主要围绕"中庸"展开论说。从把握儒家思想来讲，《中庸》是儒家之经典。孔子认为，中庸是极重要的道德观念。在《论语·雍也》中孔子说："中庸之为德也，其至矣乎！民鲜久矣。"中庸之德，程颐解读为："不偏之谓中，不易之谓庸。中者，天下之正道，庸者，天下之定理。"孔子将中庸视为一种最高的道德境界，但他并没有深入扩展阐述。子思特意编辑了孔子阐发中庸的言论作为经部，构成《中庸》的上篇。

上篇又可分两段。第一段，从第二章到第十一章，以记孔子之言为主，是语录体，跟《论语》很相似。除了第二章称"仲尼曰"之外，其他各章都标注"子曰"，从这里可以看出，子思认为孔子对中庸的论说，在《论语》中并没有充分阐发，所以子思才将孔子讲中庸的散落言论汇集起来，编成《中庸》前半部分，而且特意标上"子曰"。在内容上，主要围绕着"中庸"这样一种道德境界来展开论述，阐明以实践为主的人道，如何通过"致中和"的用"中"之道，来达到与性和天道的相通、相合，来取得"脩道之谓教"的成果，以达到中庸的极高道德境界。第二段，从第十二章到十九章，仍然是语录体，但在形式上较前有大的申说、拓展。突出特点是每一章后面都引用了《诗经》的句子，跟《礼记》中定为子思之作的《缁衣》《坊记》《表记》较相似。在内容上则分别从道不远人、夫妇之道、素位正己、在乎忠恕、继志述事等方面提出了注重"庸德、庸言"的修身之道，来进入"修道以仁"的核心部分，实现"中庸之道"的目标。总的来讲，上篇是论如何达到和实现中庸的境界。

第二，下篇（第二十章至三十三章）可分为三段，内容主要 213 围绕"诚"展开论说。

第一段，第二十章。第二十章以"哀公问政"，即鲁哀公向孔子问政来开头。本章是长篇议论，内容主要是为政当以修身为本，重点放在了君臣、父子、夫妇、兄弟、朋友"五达道"和知、仁、勇"三达德"实践上。提出治国的核心思想"为政在人，取人以身，修身以道，修道以仁"。第二十章是非常重要的一篇，还提出了治国的九大方略："修身也，尊贤也，亲亲也，敬大臣也，体群臣也，子庶民也，来百工也，柔远人也，怀诸侯也。"第二十章的后半部分，为纯议论文，主要阐发诚的要义和获取诚的要目。诚就是咱们今天说的忠诚的诚，叫诚明明德。书中阐发的诚的要义是，"诚者，天之道也；诚之者，人之道也"；阐发获取

"诚"的要目，提到"诚身有道，不明乎善，不诚乎身矣"。怎么样达到诚？应该"博学之，审问之，慎思之，明辨之，笃行之"。

第二段，第二十一章到二十六章，是纯议论文。这部分往往在后尾加上《诗》云、《诗》曰，这是它的一个标志。内容上以论诚为主，论诚明、明诚、至诚之道，并提出了圣贤所施的仁德之方："致广大而尽精微，极高明而道中庸。"

第三段，第二十七章到三十三章，主要以赞美之词来赞圣人之道。赞孔子是："祖述尧、舜，宪章文、武；上律天时，下袭水土。"赞至诚之德，赞君子之行。所以，第二十七章到三十三章主要是肯定和赞美，也可以把这部分看成是对中庸和至诚之道的一种肯定。

朱熹在《中庸章句》中评说该书："其书始言一理，中散为万事，末复合为一理。'放之则弥六合，卷之则退藏于密'，其味无穷，皆实学也。"用我们今天的话说：这本书，开始讲的是一个道理——中庸之道；中间则放开来谈，从多个方面论证；最后又归结到这一个道理上来。这个中庸之道，将它扩充、弘扬可以充满天地四方，精缩起来可以珍藏，意味无穷，书里都是指导如何践行中庸之道的学问。朱熹的这段话，是对《中庸》一书丰富内涵的精当总结。

（根据2018年孟子研究院孟子大讲堂《〈中庸〉解读》讲稿整理）

儒学传统：文化自信的基石

党的十八大以来，习近平同志反复强调文化自信的重大意义，认为"文化自信，是更基础、更广泛、更深厚的自信，是更基本、更深沉、更持久的力量。坚定文化自信，是事关国运兴衰、事关文化安全、事关民族精神独立性的大问题"[①]。习近平同志连用六个"更"字来强调坚定文化自信的重大意义，用意深远，非同寻常。进一步厘清中华文化自信的内涵，认清中华文化自信的根基，才能拨乱反正，扶正固本，从理论和实践结合上落实好习近平同志的指示精神，熔铸自信，导引未来，向着中华民族文化伟大复兴的道路阔步前进。

一、文化一体：传统文化是根基

坚定文化自信，首要的是对中华文化的内涵、整体构成及其内在关系有一个清晰的认识。习近平同志指出："坚定文化自信，

---

① 习近平：《在中国文联十大、中国作协九大开幕式上的讲话》，2016年11月30日。

离不开对中华民族历史的认知和运用。"①在如何理解中华优秀传统文化、革命文化、社会主义先进文化三者关系问题上，要坚持传承性与整体性的统一。有学者从历史发展的维度对自信的内涵做了很好的概括，指出："文化自信，是一个包括对中国传统文化、红色文化和社会主义先进文化在内的自信。……一个民族的文化是一个有机整体。"②文化自信，既不是一个方面的自信，也不是对其中一个阶段的自信，而是要坚定对包括历史传统文化、革命文化、社会主义先进文化在内的中华文化"一体化"的自信。所谓"一体"，即在历史长河中，中华文化不管经受了怎样的曲折、冲击、外融、内化，甚至是社会政治、经济、文化乃至社会性质的巨大变化，它都是中华文明整体发展的一个链环，始终没有脱离一体而独立存在。传统文化、红色文化、社会主义先进文化，都属于中华文化之一体，不能也无法将其分割来看。坚定中华文化的自信，除了中华文化整体的自信外，还应该包括对中华文化未来发展趋势、前景及成就的自信，亦即对实现中华民族文化伟大复兴的自信。历史、当代、未来，是一个互为依存、相互链接、无法分割的有机整体。没有对历史上中国传统文化和红色文化的自信，我们对已经形成和正在继续创新发展的社会主义先进文化就会缺乏自信的根基；而没有对当代社会主义先进文化的充分自信，在此基础上创新发展的未来民族文化的自信就会是空泛和虚幻的；而没有对未来前景和成就的自信，我们就会迷失方向，缺少动能和精神力量，最终文化自信还是落不到实处。

在树立中华文化自信中，有一个最基础、最根本的自信，

① 习近平：《在中国文联十大、中国作协九大开幕式上的讲话》，2016年11月30日。

② 陈先达：《文化自信中的传统与当代》，《光明日报》2016年11月23日。

就是对中华民族五千年文明发展历程中形成的中华优秀传统文化的自信。这是坚定对包括红色文化、社会主义先进文化在内的中华文化自信的基石。巩固这块基石很重要，没有对中华优秀传统文化的坚定自信，就失去了文化自信的根基，根基不牢，地动山摇，所谓自信，就会成为建筑在沙滩上的楼阁，最终成为虚幻的海市蜃楼。

要坚定对中华传统文化的自信，应该首先对中华传统文化的内涵有一个科学的概括，对其中一些模糊不清的问题有一个清晰的分辨。

1. 中华传统文化是全民族的创造，它不是某一个阶级、阶层和族群的成果

源远流长、辉煌灿烂的中华文明，是我们民族的先人在数千年的历史发展中，在不断认识自我、改造自我和不断认识自然、改造自然的过程中共同创造的。其创造者，既有先圣先哲，也有以皇帝为代表的历代统治者和地主阶级及附着于他们的知识分子，还有各民族的劳动人民。美国社会学家雷德菲尔德说："文化是由社会传递，并由社会各阶层所分享的知识。"说明文化是全民族的创造，从皇帝到平民，从文化巨人到普通劳动者，尽管其贡献有大小，但都是文化的创造者、承载者和传承者，文化渗透、融入和实践于每一个社会阶层和成员，而非少数人。那种把传统文化看作封建统治者及其知识分子的产物，因而给传统文化贴上封建专制主义的标签，认为传统文化陈旧、过时、腐朽的观点是错误的，因为这一观点忽略了民族文化创造、形成的复杂过程，以偏概全，将所有文化产品都看作是意识形态而简单政治化了。"把文化仅仅理解为反映社会政治经济的意识形态，并具有维护或破坏这种社会政治经济制度的作用，那就是把文化（特别

是所谓"通俗文化")的许多与政治并无很大关系的内涵政治化了。"①即使是封建专制统治者，也是中华文化的创造者、传承者之一分子，何况这些统治者在漫长的历史长河中表现各异，有一些如周之文、武，汉之文、武，唐宗、宋祖，明之永乐，清之康、乾，都是对中华文明发展做出巨大贡献的名帝，是万不可以专制皇帝而一语轻否的。历史地、全面地、整体地理解中华文化丰富灿烂、博大精深的内涵，对于正确认识传统文化的历史地位、坚定文化自信至关重要。

2. 所谓中华文化"一体"，就是任何阶段的文化都是以五千年文明发展形成的传统文化为基因的

中华民族文化是一个历史的、动态的存在，它犹如黄河，尽管在其征程中，时而平静地流淌，时而震天地咆哮，不断有支流的汇入、九曲的盘折、高山的阻拦，但它的每一截河床，每一个历史阶段，超越时空，绵延至今的都是流淌的黄河之水。中华传统文化尽管在发展过程的某一阶段、时期，经历过社会政治的巨变，外来文化的激荡，新的意识形态的产生，以及人的行为方式、思想观念等方面的改变，因而不断创新、再生、转化，但民族文化的命脉和基因，那些经过历史选择保留、传承下来的优秀文化传统，却一直传承不息，既保留了民族文化的根脉，又充满着鲜活的生命力。这是中华传统文化的精魂所在，也是中华文化的标志和代表。习近平同志说："中华文明经历了5000多年的历史变迁，但始终一脉相承。"②"中华民族形成和发展过程中产生的各种思想文化，记载了中华民族在长期奋斗中开展的精神活动、

①何平：《中国和西方思想中的"文化"概念》，《史学理论研究》1999年第2期。

②习近平：《在联合国教科文组织总部的演讲》，2014年3月27日。

进行的理性思维、创造的文化成果，反映了中华民族的精神追求，其中最核心的内容已经成为中华民族最基本的文化基因。"[1]在中华民族数千年发展历史上，不管是南北朝时期外来佛教的全面渗透和大范围少数民族政权的建立、更迭，还是金元时期北方草原民族的大举文化入侵和强势统治，乃至清代"留头不留发，留发不留头"的血腥文化转型，都没有、也无法改变这种文化基因的传承。中华文化反而历经多民族的融合，熔铸了根基，强壮了基因，繁衍了支脉。正像没有黄河，就没有黄河文化一样，没有中华传统文化，就没有优秀传统产生的母体和土壤，没有优秀传统的一脉相承，也就没有了中华传统文化的灵魂，"一体"就成了空壳。有的人将中华传统文化与优秀传统割裂开来，承认弘扬和传承优秀传统文化的重要性，却否认革命文化、社会主义先进文化与中华传统文化的命脉和基因关系，认为革命就是割断命脉，与过去决裂，所谓继承，只需捡一点当代可用的"精华"就可以了，传统文化都是旧时代的产物，都是过时的糟粕，应该抛弃。以这样的态度来对待传统文化，就像鲁迅先生曾经讽刺的，"恰如用自己的手拔着头发，要离开地球一样"[2]，显然是错误的。

3. 中华文化的核心是思想文化，中华思想文化的主干是儒家文化，而其决定性的层面是儒学的观念世界和价值取向

思想形成人的伟大，思想文化铸就一个民族的辉煌。中华文化在发展过程中，形成了以孔子创始的儒学思想体系为主干，以儒释道融合为主体的博大精深的思想文化系统。这个体

---

① 习近平：《在中共中央政治局第十八次集体学习上的讲话》，2014年10月13日。

② 鲁迅：《鲁迅全集》第四卷，人民文学出版社，2005，第452页。

系，随时代发展、政权更迭、疆域变迁，不断地与异质文化碰撞、交流、融合、创新、演变，但它的核心理念、价值取向作为中华民族精神核心的地位一直传承未变，至今仍深深地影响着中国社会的方方面面和每个人的精神世界。习近平同志说："研究孔子、研究儒学，是认识中国人的民族特性、认识当今中国人精神世界历史来由的一个重要途径。"[①]儒学主导了中华民族的品格特性的形成，也塑造了中国人的精神世界。

二、优秀传统：文化自信的基石

坚定对革命文化、社会主义先进文化的自信，应建立在对优秀传统文化自信的基础之上，而不是建立在"革"传统文化"命"的基础上，这是坚定文化自信的一个关键问题。而从传统文化与革命文化的关系讲，它们既不是平等并列的关系，也不是单纯历史维度上的先后递进关系，传统文化是革命文化形成的基础，革命文化是传统文化的延续发展，它们共同构成了中华文化的一体结构，成为坚定文化自信的有机组成部分。

从中华文化发展的历史看，广义的革命文化，既包括近代以来中国资产阶级领导的旧民主主义（旧三民主义）革命文化，也包括中国共产党领导的新民主主义革命文化和社会主义建设时期的文化，还应该上溯到鸦片战争后的180多年来，千百万志士仁人与革命先烈在波澜壮阔的反帝反封建与民族解放战争中创造的所有文化。在这个时期，面对中国历史上"数千年未有之变局"，中国人民在艰苦卓绝的斗争中，对中国未来道路的探索和

---

① 习近平：《在纪念孔子诞辰2565周年国际学术研讨会暨国际儒学联合会第五届会员大会开幕会上的讲话》，2014年9月24日。

对传统文化态度的纷争始终纠缠在一起。旧民主主义革命大致可分为两个阶段：

1. 第一阶段，是以洋务运动和维新运动为主体的变法革新时期

这是旧民主主义革命的先导，早有学者将其作为资产阶级"国民革命之另外一环"①，即旧民主主义革命的一部分看待。洋务派和维新派以"师夷长技以制夷"和"中体西用""君民共主"为手段，希图引进西方先进科学技术和政治制度，达到挽救和维护摇摇欲坠的清朝封建统治的目的。洋务运动的无疾而终，戊戌变法的流血惨败，其原因复杂而多面，但从文化上看，其真正的原因在于，这些怀抱着救亡图存理想的知识分子，在西方列强的坚船利炮和西方先进资本主义制度面前，混淆了维护封建王朝统治与保护、传承中华文化的关系，既丧失了文化自信，又迷失了文化方向，仅仅依靠封建上层统治者的"变法"，没有也不可能挖掘、弘扬中华优秀传统，振奋民族精神，也就失去了吸收、融合西方先进文化的根基，当然不可能实现革旧图新、救亡图存的目标，其结局必然归于失败。

2. 第二阶段，是以孙中山为首的资产阶级革命派领导的资产阶级民主革命，以旧三民主义为号召，以彻底推翻清朝君主制度、建立西方式的资产阶级民主共和制度为目标

这个革命以辛亥革命的胜利为标志，虽然成功实现了第一个目标，但是，建立资产阶级共和国的愿望最终化为泡影。究其原因，与他们希图在中国实施"全盘西化"，以"美利坚合众之制度，当为吾国他日之模范"②，即以移植欧美资本主义制度为革

---

① 萧一山：《清史大纲》，上海古籍出版社，2008，第114页。
② 郭汉民编：《宋教仁集》（一），湖南人民出版社，2008，第427页。

命目标有直接关系。这实际上是完全失去了对中华传统文化的自信，移植的制度嫁接于不适宜的文化土壤，是无法成长壮大的。资产阶级革命派在辛亥革命后产生分裂，一部分与帝国主义买办相结合，成为革命的敌人。残酷的现实，深深地教训了孙中山先生，这位伟大的革命先行者认识到此路不通，提出了"联俄、联共、扶助农工"的新三民主义，为新民主主义革命的成功奠定了基础。

分析旧民主主义两个阶段的革命实践，我们会发现：前者以维护和延续清王朝为目的，后者以推翻清王朝封建专制统治为革命目标，这看似矛盾的两个阶段的革命，从文化上看，其实质是相同的：

第一，他们都没有超脱时代的局限，一个寄望于科技、经济层面及封建王朝"旧瓶装新酒"式的自身变革；一个寄望于西方政治制度的移植，都将封建专制与中华传统文化混为一谈，不可能真正去认识、挖掘中华优秀传统文化。

第二，在中国，他们是极少数，既不能代表人民群众的主体，也与民族文化发展的方向相悖；失去了对中国传统文化的自信，因而无法唤起民族精神的自觉，也就不能形成全民族奋起的力量。

我们必须认识到，反封建与传承、弘扬优秀传统文化是一体两面、相辅相成的，不革除腐朽的封建专制制度，就无法真正弘扬光大中华优秀传统文化。在西方先进资本主义制度和西方文化的强烈冲击下，单靠中国传统文化自身固然难以解决中华民族救亡图存和民族复兴问题，但是，不以中华优秀传统文化为基础的革命，严重脱离中国的国情，建立在没有文化基石上的虚幻革命理想注定是无法实现的。

如何认识优秀传统文化与新民主主义革命文化的关系，是否承认优秀民族文化传统是新民主主义革命取得胜利的基础和土壤，这是坚定文化自信的又一个关键问题。新民主主义革命的胜利，是马克思主义中国化的硕果，这个中国化，就是在坚定文化自信的基础上，大力弘扬优秀传统文化，光大民族精神的产物。毛泽东同志说过："新民主主义的文化是民族的……必须将马克思主义的普遍真理和中国革命的具体实践完全地恰当地统一起来，就是说，和民族的特点相结合，经过一定的民族形式，才有用处。"①在这里，毛泽东已经将新民主主义文化作为中华民族文化的一部分来看待，他特别强调的"民族的特点""民族形式"，实际就是历经数千年积淀下来的民族文化的优良传统。新民主主义革命的胜利，是马克思主义深深植根于中华优秀传统文化的土壤所结出的红色硕果。之所以说优秀传统文化是新民主主义革命胜利的基础和土壤，至少应从以下两个方面考察：

第一，新民主主义革命的主力军，是在中华传统文化土壤中培育出的农民和由农民养育的革命知识分子，新民主主义武装斗争的胜利，走的是农村包围城市的道路。而农村、农民，则是中华优秀传统文化的主要承载者和传承者。中国是一个传统的农业宗法社会，农民占据着民族的主体。中华传统文化赖以产生的经济、社会、思想基础是农业、农村和农民。习近平同志说："文明特别是思想文化是一个国家、一个民族的灵魂。"②在两千余年的封建社会中，中华思想文化的传承主要有两个系统：一个在上

223

---

① 毛泽东：《毛泽东选集》第二卷，人民出版社，1991，第706-707页。

② 习近平：《在纪念孔子诞辰2565周年国际学术研讨会暨国际儒学联合会第五届会员大会开幕会上的讲话》，2014年9月24日。

层，一个在下层。地主阶级及其知识分子（包括他们的代表皇帝及官僚系统）属于文化传承的上层，其显著特点是文化与政治、权力紧密结合在一起，主要通过国家机器的权力系统及制度、政策的实施来传承、发展文化。文化传统常常成为他们维护专制统治的工具。而在封建社会的末期，扭曲的政治往往裹挟着扭曲的传统，更多展现出传统文化中糟粕的一面。

农村、农民（包括未曾入仕或退出官场的民间知识分子）属于文化传承的下层。其显著特点是，思想文化的传承往往与民风、民俗和家风、家学紧密结合在一起。这里需要特别指出的是，在自给自足的自然经济主导下，中国传统的农村社会基本上是一个宗法自治的社会，与上层社会相隔较远。政治的变革，甚至改朝换代，只要不是战争动乱，对农村社会、对农民的影响是有限的。民族文化的传承在这里更稳定、更系统、更顺畅，我们民族那些优秀的文化传统和精神品格更多地积淀在下层。我们可以说，封建王朝有封建王朝的文化传统，农民有农民的文化传统，二者之间虽同出一源，有天然的联系和相互作用，但又有着巨大的差别。他们共同构成中华传统文化的传承者和承载者。那种将中华传统文化仅仅归属于统治者，视之为腐朽的封建专制文化的观点显然是错误的。毛泽东同志曾说："人民、只有人民，才是创造世界历史的动力。"[1]我们也可以说，农民，是中华优秀传统文化的传承、创新、发展的主体力量。

新民主主义革命的胜利，除了有马克思主义武装起来的中国共产党的领导这个决定性因素外，从文化上讲，有赖于马克思主义与中国社会实际相结合而形成的新民主主义文化的奠基，而

---

① 毛泽东：《毛泽东选集》第三卷，人民出版社，1991，第1031页。

新民主主义文化恰恰是依靠农村、农民这个优秀传统文化的主体和基石构筑成功的。毛泽东曾经多次正确地指出："共产党员不过是全民族中的一小部分，党外存在着广大的先进分子和积极分子。"① "农民在全国总人口中大约占百分之八十，是现时中国国民经济的主要力量"，"中国的贫农，连同雇农在内，约占农村人口百分之七十……是中国革命的最广大动力，是无产阶级的天然的和最可靠的同盟者，是中国革命队伍的主力军。"②农民在新民主主义革命中的主力军作用，成就了中华优秀传统文化在新民主主义文化中的基石地位。例如，对农民来讲，新民主主义革命的重要任务之一是解决农民的土地问题。这场革命，从传统社会制度的变迁讲，是一场摧毁传统、翻天覆地的革命，而从传统文化看，则正是挖掘和激发了沉积在底层农民中的优秀文化传统——对"天下为公"社会的理想与追求。两千多年前，孔子就提出了天下"大同"的社会理想："大道之行也，天下为公。选贤与能，讲信修睦，故人不独亲其亲，不独子其子，使老有所终，壮有所用，幼有所长……"（《礼记·礼运》）农民在共产党的领导下，用阶级斗争的手段来解决"耕者有其田"和消灭阶级剥削压迫，正是发扬光大了中华优秀传统文化的核心内涵，是对"大同"理想的追溯、向往和践行。

第二，新民主主义革命的胜利，实际上也是千百年来，中华民族生生不息的奋斗和无数志士仁人、英雄先烈流血牺牲凝练而成的民族精神的胜利。而民族精神是深深植根于中华优秀传统文化土壤之中的。优秀传统文化与新民主主义革命时期展现出的民

---

① 毛泽东：《毛泽东选集》第二卷，人民出版社，1991，第522页。
② 毛泽东：《毛泽东选集》第二卷，人民出版社，1991，第642-643页。

族精神的血脉联系，我们可以选取三个方面来做简单分析：

一是自强不息的奋斗精神。毛泽东同志在《中国革命和中国共产党》一文中曾经说过，中华民族"以刻苦耐劳著称于世"[①]。早在三千年前，我们的先人就提出"天行健，君子以自强不息"（《周易·乾》）的精神追求。在漫长的历史发展中，中华民族历经磨难，战乱频发，分散离合，播迁动荡，但无论兴盛衰敝，励志图强始终是中国人不懈的追求和精神支撑。强盛不忘发展，动乱激发图强，新民主主义革命的历史，就是这种优秀文化传统集中迸发的历史。无数精英和民众奋起，挺身而出，秉持民族大义，顺乎国情民心，积极求索，力争救国图强，谱写了民族发展史上最壮烈的篇章。

二是心忧天下的家国情怀。在传统的中国人看来，人之根在家，家是人的精神归宿，是心灵的港湾。家国一体，国是家的扩展，家是国的本根，家国情怀就是中国人的精神基因。"修身、齐家、治国、平天下"，"国家兴亡，匹夫有责"，传统中国人将个人生命的追求和人生价值的实现同家国紧密结合在了一起，既抱有对家乡、故土永恒的眷恋，也抱有为家国舍生献身的执着情怀。家国情怀，是新民主主义革命时期，尤其是抗日战争时期，全国上下所表现出的持续浓烈的爱国主义精神的思想基石。

三是维护民族"大一统"的思想理念。中华民族维护团结统一，保卫领土完整，反对分裂割据的优良传统源远流长。早在五帝时期就有"九族既睦""协和万邦"（《尚书·尧典》），追求各部族团结统一的理念。儒家创始人孔子旗帜鲜明地反对分裂、割据，主张恢复周初"溥天之下，莫非王土；率土之滨，莫

---

① 毛泽东：《毛泽东选集》第二卷，人民出版社，1991，第623页。

非王臣"（《诗经·小雅·北山》）的大一统局面。孔子修《春秋》，以维护民族大一统为准则，寓褒贬于微言大义之中，经《公羊传》大力挖掘，对秦汉以后维护民族的团结统一产生了深远的影响。"大一统"是中国传统文化的核心理念，是民族文化之魂。维护统一，反对分裂，捍卫国家领土完整，是中华民族一代代志士仁人舍生忘死、英勇奋斗的核心利益和人生价值所在，是新民主主义革命中所展现出的民族精神的深厚根基和思想源泉。

习近平总书记说："历史不能任意选择，一个民族的历史是一个民族安身立命之本。"[1]没有对自己本民族传统历史文化的自信，就不会有对优秀传统文化传承、发展、弘扬、创新的自觉，也就不会有建构社会主义新文化的自信。没有对本民族历史传统文化的自信、自豪和自觉，也就失去了实现中华民族文化伟大复兴的正确方位、精神支撑和前进动力。

227

（原载《东岳论从》2017年第5期，有改动）

---

① 习近平：《在纪念毛泽东同志诞辰120周年座谈会上的讲话》，2013年12月26日。

儒家道德传统与"八德"修养

公职人员在古代称为官员，这个群体是国家政治上的精英阶层，这个群体的素质和层次，直接决定着一个国家、一个时代的发展方向和前途命运。毛泽东早就说过：政治路线确定之后，干部就是决定的因素。从古至今，官员最主要的是德才兼备，无论社会发生多么大的变化，这个要求是最基本的底线。新的历史条件下，公职人员面临的情况更复杂，任务更艰巨，在德、才两方面提出了更高的要求。建设中国特色社会主义现代化强国，这个"中国特色"，就是指中国的国情、中国的传统、中国的文化。本文主要就公职人员如何传承中华优秀传统美德，提升道德站位，做一个优秀的公职人员，讲三个方面的问题。

一、儒学的道德观与传统美德形成

中华文明有五千多年的历史，我们要从那里吸取丰富的文化滋养，其中很重要的是传统道德的丰富营养。道德的力量体现着我们民族最深沉的精神追求，是我们最深厚的文化软实力。中华美德的形成源远流长，从大量的考古资料中可以发现，在大约五千年前的大汶口文化、龙山文化时期，礼器就已经很精致了。

尧舜时期就流传着很多有关美德的故事，例如，舜是一个大孝子，尧将天下禅让给舜，舜禅让给大禹，这些事迹都被传为美德佳话。夏商时期，大禹、商汤以及名相伊尹，都是美德的典范和化身。但是中华道德观成为有体系的社会规范和行为法则，还是从周公创制的礼乐文明的"德教"开始的，周公是儒家思想的奠基者，是先驱，被称为"元圣"。

1. 儒学的道德观

孔子总结了在他之前中华民族从创始以来，特别是夏商周三代以来的文化，对中华民族道德传统的形成和建设做出了巨大贡献。主要有以下几点：

第一，孔子整理之前的文化典籍，提出了道德行为的准则。就是说，孔子之前2500年的文化有赖孔子而整理，正因为如此，有人说孔子之前的中华文明，依赖孔子而传；孔子之后的历史，依赖孔子而开。如果说继往开来的话，孔子是第一人。

第二，孔子是中国第一个大教育家，创办私学。当时学在官府，民间无教育，也就很难说有道德的传承。孔子创办私学，把教育推向了民间，主张"有教无类"。教育的对象不分地区，不分贵族与平民，人人都可以入学，而且只要是有文化的人，都可以当老师，这是非常了不起的。

第三，孔子创始儒学，使儒学成为中华文化的主干。孔子作为中国思想文化的主干——儒家文化的创始人，他的思想核心主要包括两个方面：一个是"仁"，"仁义道德"的"仁"；一个是"礼"，他总结了有史以来，特别是从西周周公以来的"礼"，并进行了创新、发展。孔子对"仁"的解释非常丰富，从多角度全方位来论述"仁"的内涵。在《论语》中，"仁"被提到了109次，次数最多；"礼"被提到了75次，位列第二。《论语·颜渊》载，樊迟问仁。子曰："爱人。"礼是"恭近于礼"，"礼之用，和为贵"（《论语·学而》）。礼为立人之本，"不学礼，无以立"（《论语·季氏》）。"仁""礼"又是一体两面的，"克己复礼为仁"（《论语·颜渊》）。这是孔子思想的核心，也是中华美德的根本原则，使儒学成为中华文化的主干。

孔子对中华民族道德传统的形成和建设所做的贡献，是孔子对中华文化贡献的主体之一。那么"仁""礼"又经历了怎样的发展，形成了中华文明的传统美德呢？

2. 传统美德形成

第一，在仁的基础上，孔子具体提出了"五德"。《论语·阳货》记载："子张问仁于孔子。孔子曰：'能行五者于天下为仁矣。''请问之。'曰：'恭、宽、信、敏、惠。恭则不侮，宽则得众，信则人任焉，敏则有功，惠则足以使人。'"孔子的弟子子张问孔子："什么叫仁啊？"孔子说："能行五者于天下为仁。"如果能做到这五点，而且推行天下的话，就叫仁。恭，就是恭敬，要尊重他人。宽，就是宽厚，为人宽容、厚道。信，就是诚信，为人诚实，有信用。敏，就是敏于事，办事情敏捷，俗话说办事快捷利落。惠，就是慈惠，善于帮助别人，善于施舍。孔子认为只要有这五种道德，就无敌于天下。为什么？孔子说，"恭则不侮"，你对人恭敬了，就不会招来侮辱；"宽则得众"，你对别人宽厚了，就会得到大家的拥护；"信则人任"，如果你讲诚信，人们会信任你；"敏则有功"，你把事情干脆、利落、敏捷地完成，就容易出成果；"惠则足以使人"，你善于帮助别人，别人就愿意听你的使唤。

第二，孔子还提出了"四教"。《论语·述而》记载："子以四教：文、行、忠、信。"此四字的内涵很丰富，也有多种说法。

230

我认为文，是指说话、写文章，首先得有学问、有文化、有文采，会演讲、会写一手好文章，就是说必须有学问。行，就是践行的意思，也有解释为德行的，既包括道德，也包括行为，即俗话说的有执行力。忠，忠诚。还有信，就是诚信。孔子是以这四个方面来教育学生的。

第三，孟子提出了"五伦"，即五种人际关系怎么处理。他说："父子有亲，君臣有义，夫妇有别，长幼有叙，朋友有信。"（《孟子·滕文公上》）这里就提出了父子、君臣、夫妇、长幼、朋友五种关系。在封建社会中，孟子的这五伦是非常重要的，遵此五伦，社会就非常有秩序，人和人之间的关系也很顺和。父子有亲，就是父子之间要体现一种血缘的亲情。君臣有义，孟子说，义者，正路也。君臣之间，要有正确的处理关系的准则，君对臣要仁慈，臣对君要忠心。夫妇有别，这是讲家庭关系，丈夫与妻子要有差别，例如，古代讲夫唱妇随，现在讲互敬互爱，但丈夫与妻子也应该有差别。长幼有叙，即长幼有序，长者与年轻人，处理关系要讲规则，例如我们如今所说的尊老爱幼。朋友有信，朋友之间要讲诚实守信用。

第四，到了西汉，董仲舒在总结之前儒家学说的基础上，提出了"五常"：仁、义、礼、智、信。五常与三纲，把整个封建社会时期人际关系和人们的行事准则、道德准则做了一个总体的规定。我们大致上可以说，三纲是封建社会时期的人际关系总纲，五常是封建社会时期的核心价值观。三纲是：君为臣纲，父为子纲，夫为妻纲。君为臣纲，国家不乱；父为子纲，家族上下血缘关系不乱；夫为妻纲，家庭关系不乱。当然我们今天看，三纲，基本是维护封建国与家这两个最基本社会关系的纽带，已是过时的封建糟粕。五常，可以说在孟子的"性善论"中梳理得更清楚，论述得更深入："恻隐之心，仁之端也；羞恶之心，义之端也；辞让之心，礼之端也；是非之心，智之端也。"（《孟子·公孙丑上》）孟子提出的"四端"就是根基、萌芽。实际是说，人的良好品质是生而就有、与生俱来的，要通过养浩然之气来保有自己的"四端"。西汉董仲舒在总结孔、孟等先秦儒家思想后提出了"五常"，而且提出"以仁安人，以义正我"，以仁来稳定人的心志，以义来端正自己的行动，把仁和义提到了更加突出的位置。"五常"便成为传统美德之纲常了。

二、"八德"修养与为官之道

到了宋代，杨亿提出了"八德"。《杨文公家训》："童稚之学，不止记诵。养其良知良能，当以先入之言为主。日记故事，不拘今古，必先以孝、弟、忠、信、礼、义、廉、耻等事……只如俗说，便晓此道理，久久成熟，德性若自然矣。"

232

"八德"将儒家道德传承向个人修养和内心的道德养成方面进一步全面化、系统化。杨亿强调的是"童稚"，也就是从小孩子起就要培育养成"良知良能"，如果从小便培养起"孝、弟（悌）、忠、信、礼、义、廉、耻"这八种德性，那就水到渠成地培育出一个道德高尚的人了。这八种德性总体看有两个特点最突出：一是家国一体。先讲孝悌，这是为人道德准则的起点，体现"国之本在家，家之本在身"，而立身之本，首在孝悌。二是与政治紧密结合。突出忠信，且八种德无一不是涉及国之大体的，充分体现中国文化的特性，而儒学本身就是官方哲学，"学而优则仕"，读书为做官。"八德"是做人的要求，更是为官之道。这里要特别说明的是："礼、义、廉、耻"这四个字，最早不是由孔子、孟子总结出来的，而是源于管仲辅佐齐桓公成就齐国霸业的治国大纲。《管子·牧民》记载："国有四维。一维绝则倾，二维绝则危，三维绝则覆，四维绝则灭。……何谓四维？一曰礼，二曰义，三曰廉，四曰耻。"管仲说的四维，是指支撑国家的纲纪、大支柱，一国之民，礼义廉耻，不可或缺，是一个国家的精神支撑，是国家富强的四根支柱。如果礼义廉耻没有了，那国家就灭亡了。或可言，孔子的思想，儒家道德体系的形成，实际上也是齐鲁文化精华的结晶。孝悌忠信礼义廉耻，这"八德"自宋代以来的千余年影响很大，在道德建设、个人修养上成为纲领性的律条。从"八德"来看，我们大致上可以总结这么几点：

1. "八德"为做人准则

在儒家文化精神和儒家道德传统中，"八德"是精华，是核心。每一个字、每一个德目都是对人心灵深处的触动，是做人最基本也是最高的要求。习近平总书记在视察曲阜时说"国无德不兴，人无德不立"，不管是为人还是做官，做有道德之人是首位的。在中国的传统文化里，向来是立德居首，《左传》提出人生"三立"，德居首，"'大上有立德，其次有立功，其次有立言。'虽久不废，此之谓不朽"（《左传·襄公二十四年》）。

人生一世，我们追求的是什么？追求"三立"。传统上中国人的人生追求与西方人是不同的，中国人不像西方人那样信仰天主教、基督教，认为人是从神那里来，再回到神那里去。中国人的信仰是祖先崇拜，即我们从祖先那里来，再回到祖先那里去。中国的民间信仰也认为人有灵魂，但到了另一个世界，还是一家人团聚。这是中西方文化一个最大的差别，这个差别就在于：中国人更重现世，更重人本。从这个角度来看，中国人的人生价值实现，追求生命的延续，就是追求"三不朽"：

第一是立德，第二是立功，第三是立言。在这方面有很多名人、名言，譬如说曾国藩，有人评价曾国藩"立德立功立言三不朽，为师为将为相一完人"。王阳明可以说是影响最大的儒家大师之一，有人在他的故居上写了这么一副楹联："立德立功立言真三不朽，明理明知明教乃万人师"，意即王阳明的人生价值圆满实现了，他虽然肉体去世了，但精神还活在世界上，成为"万人师"。

2."八德"与为官之道

为官从政，要德才兼备，德行为先。孔子专门说过："为政以德，譬如北辰居其所而众星共之。"（《论语·为政》）从政为官，只要道德高尚，就会像群星围绕着北斗星一样，得到人民的爱戴和拥护。所以中国人常说：为官从政德为先，人生三立德居首。这是中国人的一种人生追求。那么"八德"与为官之道有何关系呢？

第一，孝悌是为人之本，也是为官之本。在家庭里对父母的态度，也是为官之本，因为孝悌在中国的传统文化当中，是判断"人"和"非人"的界限，犹如当今大家说判断一个人的品质如何，看一看他对父母的态度就知道了，如果连对生养他的父母都不好的话，这个人就不能称为"人"了。所以孟子提到"四辩"，其中就有"人禽之辩"，对父母感恩与否，就是人禽之别。儒家早就在《论语·学而》中有这样的论述："君子务本，本立而道生。孝弟也者，其为仁之本与！"即强调孝悌是仁的根本。也就是说，孝敬父母，对兄弟姐妹友爱，这是做人的根本，也是做官的根本。"老吾老，以及人之老；幼吾幼，以及人之幼"（《孟子·梁惠王上》），你爱自己的父母，为官以后就应该爱天下人的父母。只有爱自己的父母，才能去爱他人的父母，爱天下人的父母。我们以前称地方官为"父母官"，有人解释说，"父母官"就是为官的人把老百姓看成自己的孩子一样来爱护，我认为所谓"父母官"是把老百姓当父母看，那才真是一个好官。所以我们说孝悌是为官之本。孔子说："立爱自亲始，教民睦也；立敬自长始，教民顺也。"（《礼记·祭义》）意即国君倡导爱心，要从爱双亲开始，这就是教民和睦；国君倡导尊敬，要从敬顺长辈开始，这就是教民顺从。孔子又说："孝以事亲，顺以听命，错诸天下，无所不行。"老百姓都孝敬自己的父母，又听从政府的命令，能将这两条实施于天下，就没有行不通的事了。所以孝悌是立人之本，也是为官之本。

第二，忠信为施政准则。"八德"里面的忠信就是忠诚守信，这是为官施政的基本准则。公职人员首先要讲忠诚，对人民忠诚，对国家忠诚。我们以前总是批判古代的忠君思想，如果以历史唯物主义观点来辩证地看，也要看到其实质。古代的皇帝是国家最高统治者，代表国家。在古代，忠君和爱国是联系在一起的。当今我们讲忠，要忠于党、忠于国家、忠于人民，党、国家、人民也是不能分开的，这是为官从政最基本的准则，没有忠诚，就失掉了目标、方向和准则。所以这个忠，无论是从历史上来讲，还是从我们现在来讲，都是公职人员非常重要的品质之一。信，是孔子和历代儒学大师一直强调的立人、立国之本。诚信是我们中华民族一脉相承的美德，是思想文化的一个核心理念，所以列入了社会主义核心价值观。这些年来，特别是改革开放以来，在商品经济的冲击之下，诚信问题日益突出。孔子说："民无信不立。"（《论语·颜渊》）一个人不讲信用，不知他怎么可以立身处世。所以忠和信是施政的一个准则，一个标尺，一个行动指南，若没有忠和信，就失掉了老百姓拥护的基础。

第三，礼义为修身之基。中国古代的士大夫阶层追求从政做官，学而优则仕，特别是隋唐科举制度之后，读书和做官是联系在一起的，所以修身齐家治国平天下，成为中国传统知识分子和士大夫的精神追求，其中修身是前提，而礼义又是修身之基。孔子说："礼也者，理也；乐也者，节也。"孔子说，礼，就是道理；乐，就是节制。礼义是做人的规范和境界。法，指严刑峻法。在传统的社会当中，约束人们行动、建立社会秩序，主要还是靠礼，所以礼是孔子思想的核心之一。我们中华民族一向为礼义之邦，以礼当先，正因如此，几千年以来，它才形成我们民族的一种特性。

对"礼"进行现代解读的话，它既是一种规范约束，也是一种内心的修养，所以孔子才说："克己复礼为仁。"克制自己，按礼去行事，这就是仁义的仁。比如说孝悌是仁的基础，它同时是一种规范，当今对父母不孝敬，不赡养父母就要负法律责任，所以礼和法之间没有一种截然分明的界限。孔子的仁主要从伦理道德这个层面出发，是一种人的心性修养。孟子发展了孔子仁的思想，将仁与义结合在一起，提出了仁政学说，并把仁提升为治国的思想，即治国要实行仁政，义就成为仁最主要的途径。到了汉代，儒家思想会成为治国的统治思想，就与孟子对儒家思想的发展有关。荀子发展礼为隆礼近法，把礼提升到接近于法的程度。所以在先秦时期，整个儒家思想体系的完善得益于四个人：孔子、子思、孟子、荀子。没有后面这几个人的话，孔子的学说就形不成这么完备的思想体系。正因为形成了这么严密、系统的思想体系，到了汉代，儒家思想就成了治国的纲领。我们现在来看，礼就是道德规范和法的一种结合，它以内心的修养为主体，是人应该具备的品质，也是人能够愉快地接受、践行的自觉行动。所以这个礼，既是一种外在的规范，也是一种内心的自觉。对公职人员来讲，处理好上下级关系，尊重领导，尊重他人，爱护下属，进退有节，礼貌待人，摆正位置等，都是礼。孟子说，义者，正路也，即要走正道不走歪门邪道。怎么走正道？孟子提出："富贵不能淫，贫贱不能移，威武不能屈。"（《孟子·滕文公下》）意即为了坚持正道，就应该做到再富有，也不能奢侈，不能腐化堕落；再贫穷，也要坚守，不能随波逐流；不能屈从邪恶的东西，这才是符合义。概言之，从儒家思想来看，礼义作为修身的根基，既是历史上传统的为官之道，也是如今公职人员应该去吸取的一种正能量。

第四，廉耻为从政之魂。所谓廉，就是廉洁；所谓耻，就是知道哪些是耻辱的。根据文献解释，《广雅》："廉，清也。"即廉就是清。为官之道，首先要清，就是要干净，要清正廉洁。根据前人特别是王夫之的解释，廉是："清也，慎也，勤也，而清其本矣。"意即廉洁包括三个方面：清正、谨慎、勤勉。要廉而不贪、慎微慎言、业精于勤。为官要慎独，慎重对待党和人民给予的权力，慎重行使权力，这也是廉的重要内容之一。假若能保持清正、谨慎，但不去做事，无所作为，这也不能称为廉洁。勤奋敬业也是廉的核心内涵之一。

朱熹解释耻，就是知耻，就是知道哪些事情是耻辱的。朱熹认为，耻便是羞恶之心，人有耻，则能有所不为。正如孔子所说："富与贵，是人之所欲也；不以其道得之，不处也。"大家都希望富有，希望高贵，想要有钱有权，但是不以其道取之是不可行的。孔子又说："不义而富且贵，于我如浮云。"义，就是正道，如果不走正道而有钱有地位，于我就像云彩那么轻飘，我们不会去获取这样的利益，因为那是耻辱的。所以看到不能做的事情就感到羞恶之心，是知耻的核心内涵。概言之，无论是孝悌、忠信、礼义，还是廉耻，既是做人的基本准则，也是做官的最低红线。

三、"八德"与家风建设

公职人员不仅要用"八德"去要求自己，去主动践行，还应该将"八德"作为家庭建设的准则，建设"八德"家庭。

1. 要重视家庭道德建设，重视家风建设

近百年来，中国社会发生了重大变化，中国的社会制度尤其发生了天翻地覆的重大变化。中国经历了两千年的封建社会，鸦片战争之后成为半殖民地半封建社会，新中国成立之后成为社会主义社会。古代是农业宗法社会，往往一个家族居住在一个村子中，村子里多为靠血缘关系连接起来的大家族，而我们今天即便是一家人也不一定住在一起。农业社会正快速向城市化、向工业社会转变，社会制度变革之剧烈，可称巨变。社会发生了巨变，家庭结构也发生了巨变，但是无论怎么变化，家庭是社会的基本细胞没有变，亲情没变，重视家风建设是一个永恒的主题。因而历史上一些人才辈出的文化世家的优良家风，还是有很丰富的文化营养值得吸取的。历史上人才辈出之家必有其原因，家风是最重要的基础。传承传统美德，践行"八德"修养，应该落实到家庭家风建设中，重视家风建设，这是立身立家非常重要的一个方面。

第一，良好的家风是心灵良好的港湾。我们说家庭是我们的精神港湾，但这样一个港湾还要有良好的家风，如果家风不好，那家庭也不是一个平静的、温馨的港湾。所以建设良好家风，是从政的一个根基、基础、靠山。

第二，好家风是孩子成长成才最重要的文化土壤和根基。无论社会怎么变化，每个家庭都对孩子的培养特别关注，希望自己的孩子和后代能够成才，这是我们中国人以血缘关系形成的文化基因决定的。孩子和后代的成长，家风是决定因素之一，而且越来越重要。我们在现实生活中也能感受到，现在家长越来越重视孩子的教育问题，知识改变命运，学习创造未来，重视孩子的知识教育这没有错。因而我们都希望孩子考一所最好的大学，接受最好的教育，认为这很重要。但道德品质教育更重要。所谓性格决定前途，这个性格其实是品质，以一字概之就是"德"。决定一个人的前途最重要的因素是德性，包括品质、行为方式、与人的交际方式等，这些都和家风密不可分。孔子讲"恭、宽、信、敏、惠"，也讲"温、良、恭、俭、让"，还有"八德""孝、弟（悌）、忠、信、礼、义、廉、耻"，都是在讲个人修养，也是在讲应该建设怎样的家风。良好的家风，是培育孩子的第一生态环境。

2. 公职人员是家风建设的主导者

当我们担任一定的领导职务时，在社会、单位是领导的角色，在家庭中是顶梁柱、主心骨，实际上是这个家庭所有人，甚至包括兄弟姐妹等亲戚的标杆、榜样和典范，我们的言行品德影响着家庭的风气建设和发展方向，我们就是家风的主导者。所以我认为公职人员本身的成长离不开家庭、家风的影响，反过来，一个公职人员的家风如何，也主要取决于他本人的表现和带动。所以从历史到现实，公职人员都应该注重家风建设。

3. 公职人员的家风建设应该积极地汲取古代传统家风建设的丰富营养

也就是说，我们应该向古代那些有成就的人学习，向那些人才辈出、科甲连第的家族的良好家风学习，从他们的优秀家风里面吸取营养。这个营养，"八德"修养就是根本。

孔孟教育实践的当代意义

中国儒学创始者孔子与孟子是伟大的思想家，也是伟大的教育家。他们是世界东方的文化巨人，以其思想的光辉和创造性的教育实践，为人类文明做出了卓越贡献。他们的思想理念超越时代，跨越地域和国界，影响了中国和世界数千年。今日，当我们身处全球化和信息革命的时代，思考人类发展、展望整个教育的未来时，仍有必要回首两千余年前，从孔孟的教育思想、教育实践中去汲取当代人所需要的智慧和营养。

一、拉近距离看孔孟——时代特征比较

孔子出生于春秋末期，孟子生活于战国中期，他们的教育实践与历史贡献，既是那个时代文化的产物，也与那个时代的文化生态与发展变革紧密相连。分析那个时代的特征、政治文化和社会生态，是历史地分析孔孟思想的重要组成部分。

在中华五千年文明史上，春秋战国时期是一个极大地影响了中国历史发展进程，决定着民族文化建构，引领中华文明发展方向的特殊历史阶段。现在学术界越来越多的人赞同德国学者雅斯贝斯提出的世界文明"轴心时代"的观点："历史的中轴似乎被发

现处于公元前500年左右，在公元前800到前200年间发生的精神历程之中。正是在那一时期我们遇到了最深刻的历史分界线，我们今天所知道的'人'在那时形成了。我们可以把这个时期简称为'轴心时代'。"①

雅斯贝斯关注世界几大文明古国在这一时期的文化现象，认为在这个时期，充满了不寻常的事件：在中国诞生了孔子和老子；在印度，这是优波尼沙和佛陀的时代；在波斯，袄教提出它挑战式的论点……在巴勒斯坦，出现了以利亚、以赛亚、耶利米；希腊产生了荷马及柏拉图等。"这都是在几个世纪之内单独地也差不多同时地在中国、印度和西方出现。"这里值得我们注意的是，在雅斯贝斯的论述中，他特别注重中国。中国在他所说的"轴心时代"的论述中是重要的历史依据。

这个"轴心时代"，在中国历史上即春秋战国时期（前770—前221年）。这个时期，也是中华文明发展史上的"轴心时代"。

将孔孟生活的春秋战国时代与当今世界做比较，我们发现，尽管相距两千余年，两个时代社会性质和发展水平存在巨大差异，但从时代特征和文化特点上看，诸多方面呈现形似甚至神似之状，存在着相当的可通性、契合性。历史出现了惊人的"复活"现象。不仅东西方学者早有人提出，现代社会进入了第二轴心时代②和新轴心时代③的观点，而且早就有人提出，世界进入了"战国时代"。我们细加分析，至少有以下三个方面更多地体现

---

① ［德］卡尔·雅斯贝斯：《历史的起源与目标》，魏楚雄、俞新天译，华夏出版社，1989。

② ［英］唐·库比特：《空与光明》，王志成、何从高译，宗教文化出版社，2003。

③ 汤一介：《论新轴心时代的文化建设》，《探索与争鸣》2004年第1期。

出两个时代的相似特征：

1. 总体社会状况为：大变革、大调整、大发展时期

春秋战国时期是中国历史上最动荡分裂的时期之一，也是大变革、大发展时期，其结束了西周以来，"溥天之下，莫非王土；率土之滨，莫非王臣"的统一局面，形成了长达五百余年诸侯割据、列国纷争、变法改革、争霸图强的社会局面。各国诸侯为适应社会巨变以求生存发展，从多个方面实行改革探索，这是一个变革主导发展的时期。明末清初学者王夫之称战国之世为"古今一大变革之会"，即是对其社会本质的高度概括。当今世界虽非"战国"乱局，但总的发展格局颇为相似，在世界范围内不仅发生着权力结构的深层变迁，而且各个国家都处在从巨大变革到加快发展的历史过程中。正如有学者指出的："在过去的30年中，世界所发生的巨变远远超越了此前300年的变化。"①值得我们关注的是，两个时代大变革、大发展的总趋势是走向"统合"。即，尽管动荡、变革是主要的时代特征，但总体发展趋势是走向一体化。只不过中国战国之局发展的结局是大一统，当代国际社会则表现出全球化已是不可阻挡的潮流。正如美国前总统克林顿说过的："我们在这个变得越来越小的星球上，拥有共同的未来。一个没有墙的世界是唯一可持续的世界。"②

2. 文化上的多元发展、冲突碰撞、交流融合

战国时代，是中国文化史上各地域文化竞相发展、异彩纷呈的繁荣辉煌时期。一方面，在社会剧烈变革中，西周以来以贵族统治为主体的旧制度的破坏与消亡，带来文化上的"礼崩

243

---

① ［新加坡］马凯硕：《大融合——东方、西方，与世界的逻辑》，海南出版社，2013。

② 同上。

乐坏"。周天子衰微，造成各诸侯国政治、经济、军事的相对独立，从而形成文化上的个性彰显与多元发展。另一方面，"高岸为谷，深谷为陵"的社会巨变，形成了"三后之姓，于今为庶"的贵族家族制的解体。在此情况下，贵族平民化而使知识下移，而私学的兴起又使一些平民、庶人增加了受教育的机遇，带来了平民知识水平的提升。两相汇聚，带来当时知识分子群体的膨胀和社会地位的迅速提升，即所谓"士"的崛起。由此形成战国时代思想解放、学术自由、哲学突破、百家争鸣、名人辈出、文化繁荣的文化奇观，对中国及世界文化产生了至深至远的影响。出现在公元前四世纪至前二世纪齐国（今山东淄博）临淄的稷下学宫，就是当时各派学者相互交流、辩说、吸收、发展的学术文化中心，反映了战国学术交流融合的趋势。在当代社会，由于经济全球化浪潮带来全球范围的交流的加快，技术革命特别是互联网时代的到来又大大拉近了不同文化、宗教交流的距离，当今是历史上空前的文化大交流、大碰撞、大融合的时代，近些年国际学术界多边举行的各种文明对话会，即是这种文化交流、互相辨析吸收的体现。

3. 人本思想发展

追求人的自由，尊重人的个性，重视人的发展，这是两个时代共有之特征。人本思想是中华优秀传统文化的核心价值理念。在最早的文献《尚书·泰誓上》中就有"惟人万物之灵"的记载。春秋战国时期，旧贵族制度的崩溃，给人本思想带来了发展机遇。在春秋时期，列国争霸，竞相发展，人成为主导因素。五霸之首的齐桓霸业，"九合诸侯，不以兵车"，在霸业成就的同时，体现出对人的生命的珍惜和尊重。所以，《管子》中首先提出"以人为本"。战国时期"礼贤下士"之风盛行，既是对

244

人才的渴求，也是人本思想的重要体现。当时，齐宣王见一平民之"士"颜斶，王坐堂上，颜斶止步不前。齐宣王说，你到我面前来！颜斶说，你到我面前来。齐宣王说，我身为一国之君，身份高贵，你为一介平民，身份低贱，我怎么能下拜求你呢？由此爆发了一场"王贵"还是"士贵"的激烈争论。颜斶以例折服齐王：当年秦败齐，下令有敢去柳下季（名士）之垄（墓）砍柴者，"死不赦"，有能得齐王头者，"赐金千镒"，可见"生王之头，曾不若死士之垄也"。结局是齐宣王认错并拜师。在儒家，孔子将人本提升为其思想体系的核心内容。孟子则将人本与政治结合，将"民本"思想提升到前所未有之高度，提出"民为贵，社稷次之，君为轻"。在当代社会，不论东、西方文化传统、宗教信仰有多大差异，人本是时代思潮的主流。将人本、民本思想作为最高的价值追求，并与法治结合，成为普遍的治国理政的主导思想。

我们将孔孟的时代与当今时代做一简要的比较，拉近了我们与孔孟的距离。孔孟的时代与我们今日虽相距两千余年，但由于某些社会形态的相似，他们距离今日之社会并不遥远，我们能在相隔两千余年的遥远时空，"近距离"观察孔孟的教育实践。将孔孟回放到他们所处的社会现实中去，观察总结他们的教育实践，再现一个真实的孔孟，可以使我们更直接、真实地汲取孔孟教育实践在当代的思想意义和教育价值。

二、孔孟教育实践的当代思考

在当今社会，经济全球化、科技一体化、信息网络化将全人类联成一体的新形势下，人类的发展、社会的进步，需要我们首先解决面向未来教育的若干现实和潜在的问题。那么，以当代人的价值观念和文化自觉去深入探求孔孟教育的实践，我们可以发现，孔孟毕其一生的丰富教育实践活动是一座取之不尽的思想文化宝库。现仅就以下三个方面简单谈一点粗浅的认识：

1. "天下"视野的创新精神

孔孟身处分裂割据的春秋战国时代，地处当今山东省的一隅之地——邹鲁之邦。这两个诸侯国在春秋末到战国之世都是地狭力薄的小国。他们在邹鲁之地办教育，一个共同的特点是"以天下为己任"，培养适应天下需要的栋梁之材。

第一，招天下之生。据匡亚明《孔子评传》统计，孔子的弟子到目前仍知其名者有六十八人，属当时九个诸侯国。李启谦先生有《孔门弟子研究》一书，则统计为一百零四人，属十一国。可见，其所谓"有教无类"，不仅不论出身穷通，也不分出身何国何地。

第二，行天下之路。孔孟从事教育实践活动，另一共同特点是，周游列国。孔子一生从教，注意对当时各国政治、社会现实的考察，因而游学成为其重要教育实践活动之一。他在三十五岁时先到齐国，居齐达三年之久，主要是学习齐文化。此后孔子先后到过卫、陈、曹、宋、郑、蔡、匡、楚等诸侯国，历时达十数年之久。孟子则"后车数十乘，从者数百人"，到达齐、魏、滕、薛、宋、鲁等国，时间也有二十年。

第三，育天下之才。《史记·儒林列传》说："自孔子卒后，七十子之徒散游诸侯。大者为师傅卿相，小者友教士大夫。"可见，其弟子散布各国，多为栋梁之材。而孟子招收弟子的原则更明确定为"得天下英才而教育之"，并以此作为"君子有三乐"

之一①。

孔子之前的教育体制，主要是"学在官府"，教育为贵族垄断，至于民间教育怎么办并无先例可循。孔子针对"礼崩乐坏"、天下纲纪不张的社会现实，创立私学，而且有一整套行之有效的教育原则、教学方法、管理制度等，以一人之力创办中国教育史上最大的教育集团，开创影响最大、人数最多的"显学"。这里需要说明的是，孔子之创新，反映出他对时代发展潮流的深邃观察以及他对民族文化发展非凡的创新精神，又将这种创新精神付诸教育实践活动之中。例如，孔子教学生，始而以传统的"六艺"为教课内容，即：礼、乐、射、御、书、数；继而把"文、行、忠、信"作为四大教育内容，也就是进行文化知识、实践能力、忠诚品格和与人交往的诚信等全面的素质教育；再后来将亲自编定的"六经"作为教材。这在教材改革上无疑是一种创新、探究，这与春秋之后列国纷争，民族文化遭受空前破坏关系密切。他编定"六经"，三代文化经典得以整理保存，并通过教材形式传于学生，使民族文化典籍得以留传，民族文化传统得以延续。从知识的角度看，他用三代文化之精髓培育了学生的民族精神。后世有人赞孔子："无孔子则无中国文化。自孔子以前数千年之文化，赖孔子而传；自孔子以后数千年之文化，赖孔子而开。"②这是赞孔子的伟大贡献，也是对孔子伟大创新精神的赞扬。

在当今之世，全球化已成为势不可当之发展潮流，探析孔子的教育实践，吸取其教育智慧，尤其需要吸收的是孔子放眼天

247

---

① 杨伯峻：《孟子译注》，中华书局，2005。
② 柳诒徵：《中国文化史》，中国大百科全书出版社，1988。

下、创新教育的实践精神，就是要有面向世界、面向全球化未来的视野和境界，以创新精神改革现代教育中存在的封闭的、程式化的教育方式，以全球化视野引领教育方向。

2. 以德育为本，德才兼备

孔子创办私学是社会变革的产物。针对春秋时期"礼崩乐坏"的社会现实，孔子创办教育的目的有两个：一是培养匡正天下、改造社会的人才；二是传承道德教化，以实现其"复礼"的理想。因而，他的教育是与当时的政治、道德紧密联系在一起的。他培养学生特别注重"仁""礼"的道德教育。《论语》大多是孔子在教育学生时的谈话记录，其中提到最多的是"仁"，109次；其次是"礼"，75次。孔子口中的"仁"是政治化的道德，孔子口中的"礼"是道德化的政治。孔子教育学生，很和谐地将二者结合起来，所以他的学生大多德才兼备。孔子教育精神之伟大还在于，他以德为本的育人观念，在其教育实践中具有很强的示范性、带动性。一部《论语》读罢，一位诲人不倦的师者形象让读者久铭于心，发人深思。后世赞孔子为"万世师表"，既有对其道德精神的推崇，也有对其师者风范的倾慕。孔子的思想经历代传承推阐，对中华民族以德为本的民族精神的培养产生了不可估量的影响。孟子继承发扬孔子德育精神，力推仁政之说，将政治、道德、教育更紧密地结合在一起。汉代以后，以儒家思想治国，遂将道德之培育传承体系具体化为以仁、义、礼、智、信为核心的民族精神传承体系。中国素称"礼义之邦"，与孔子以德为本的教育理念传承有直接关系。

在当今经济全球化、科技发展日新月异的新形势下，孔孟教育实践中道德为本的智慧理念，孔子德育为本的教育思想，仍然是当代人类社会发展的宝贵精神财富。

第一，孔子道德教育实践所追求的社会终极目标，是建立和谐有序的美好世界。孔子所赞扬的"礼之用，和为贵"，"先王之道，斯为美"，其理想就是人人有君子之德，而"君子之德风"才能形成天下国家的和平与安宁。20世纪以来，在经历了两次世界大战的血腥和苦难之后，建立和谐世界是全人类的共同追求。

第二，孔子以德为本的教育实践，是以"仁""礼"教育为主旨；孟子进而提出父子、君臣、夫妇、长幼、朋友的"五伦"之教，则是"仁""礼"教育的具体化。孔孟所主张的德育之核心理念，是一种博大的爱的教育，在当今世界具有普世的意义和价值。特别值得提出的是，以孔孟德育思想为内核形成的"五常"儒家道德教育体系"仁、义、礼、智、信"，是两千余年来中国社会的核心价值观。尽管随时代发展，其内涵的诠释不断地发展演变，但其精神内核却超越时空具有永恒的价值，是全球化背景下人类共有的精神食粮。

第三，孔孟之教育强调德才并重，面向社会，服务现实，实践性极强。这也为当代教育和人才培养提供了具有先导引领意义的典范。要坚持加强以弘扬传统美德、建设新时代道德观为主体的核心价值观体系建设，让道德教育体系伴随终身教育，做有德之人，建有德之国，推动和谐文明世界建设。

3. 以人为本的教育实践理念

孔孟教育的伟大之处，还在于他们在那个时代，大力挖掘、弘扬、实践了人本思想。在他们的教育实践中，处处闪耀着人本思想的光辉，其丰富多彩的人本思想是我们当代应该倍加珍视的精神财富。孔子的人本教育实践主要体现在以下几个方面：

第一，注重公平，有教无类。孔子提出："自行束脩以上，吾未尝无诲焉。"（《论语·述而》，以下引文未注出处者，均出自

《论语》）即凡是成年之人，都可以做我的学生，这种教育平等的理念反映出孔子超脱时代的博大人本情怀。

第二，因材施教，注重个性。孔子学生来源广泛，成分复杂，孔子坚持因人而异，循循善诱，提出"听其言而观其行"，"视其所以，观其所由，察其所安"，而分别施教。南宋时朱熹总结孔子之法为"孔子教人，各因其材"。

第三，尊重人格，师生平等。孔子与学生的关系中，已现出可贵的平等精神，即教学相长、平易近人、互敬互爱，孔子师生成为尊师爱生的典范。孔子公开提倡"当仁，不让于师"，即号召学生在做践行仁义这样重要的事情时，对老师也不用谦让。他对学生的爱及学生对他的敬，达到了亲人般的程度。当他听到学生颜回去世后，望天哀叹："天丧予！天丧予！"反映出他与学生近乎骨肉的深情。而他的学生子贡听到有人诋毁孔子时，由衷赞叹："仲尼，日月也，无得而逾焉。人虽欲自绝，其何伤于日月乎？"

孔子在教育实践中所展现的人本思想，是我们当代人的一面镜子，他所创设的师生关系堪称代代从教者的典范。清代康熙皇帝特赐曲阜孔庙御匾"万世师表"，也道出了孔子教育实践超越时空的普世价值。

孔子在教育实践中所展现的人本思想，既是我们当代人（这个当代人，是指整个人类）的一面镜子，又是丰富的精神滋养，我们可以通过吸取孔子的精神理念和孔子的教育实践经验，来达成孔子教育人本思想的现代转换与价值实现。转化、传承和弘扬孔子人本思想理念，我认为主要有三点：

第一，"仁者爱人"，孔子之人本。首先出于爱人之心，今日之人，首先学习孔子之爱心。师生如父子，如手足（兄弟），爱

250

之深，关之切，这是总的出发点。

第二，忠恕思想"己所不欲，勿施于人"，这是尊重他人人格的精神理念基础。只有将孔子思想理念作为我们今天构筑道德精神的基础，才能真正践行人本思想。

第三，"和而不同"，这是孔子所倡导的君子人格的主体之一。在当代不同民族、宗教、国家的密切交往中，只有实现孔子所赞赏的君子品格，才有全球化背景下的人本。我们以爱、恕、和的思想理念去培养君子的浩然之气，才能成为新时代的仁者与君子，而这一点正是当代人所应具备的道德基础。

孔子的人本教育实践经验贯穿在他一系列与学生教学相长的实践中，孔子的教育实践直接为我们今日提供了人本教育实践的范本。如何在言行实践中去实现，我认为孔子至少提供了三种范式：

第一，对话交流随遇而发。一部《论语》多录孔子与学生的对话，或谆谆告诫，或侧耳倾听，显见孔子与学生深度交流之态。

第二，日常生活中相互关注。孔子教育的个性化，因材施教，都源于他对学生日常生活的关注。他总结颜回："一箪食，一瓢饮，在陋巷，人不堪其忧，回也不改其乐。"他细致入微的观察评说，既是对弟子的尊重与赞誉，也是教育学生的一种方式。

第三，安排特定的实践活动。如与四个弟子"各言尔志"的侍座交流，像是一场精彩的专场演出，又像是其特意安排的教育活动，是孔子教育实践中颇具代表性的活动。

对话交流，日常关注，专题研讨，孔子为我们提供了丰富的教育实践经验，展现出其丰富博大的人本思想情怀。

（本文根据在韩国安东大学"21世纪人文价值论坛——关注与认同：和谐社会价值观"研讨会上的发言整理）

齐鲁优秀传统家风的当代价值

中华传统文化在中国的传承有两个系统：第一，官方系统，以历代帝王和官僚体系为主线，后朝修前朝的历史。这里也包括历代的知识分子，即士大夫阶层，他们往往"仕而优则学，学而优则仕"，读书为了做官，做官为了更好地读书和发挥自己的作用。官学结合，是中华文化传承中很突出的一个特点。第二，民间系统，即文化的传承靠家庭、家族一代一代口耳相传。中华文化和西方文化有着显著的差异。西方文化，比如欧洲文化起源于城邦，城里谁是英雄，就推举谁做领导，实行公民政治，选举产生管理者，所以西方现在的选举制度是有文化根基的。而中华文化完全不同于西方，中华文化以农业宗法社会为基础，宗法以家族为根基，是按照血缘系统传承下来的，族中长辈来解决家族中出现的问题，是家族的管理者。中国历史上相当长一段时间，"皇权不下县，县下惟宗族，宗族皆自治"，县以下靠家族来治理社会。所以在中华文化当中，国和家是不能分的。孟子说，"天下之本在国，国之本在家，家之本在身"，将天下和个人联系在一起，形成从国到家的发展脉络。所以说，家庭家族是中华文化传承的两条主线之一。

齐鲁文化是中华优秀传统文化的重要组成部分，发源于齐鲁之地的儒学成为后世中华文化的主干，其中的优秀传统家风对当代家风建设具有深刻的启示、借鉴意义。

一、齐鲁传统家风的历史地位

　　第一，孟母教子是最早的家教、家风建设典范，共由五个故事组成。

　　一是"三迁择邻"。孟母为培养孟子的良好习惯与优秀品质，三次择邻而居。由"其舍近墓"，迁至"舍市傍"，最后"复徙舍学宫之傍"，孟子从小专注于礼仪进退、读书学习之事，终于成为大儒。二是"断机教子"。孟子少时，中途辍学回家，"孟母引刀裂其织，以此诫之"。以断机之举，警示中途废学之害，教子学习须专心勤奋。三是"买肉啖子"。孟子少时，见东邻杀猪，问母亲，这是为什么？母曰："欲啖汝。"其母自悔失言，"乃买东家豚肉以食之，明不欺也"。孟母以身作则，教子成为言而有信之人。四是"阻子休妻"。孟子之妻独居时裸露身体，被孟子看到，孟子认为妻子不懂妇道之礼，要休妻。孟母训示孟子不懂礼，反而以礼责备妻子，阻止了孟子休妻。五是"释子之忧"。当孟子在齐国不得重用，想离开齐国远走他国，却因母亲年老而忧愁时，孟母鼓励孟子周游列国，去实现自己的理想抱负。

　　这五个故事分别从不同的角度展示了孟母教子的丰富内涵和历史影响，凸显了中华民族传统道德的核心价值观，以优秀道德培育为主线，突出了家风建设。孟母是传统意义上家风建设的奠基人。虽然，我们无法否认在战国以前也是有家风、家教的典范，但战国以前贵族世袭制时期等级森严的贵族家庭，与后来传承数千年的传统家庭在家族制度、内在结构、文化传承上是有质的差别的，战国以前贵族的家风并不具有后世所说的家风的特征。真正的三口之家、五口之家、三代人之家，是从战国开始形成的，也自此出现了传统家族、家庭的家风家训，就是一个家庭、家族世代相传的比较稳定的生活作风、传统习惯、道德规范和处世之道，它的核心是品德、情操、价值观念和精神追求。所以孟母是传统家庭形成过程中最早关注家风家教建设并树立典范的第一人，她开创了中国历史上最早的家教。同时，她创造了中国历史上最早的家训。孟母在训导孟子时，有许多劝学、励志、修身的名言，比如"学以立名，问则广知"，"居则安宁，动则远害"，"将入门，问孰存；将上堂，声必扬；将入户，视必下"等。一般认为，家训最早出自东汉，但实际上孟母这些话都是因事明理、情深意长的家训名言。

第二，诸葛亮的《诫子书》是中国早期最著名的家训。

在中国十大经典家训中，《诫子书》位列第三，但它是汉代以后最早最知名的家训。其中，最著名的话是"非淡泊无以明志，非宁静无以致远"，"非学无以广才，非志无以成学"。诸葛亮还有《诫外甥书》："夫志当存高远，慕先贤，绝情欲，弃凝滞。使庶几之志，揭然有所存，恻然有所感；忍屈伸，去细碎，广咨问，除嫌吝，虽有淹留，何损于美趣，何患于不济。若志不强毅，意不慷慨，徒碌碌滞于俗，默默束于情，永窜伏于凡庸，不免于下流矣！"

诸葛亮是琅琊阳都人（今山东沂南县）。他的两篇家训文，从立意、内涵、范式等各方面对后世家训、家风都产生了深远、重大影响。中国十大经典家训中，排第一位的是周公的《诫伯禽书》。伯禽是鲁国国君。在行将就封国之时，周公对

254

儿子如何当好国君提出的第一个要求是如何对待"士"，提出"子勿以鲁国骄士"，意思是不要因为你是国君就看不起知识分子。紧接着提出了六个方面的"谦德"修养要求，以达到荣、安、贵、胜、哲、智的境界，从而定国安邦，"富有四海"。不过，这个家训更像为国君之道，不太像是一般的家训。排第二位的是司马谈的《命子迁》，是司马谈临死的时候拉着司马迁的手，边哭边嘱咐的一些话，前面都是在说祖上的事情，最后说"且夫孝，始于事亲，中于事君，终于立身。扬名于后世以显父母，此孝之大者"。意思是要求司马迁一定要干出点名堂来。这话有点像遗嘱，也不是常规意义上的家训。所以我认为，诸葛亮的《诫子书》是中国历史上最早、最著名、对后世影响最大的家训。

第三，《颜氏家训》是中国历史上第一部家庭教育的理论著作。

《颜氏家训》被誉为"古今家训之祖"。《颜氏家训》的作者颜之推是山东临沂人。《颜氏家训》共七卷二十篇，分别是序致第一、教子第二、兄弟第三、后娶第四、治家第五、风操第六、慕贤第七、勉学第八、文章第九、名实第十、涉务第十一、省事第十二、止足第十三、诫兵第十四、养生第十五、归心第十六、书证第十七、音辞第十八、杂艺第十九、终制第二十。可以说，《颜氏家训》对家庭教育的方方面面都涉及了，称得上中国历史上第一部家庭教育的理论著作。

由上观之，在中国家风、家教、家训发展的历史上，齐鲁文化是做出特殊贡献的。这和齐鲁是中华文明"轴心时代"的"重心"，是儒家文化的发源地有重要关联。

二、齐鲁"文化世家"的家风与家教

每一个家庭都有家风。我们回看中国历史上的家风,实际上主要还是指那些士大夫家庭的家风。普通人家也有家风,但没总结出来就没法传承。我们传承中华优秀传统文化当中的优良家风,应该从那些"文化世家"中挖掘。中国一直是一个宗法农业社会,宗法主要是家族、家庭的法则。中国历史上有一个很重要的文化制度,就是科举选仕制度。自从隋朝开始科举考试之后,一张考卷定终生,才有"十年寒窗无人问,一举成名天下知"这样的现象。很多人家庭出身贫寒,但寒窗苦读十年,一旦考上就有了功名,就有了从政为官的机会。好多家庭,代代出人才,成为人才辈出的"文化世家"。

1. 从《山东"文化世家"研究书系》看山东历史上的"文化世家"

在这样的背景下,"文化世家"之所以能连续几代出人才,就是因为有优良的家风育人。2013年,我们编纂的《山东"文化世家"研究书系》由中华书局出版。该书选取了山东历史上在各领域、各方面具有代表性的28个"文化世家",每家写一书,分别从源流盛衰、婚姻交游、代表人物和家风家学等方面对每一家做了详细考察,其中家风家学是列为专章的。这套书出版后,《光明日报》刊登了专版《从"文化世家"看文化中国》,得到一些知名学者的充分肯定和较高评价。我当时对"文化世家"立了四个标准:一是贡献巨大,二是声名显赫,三是人才辈出,四是久盛不衰。由此,分成了圣裔家族、经学世家、科举世家、特殊世家四种类型。

一是圣裔家族,4家,孔子、孟子、颜回、曾子的嫡系后裔。他们受历代王朝册封，是山东独有的家族。

二是经学军功世家，8家，泰山羊氏、高平王氏、琅琊诸葛氏、琅琊王氏、兰陵肖氏、东海徐氏、齐州房氏、临淄段氏。这些世家靠经学传承以及在政治、军事上建立功勋，成为汉魏至隋唐时期声名显赫的文化望族。

三是科举世家，14家。这部分占了一半数量，主要是靠科甲连第，从而人才辈出，在历史上做出突出贡献的家族。比如，巨野晁氏，北宋著名文学家晁补之就是这个家族的。章丘李氏，李清照的家族，她父亲李格非也是著名文学家，并且也做过官。临朐冯氏，有著名散曲学家冯惟敏。新城王氏，王渔洋的家族，在全国能达到这个家族高度的很少。安丘曹氏，出了著名文学家曹贞吉，也做过高官。莱阳宋氏，出了宋琬，清八大诗家之一，他的家族也是著名的世家。博山赵氏，出了著名文学家赵执信，他二十几岁就在朝为官，二十八岁因佟皇后丧葬期间观看洪昇所作戏剧《长生殿》被劾革职，终身不仕。聊城傅氏，就是傅斯年的家族，他的祖上傅以渐是清朝入关以后第一个状元，做到武英殿大学士，位极人臣。傅氏家族重视教育，在100多年间考取进士、举人等功名的子弟众多。德州田氏，田雯是著名文学家。诸城刘氏，刘统勋、刘墉父子俩都是清代名臣。栖霞牟氏，有牟氏庄园传世。海丰吴氏，吴式芬是著名金石学家。济宁孙氏，孙氏兄弟一个状元一个榜眼，是清末著名文化家族。

四是特殊世家，如德州苏禄王后裔家族和聊城杨氏海源阁藏书世家。

2."文化世家"的形成

我们重点分析科举世家就会发现，他们虽朝代不同，兴家之情各异，但共同特点还是很鲜明的。

一是耕读立家。耕稼是养家之基，教育即兴家之本。所有"文化世家"都把家学家教放在第一位，树立一个读书的好风气，这是家风的一个重要方面。我总结为"以农立家，以学兴家，以仕发家"，以此来保持家族的稳定和繁荣。这里说的"以仕发家"，不是说当了官之后贪污受贿。古代鼓励考取功名，明清两朝的举人家里必须修大门，官家给一块石头放在门口，石头上有一个旗杆眼，举人家庭可以插旗杆。县官到任，先看看哪一家有旗杆，就得去拜见。所以当耕、读、仕达到了有机统一，优良家风的社会价值即得到充分显现。

二是道德传家。道德为人伦之根，亦为修身之基。人伦指的是如何处理人与人之间的关系，修身指修养身心。一个家族，名显当世，惠及子孙者，唯有道德。以德治家，家和万事兴；以德传家，代代受其益。就如贪腐来说，一个从政为官且到一定高位之人走到这个位置得经历多少艰难困苦，呕心沥血、夙兴夜寐，为什么要贪，要拿不该拿的东西呢？一旦东窗事发，跌落深渊，掉到泥坑里、污水里，会成为一生抹不去的污点，毁了自己，也毁了家庭。这就是道德出问题导致的。历史的经验告诉我们，只要有优良的道德传家，后代定会人才辈出。

三是人才兴家。所谓"文化世家"，常常是"江山代有人才出，各领风骚数百年"，每代都有一个或几个杰出人物出现，既支撑住家族的政治、社会、经济地位，承续家族的发展，又为家族及后代子孙树立了典范和榜样。试想我们的父母、祖父母跟我们谈起祖上的时候，一定是谈那个最有出息的、给家族争光的人，我们都要争做给自己家族争光的人。有一种说法是，一个人会死三次，第一次是生命的结束，第二次是发丧，发丧以后就和亲人阴阳相隔了，真正的死亡是第三次，即最后一个知道他名字的人也死了，那么他就彻底从这世间消亡了。我觉得这种说法有一定道理。雷锋虽然只活了22岁，但他是永生的，因为他立德了，他会永远活在人民心中。还有给子孙后代树立榜样的祖先，每当子孙说起他都会感到自豪，谁不为自己祖上的优秀人物感到自豪呢？这样的人就不会被遗忘。中国人传统上都是望子成龙的，希望青出于蓝而胜于蓝，希望家庭持续提升发展，而历史上齐鲁的"文化世家"就是因为优良的家风才使得家族人才辈出。比如，新城王氏，即王渔洋家族，这个家族六代人当中，有33个进士、38个举人、115个贡生，76人入仕途，一个家族六代人中出了57个知县以上的官员，这的确是不得了。王渔洋家族从第四代开始，王重光成为进士后立了祖训，他的后代再出名人就再出家训，所以新城王氏的家训比较多，也比较好。再比如诸城刘氏，刘氏家族共出了11个进士、31个举人、149名监生，刘氏十几代人当中，男性共822人，求取到功名的人占31.75%，而且代代有功名，没有好家风是办不到的。这些家族每一代都非常注重子孙培养，我们不得不佩服这些家族祖上的远见。

四是家风成家。好的家风成就一个家族。家风是修身之基，是齐家之要。"文化世家"的优良家风积淀着丰厚的道德共识和治家智慧，是我们当代深入挖掘、阐释优秀道德传统的宝藏。"文化世家"的家风往往和家训结合起来传授给后代子孙，有的叫家训，有的叫家箴，还有的叫家铭。家箴、家铭要刻在石头上，新城王氏家族就在坚硬的石头上刻上了有关清廉的家箴，说谁要是贪腐就开除他的家族籍。

3."文化世家"的家风与家训

第一，家风的地位。

家风是一个家族的灵魂。家风是一个家族的精神连线，连接着祖上和后代子孙。有了家风和家训，祖上做的好事子孙就会知道，形成的好传统，一代一代传下去。一个家族能够经历若干年甚至数百年长期的兴旺发展，就是因为优良家风的传承。良好的家风是上下代之间的精神连接，优良的道德教育主要是通过家风传承来实现的。

家风是一个家族的命脉。家风往往是由功名显赫的第一代创立，然后一代一代维护、补充、发展，形成一个家族独具特色的道德传承系统，成为贯穿这个家族的精神命脉。一代人达到的高度能不能传下去，乃至达到更高的高度，后代能不能代代出人才，就看是否保持传承了优良的家风。

家风是一个家族的根基。家庭是孩子成长的先天环境，从孩子呱呱坠地起，家风就是培育他们成长的第一文化生态环境。孩子认识事物，学着说话，首先感受到的就是家庭风气。如果父母天天打架，孩子天天看到的是疾言厉色，孩子性格就会受到不好的影响。俗话说"三岁看七岁，七岁看一生"，三岁的孩子初步有了对世界的认知，七岁是一个人性格形成的奠基期，在人生的初期，家庭风气对孩子的成长影响很大。家族还不断有新成员加入，比如娶妻进家门，如果家风很好，新媳妇就愿意改变自己；如果家风不好，新媳妇就有可能受到不好的影响。所以说，家风是每一个家庭成员成长的环境和基础。

家风是一个家族的动力。良好的家风，既是温馨的港湾，也是成长发展、干事创业的巨大动力。历史上的中国人，人生价值的实现，包括家、国两方面。从家讲，既有光宗耀祖的追求，也蕴含着对自己赖以成长的家风的维护，对优良家风的发扬光大。优良的家风既是一个家族兴盛的原因，也是永续发展的基础。越是成功的家族，越是注重优良家风的培育和传承，而越是注重优良家风的传承和培育，就越是能够促进家庭人才辈出、永续发展，从而形成良性循环，这是历史上名门望族发展的共性。

第二，家风的内涵。

"文化世家"的家风，往往以儒家伦理纲常为主导，以家训、家规、家书为载体，以劝学、修身、孝亲为重点，以怀祖德、惠子孙为指向，成为一个家族内部的精神连线和传家珍宝，传递着先辈对后代的厚望和父祖对子孙的诫勉，也营造出一个家族人才辈出、科甲连第、簪缨相接的重要先天环境和文化土壤。

一是劝学向善。要想实现家族的兴旺发达，家学的培育和勤勉学习风气的形成，是家风建设的基础。知识改变命运，学习创造未来，一个家庭首先要有一个爱读书的风气，所以家里的书房很重要，"书香之家"对孩子的影响是很大的。几乎所有世家的家风和家训，无一不在强调读书的重要性。诸葛亮说："夫学须静也，才须学也。非学无以广才，非志无以成学。"明清以后，特别注重以科甲任官，所以读书、读好书几乎成为唯一的晋身阶梯。

二是家国情怀。家国一体，家是国的基础，国是家的扩展。家国情怀，成为中国人尤其是知识分子的精神基因。一个真正有作为的人，必须有家国情怀，儒家提倡"修身、齐家、治国、平天下"，修身是为了齐家，人的根在家，家是人的精神归宿，也是人心灵的港湾。修身还为了为国家出力，国是家的扩大，家是国的浓缩，家国是一体的。所谓"平天下"，"天下"指的就是我们中华民族，要为国家、民族效力。家国情怀，是我们中国人尤其是知识分子的精神基因，将个人的人生追求和价值观同家国紧密地结合起来了。还有"知责任者，大丈夫之始也；行责任者，大丈夫之终也"的说法，要成为大丈夫，就得有责任有担当，扎扎实实走好当前的每一步，竭诚尽力，为国家和人民做贡献。

三是忠孝观念。"忠孝"是传统上中国人至高的人格追求，忠臣孝子是封建时代人的生命价值的最高体现。忠和孝有时代性，每个时代都有不同的内涵。古代说忠于国家，那就要忠于国君，因为国君是国家的代表。人没有忠于国家的情怀是不行的，忠是做人之本，孔子就以"文、行、忠、信"作为培养学生的重点。孝是忠的内化。孝包含两层含义，一是孝顺自己的父母，孟子把孝与不孝看成是人与禽兽的区别。二是"老吾老，以及人之老；幼吾幼，以及人之幼"，尊敬自己家里的长辈，从而推广到尊敬别人家里的长辈。

四是从政清廉。"文化世家"基本都世代为官，所以清廉是家风传承的核心之一。廉政思想是保持家族昌盛、人才辈出、科甲连第、永续发展的根本。这些世家从小培养孩子的廉政思想，树立正确的道德观念、从政观念，家族才能代代兴旺发达。所以清廉是"文化世家"家风的灵魂。

第三，家风的传承。

一个家族有三条途径传承家风。

一是先祖示范，传承后世。家族中崛起的第一代往往是家风的创始者，他们事业成功，道德垂范，廉洁从政，功名显赫。这位先祖就成了后代子孙学习的榜样。

二是家训传承，家规惩戒。王渔洋祖父王象晋曾说："士大夫当实有忧国之心，莫徒有忧国之语。当为天下必不可少之人，莫做天下必不可常之事。"这就是新城王氏培养出那么多政绩卓著的官员的原因。实际上，新城王氏崛起的第一代是王渔洋祖父的祖父王重光，他写了家训以后，他的儿子王之垣把父亲的教诲编成《念祖约言》，意思是要一代一代熟读和怀念祖上嘱咐的话。后来，王氏每一代都有人专门整理家训，且条目逐代增加。王渔洋的儿子到辽宁去做知县，王渔洋给他写了一部《手镜》，告诫儿子审慎处事、洁己爱民，要求儿子每天都要看，要立好规矩。包拯的家训也非常严厉，要求后代防贪腐："后世子孙仕宦，有犯赃滥者，不得放归本家；亡殁之后，不得葬于大茔之中。不从吾志，非吾子孙。"后代做官若贪污受贿、滥用权力，包拯就不承认是他的子孙，死了之后连祖坟都进不了。

三是以身示范，子承父训。王渔洋为官以精明强干、清正廉洁出名，王渔洋自云："山人官扬州五年，不名一钱；急装时，唯图书数十篋。尝有诗云：'四年只饮邗江水，数卷图书万首诗。'"王渔洋说在扬州为官五年，没有一文钱是贪腐而来的，走的时候只有几十箱子书。有这样一个人为后代子孙做榜样，他的家族能不人才辈出吗？

三、齐鲁传统家风的当代启迪

近一百五十年来，中国社会发生了千年未有之大变局。传统的农业宗法社会加速发展为现代工业化社会，不仅历史上的"文化世家"已不复存在，而且延续数千年聚族而居的家族、家庭结构发生了巨大的改变。但是无论社会变革多么剧烈，中国传统文化的基因仍然沉积在我们的思想、精神、观念、行为之中。当代的家庭、家风建设仍然应该从历史上优秀传统家风建设中汲取丰富营养。观其要者，主要有以下几个方面：

1. 身正为范，表率齐家

树立好的家风，每个人都应该从自身做起。在现代家庭中，父母是孩子的第一任老师，我们要从自己做起，为家庭成员做出表率，带动整个家庭道德修养的提升。家庭成员，包括孩子、爱人、兄弟姐妹，也包括父母。我们应该做好三件事：一是把工作做好，二是带出一个好的家庭，三是提升个人能力素质。在中国历史上，凡是科甲连第、人才辈出的家族，大多是有一人或一代官员在廉洁、勤政方面做出了表率，为整个家庭和子孙后代树立了典范，并立了家训和家规，子孙以之为榜样，形成良好的家风传承，成就了人才辈出的"文化世家"，这是成功的历史经验。

2. 德育为首，清廉为重

孔子说，"为政以德，譬如北辰居其所而众星共之"，"德不孤，必有邻"。我们往往很注重孩子的智育，而忽略道德品质的培育。道德品质不够良好，很难得到好的发展。人活一世，怎样才是圆满的人生？《左传·襄公二十四年》记载："'大上有立德，其次有立功，其次有立言。'虽久不废，此之谓不朽。"最高的是要树立德行，做一个道德高尚的人；其次是建功立业，尽己所能，为国为民出力，德和功结合起来，才是德才兼备之人；再次是留下言论，放之当今社会，立言中很重要的是提倡立家训，为家庭的人才辈出奠基。

"礼义廉耻，国之四维"，那么什么是廉？明代大学问家王夫之在《读通鉴论》一文中写道："论官常者，曰清也，慎也，勤也。而清其本矣。""廉"有三种含义，一是"清"，就是清正，两袖清风，不贪不占。二是"慎"，就是谨慎，慎重用权，不滥用权力。三是"勤"，就是勤奋，在其位勤其政，奋发有为。当然我们还要做到"知耻"，孟子说"羞恶之心，义之端也"，要知道哪些事是令人羞耻、让人厌恶的，这样才能有所不为。清、慎、勤、知耻，缺一不可。

3. 夫妻共育，母教为先

家风建设，离不开女性主体，尤其在子女教育方面，母教是谁都替代不了的。特别重要的是道德养成教育，要让孩子学会为人处世。家风建设应该夫妻共育，尤其注重母亲对孩子的教育。家风建设中，女性的作用是一个关键的因素，历史上伟大人物的背后往往站着一个伟大的女性。不仅孟子得益于母教，每一个人才辈出的"文化世家"里，必然有一个或是数个、一代或是数代伟大的母亲。前面提到的28个"文化世家"里，有2/3的家族都总结出了这一条。比如德州田氏家族，田雯、田需兄弟二人都考中了进士，功名显赫，为清初著名诗人，他们早年丧父，由母亲培养成才。晚年田雯回忆母亲说："善读书，年七十余，手不释卷。精通经史……每发表议，全合乎圣贤之道。"七十岁高龄，还手不释卷地读书，每言必符合圣贤之道，这样一位母亲，对子孙后代的影响该有多大！可见母教在家风形成、育子成才中的作用。母亲要言传身教，给孩子做好表率。

265

4. 爱国爱家，国事优先

孟子曾说："天下之本在国，国之本在家，家之本在身。"传统家风建设注重家国情怀、家国一体，所以我们爱家必然首先爱国。家国同构是我们民族的优良传统，所以我们爱家，就必然首先爱国。《孟子·离娄上》里面有"不孝有三，无后为大"之句，汉代人赵岐注解"家贫亲老，不为禄仕，二不孝也"，意即不孝有三，第二不孝是家境贫穷，父母年老，自己却不愿离开父母去为国出力，这也是"不孝"的一种。放到现代来说，在父母年迈、家庭比较贫困的情况下，做子女的如果不好好工作，让父母过上好的生活，这也是一种不孝。所以在中华民族的优秀传统文化中，既讲爱家，又讲爱国，两者相较，国事当头。这些都是我们应当从齐鲁传统家风中汲取的丰富营养。

习近平同志曾经满含深情地指出："不忘历史才能开辟未来，善于继承才能善于创新。优秀传统文化是一个国家、一个民族传承和发展的根本，如果丢掉了，就割断了精神命脉。"齐鲁优秀的传统家风文化，积淀着一代代名人贤哲最深沉的精神追求和治家经验，是我们当今建设新型家庭、家风不可或缺的丰富文化营养。继承、创新、发展优良家风是我们当代人必须勇于开拓承担的历史责任。

（根据2021年11月山东干部培训学院演讲稿整理）

论诚信教育中的三个"结点"

　　诚信，是中华民族精神的核心内涵，是一脉相承的立国、立世、立人之本。党的十八大以来提出的培育和践行社会主义核心价值观"三个倡导"中，诚信，这个传承数千年的古老德目，被列入了当代倡导的公民价值准则之中。习近平同志指出："优秀传统文化是一个国家、一个民族传承和发展的根本，如果丢掉了，就割断了精神命脉。"搞好诚信教育，尤其是中小学的诚信教育，是诚信文化传承、创新、发展的基石和主渠道。

　　以传承春秋时期我国伟大政治家管仲治国理政思想为主体，汇聚诸子百家政治智慧的经典文献《管子》中有《枢言》篇，该篇可称为是治国理政的精言荟萃，甚至有学者认为是全书之"枢纽"①。该篇首对"诚信"要义进行了深刻阐述，提出："诚信者，天下之结也。"将诚信视为能凝聚民心、统治天下的思想中枢和精神纽带。今天，从历史发展的角度来审视青少年的诚信教育，我认为应该认真抓好诚信教育中的三个"结点"，以此推动诚信教育扎实、深入、富有成效地健康发展。

----

① 汤孝纯注释：《新译管子读本》，台湾三民书局，1995。

一、认识"结点"：文明之根

搞好诚信教育，首先要让我们的教育工作者和领导者，对诚信教育的地位和重要性认识到位，认识到：诚信，是中华民族的精神标志；在中华民族五千年发展史上，"诚信"文化最早被统治者重视，最早被学者诠释，最早进入国家、社会、公民治理体系，也最早成为中国人心灵、情感和道德熔铸的基本要素之一，是中华文明之根。

诚信是最早植根于中华文明深处的思想理念之一。在中国最早的文献典籍《尚书·尧典》中，就有赞扬帝尧"允恭克让，光被四表，格于上下"的记载。《尔雅·释诂》曰："允，信也；允，诚也。"这是说尧能够诚信恭谨，推贤让能，光照四方，道通天地。可见，早在"五帝"时期，诚信就成为重要的执政理念并被付诸政治实践。《尚书·汤誓》中也记载了商代始祖汤在对臣民的誓言中，以"尔无不信，朕不食言"作为构建和谐君臣关系的行动准则。

春秋时期，社会巨变、列国纷争、礼崩乐坏，列国统治者为了在变革中求得生存与胜利，大力倡导、标榜诚信，诚信思想遂成为当时政治、外交、军事以及国家和人际关系层面最重要的行为准则和道德圭臬。《左传》中，"信"字出现了216次，是出现最多的德目之一。"信，战之器也"，"信，国之宝也"，"礼以行之，信以守之"，在《左传》记载中屡出君臣上下之口。在儒家思想理论体系形成、发展过程中，诚信思想体系也得到了进一步发展和完善。孔子在《论语》中38次提到"信"，并从多个方面阐发了信的丰富内涵和重要价值，提出"民无信不立"，"人而无信，不知其可也"，他也是最早将信纳入教育重点科目的先师①，并将信列入其思想核心仁的基本道德内涵"五德"之中②。孔子奠定了诚信在儒学思想体系中的核心地位。

战国时代，诸子百家争鸣，各个学派围绕政治、社会的未来与发展，相互辩说、交流激荡，诚信思想得到各学派的重视、论说与发展。孟子不仅传承发展了子思关于诚的思想论述，将诚与善结合，提出"诚身有道，不明乎善，不诚其身矣"（《孟子·离娄上》），而且进一步发展了孔子的诚信思想，将"朋友有信"提升到与"父子有亲，君臣有义，夫妇有别，长幼有叙"并列的"五伦"之中，使诚成为整个社会关系的道德基准。荀子对诚与信，都有深入论述，提出"上端诚则下愿悫"，"百工莫不忠信"的主张，将诚信扩展为商贾、百工、农夫等的职业道德准则。值得注意的是，战国时期的法、道、墨、名以及杂家都对诚信各有论述。例如，"信"字在《韩非子》中出现了50余次，在《庄子》中出现20次左右，在《墨子》中出现40次左右。出于269众手的杂家名著《吕氏春秋》不但大量论及诚与信，而且有《贵信》专篇以论诚信。在哲学突破、思想活跃、民族智慧大放光彩的百家争鸣时代，诚信思想经各家学派论说、提炼、创新、发展，形成了更加完备的思想体系，成为中华民族思想文化中最核心的理念之一，成为民族精神的灵魂。西汉时期，儒学大师董仲舒为适应大一统帝国的需要，在传承孔孟之道时，兼采道、法、墨、阴阳、黄老等百家之学，重构儒学体系，将信与仁、义、礼、智并列，成为人伦道德准则的"五常"之一，并被汉武帝

---

① 《论语·述而》："子以四教：文、行、忠、信。"

② 《论语·阳货》："孔子曰：'能行五者于天下为仁矣。'……曰：'恭、宽、信、敏、惠。'"

"罢黜百家，独尊儒术"之后的历代统治者所尊奉。信成为中华民族传统伦理道德的基本范畴之一，是中华民族的核心价值观。

纵览诚信思想在中华文明中的发展历程，我们对诚信思想的认识至少应该明确几点：第一，诚信思想，是我们的先人用实践和智慧凝聚成的民族思想的精华，是中华民族思想文化之根，是中国人的道德之基、立人之本；是中华民族主体特性和民族精神的核心内涵。实现中华民族伟大复兴的中国梦，增强文化软实力，诚信是道德基石。大力传承、弘扬诚信文化，建设诚信社会，是为培育和践行社会主义核心价值观筑基固本的文化工程，意义非凡。第二，青少年的诚信教育，立足从儿童、少年抓起，是实现中华传统美德的世代承继，培育诚信公民，建立诚信社会，树立诚信国家形象，提升中华民族文化软实力的奠基工程。只有认识到位，才能真正解决为什么做和怎么做的问题，为诚信教育提供不竭的精神动力。

二、内涵"结点"：诚、信同构

实施青少年的诚信教育，还必须充分挖掘诚信思想的丰富内涵。经过历代学者，特别是儒家学者的开掘、创新、发展，诚信思想形成了博大精深的思想体系。具体说来，它是由诚与信两个既有差异，又相互融通的道德范畴共同构建、融为一体的。这为我们的诚信教育指明了路径。

前人对诚与信的含义及其差异、相通之点早有深刻探讨和论述。孟子发展子思对诚的解说，在《孟子·离娄上》中提出，"诚者，天之道也；思诚者，人之道也"。"诚"的本意就是宇宙万物客观存在的本质和规律，是天道的本真。"思诚"即人对天道之"真"的追求，以达到天人合一的精神境界和道德自觉。天道与人道，其道不同，为诚所连，本质归一。因而，诚的核心内涵是真，是真实、实在、无伪，即朱熹所说"诚者，真实无妄之谓，天理之本然也"（《四书章句集注·中庸》）。它既是一种最高道德追求，也是人之为人的内在道德根基，故"诚，德之主也"（《韩诗外传》卷四）。信的最早含义，本是人与神、人与人进行语言交流时的道德规则，所谓"言之所以为言者，信也。言而不信，何以为言"（《春秋穀梁传·僖公二十二年》），着重强调的是一种为人处世的准则，要求真实、守诚、不欺。孔子说的"人而无信，不知其可也"，"民无信不立"，就是指在人际关系、君民关系中，信是立人、立世、治国之本。

诚与信，既有区别，又相通、相融，诚信并用，诚信合一。《说文解字》解说："信，诚也；诚者，信也。"就是看到二者之不可分。因此，早在先秦时代，就有了诚、信合一并用的例子。在最早的文献《逸周书·卷七·官人解》中，就已经有信、诚合用的例子："君臣之间观其忠惠，乡党之间观其信诚。"《管子》中多次出现"诚信"一词，如"先王贵诚信，诚信者，天下之结也"（《管子·枢言》），"好恶形于心，百姓化于下……诚信之所期也"（《管子·立政》）。《孟子》《荀子》《礼记》等著作中也都有诚、信合用的例子。此后诚与信联为一体，其所表达的诚实无妄、信守承诺、言行一致的道德内涵，即成为千百年来传承不息的一个"热词"，直到今天被列入社会主义核心价值观的重要德目，凸显了其中华民族美德核心与基石的地位。正是从这个意义上说，诚信教育是民族美德的传承工程，是民族精神的筑基工程，也是新的历史条件下中国人的道德重塑工程。从诚信思想体系的内涵分析，青少年的诚信教育，不应该是模糊的、一般的和笼统的道德教育，而应该从诚信内涵的历史解构中，从前人对其内涵的深入剖析挖掘中探求诚信教育的规律和有效途径。

1. 要着力诚的心灵塑造

诚与信，其义相通，但内涵各有侧重。诚重在"真"的内心修养，主要指内在德性的真诚、忠实和精神的纯正、无妄。只有培养出诚的认知、情感、意志，才能建构起诚信的主体意识和内驱动力。信的内涵侧重在为人准则，强调与人交往要守信、不欺。青少年阶段正是人一生中道德、人格的塑造期，将诚内化为每个青少年内在的自觉意识，是诚信教育的关键。诚于内而信于外，以诚导信，以诚主信，有了内心之诚，才有言行之信，诚信教育才能落到实处。著名教育家陶行知倡导"真人"教育，提出："千教万教教人求真，千学万学学做真人。"其"真人"内涵十分丰富，但"肯说真话，敢驳假话，不说谎话"①是其要义之一。在这里，真即诚，诚即真，求真，就是孟子说的"思诚"，是人道的根本。教育者的第一要务，是要认识到"诚"的教育在整个青少年人格塑造中的根基性和关键性，将青少年塑造成"真人"。诚的道德培育，要实现三个目标：一是激发关于诚的认知。要让学生树立起诚即真，诚即善，诚即美，诚就是真善美合一的理念。将诚的价值取向、追求和原则植根于学生心灵深处。二是强化关于诚的情感。采取各种措施激励学生对诚的热爱、向往，使之成为自觉的精神追求。三是坚守关于诚的意志。通过培养、引导、教育，在学生思想上筑起抵御各种非诚诱惑的心理长城。

2. 要注重信的言行养成

在青少年的诚信教育中，诚、信互为表里。诚是信的内在

---

① 陶行知：《陶行知全集》第三卷，四川教育出版社，1991。

自觉，信是诚的外在表现。诚之内在德性，通过信的言行表现出来，而信的言行养成，又会促进诚之德性的内化。《说文解字》说"信，诚也；诚者，信也"，并非单解释词义，而是深刻揭示了诚、信实践的相互作用：诚主导着信，信催化了诚，只有深刻认识二者关系的双向性，才能在学生的诚信教育过程中，做到诚信一体，实现诚信主观能动性与言行信诺的一致性。

在青少年信的养成教育实践中，尤其要注重以下节点：一是抓好入学起点。即在六七岁入学之初，就要十分注重学生诚信品质的培育和习惯的养成。中国人历来讲"三岁看长大，七岁看一生"，就是看到了关键时期性格、习惯养成对一生的重大影响。陶行知指出："人格教育，端赖六岁以前之培养。凡人生之态度、习惯、倾向，皆可在幼稚时代立一适当基础。"[1]二是关注生活细节。将诚的观念树立和信的自觉养成融入学生的日常生活，实现教、学、做的合一。这就需要教师发挥主导作用，以强烈的责任心和使命感，以及立志将学生培养成诚信"真人"的信念去管理和引导学生。不仅要注重集体活动中的养成，更要关注学生与他人、群体交往时的一言一行。在行动中观察，在细微处用力，防微杜渐，玉汝于成。三是注重树榜样、立规则。要善于挖掘典型，树立榜样，积极从正面导引。青少年正处在心理发育和性格养成期，模仿能力比较强，往往一个典型就可以影响一个群体，收到"拨亮一盏灯，照亮一大片"的效果。要建立诚信制度评价体系。规则体现价值，制度传递理念，切实有效的制度系统是养成教育的载体和保障。要围绕诚信养成教育达成目标，制订完善的督查、评价、考核、奖惩等一系列规则制度，以制度的刚性，

273

---

① 陶行知：《陶行知全集》第五卷，四川教育出版社，1991。

强化对诚信的认知和理解，确保诚信养成的"软着陆"。要对学生的言行做出是否诚信的明确评价判断，导引学生在具体的实践活动中明辨是非，以信为荣，以信为美。这里要特别指出的是，教师的率先垂范和榜样力量是巨大的。学高为师，身正为范，教师要坚持以身作则、有诺必行，以教师的诚信人格魅力，影响和推动学生诚信品格的养成。

三、环境"结点"："两风"共育

在青少年诚信教育的实践中，创造良好的育人生态环境是教育目标达成的关键因素。而构筑良好的文化生态环境，优良的校风和诚信和谐的家风则犹如阳光、水分和土壤。

1. 校风是学校中由领导者、师生员工共同创造的占主导地位的行为习惯、精神风貌和群体氛围

校风既是学校的个性和魅力，也体现了学校的信念、追求和软实力。一个学校的校风如何，深刻影响着师生和整个学校的日常行为、精神追求和发展方向。努力营造崇尚诚信、追求诚信、宣传诚信、事事守诚信、人人讲诚信的良好校风，对青少年的诚信教育起着至关重要的作用。诚信校风建设，应是诚信教育的主干"工程"。它的主要内涵至少包括以下三个方面：一是管理要诚信。主要是学校领导和各层级管理者讲诚信，事事处处做诚信的表率。要坚持诚实守信的办学理念，将诚信纳入学校的一系列管理规则和制度之中。将诚信作为学校德育的重点内容，融入德育工作的方方面面，在学校各方面工作中营造出诚信的良好风气。二是教风讲诚信。要强化教师是诚信校风责任主体的理念，诚信的人格魅力是教师不可缺少的基本素质之一。孔子说："君子之德风，小人之德草。草上之风，必偃。"（《论语·颜渊》）

在这里，"小人"是指"普通人"，我们借此可以说，一个品德高尚的老师的道德力量，就像风吹草动一样，每日每时地影响着每一个学生。教师在课上、课下及对学生的一切教育活动中，都要贯彻诚信的思想主线，为人师表，以身示范。三是学风抓诚信。大力加强诚信教育，要在学生学习、生活以及学校各项活动中贯彻、落实诚信理念；要在学生的评优奖励中，将诚信作为重要德目之一；要在学生中树立诚信典型，采取各种措施，因势利导，杜绝和纠正学生中各种违反诚信的造假行为，形成以诚信为荣，以违反诚信为耻，人人讲诚信、爱诚信，人人争做诚信之人的良好氛围。

2. 家风是每个人成长的第一文化生态环境，好的家风是人才成长的基石，也是良好社会风气的根基

对青少年来讲，良好诚信家风的熏染，是其诚信人格成长的土壤和水分。诚信家风建设，首先要向源远流长的优秀传统家风汲取丰富的文化滋养。中华民族有着注重家风建设的优良传统，历史上以建设优良家风为目的而形成的家训、家规、家箴、家约、家言等，是中华优秀传统文化中的瑰宝。传统家风的建设以人才辈出为目标，以美德传承为主线，以儒家的价值观仁、义、礼、智、信为核心，诚信既是德目，也是价值观落实的基础保障。吸收、传承、创新历史上诚信家风的优良传统，是今天诚信家风建设的重要内容和基础工程。

诚信家风建设要在三个层面关系上狠抓落实：第一，夫妻关系诚信。父母是孩子的第一任老师，夫妻之间的诚信关系既是诚信家风之基，也每日每时深刻影响着孩子。在当前婚姻、家庭关系发生着巨大变化的新形势下，夫妻诚信要认真落实到感情、道德及日常家庭生活的方方面面，对孩子起到润物细无声的良好

效果。第二，父母与子女关系诚信。对处在行为、品格成长期的青少年来说，父母与子女处理关系时，"言必信，行必果"尤为重要。要对孩子的诚信行为进行积极表扬鼓励，对孩子撒谎、造假等不诚信行为进行恰如其分的劝导、批评、纠正，尤其不能偏私、溺爱而掩盖甚至助长孩子的非诚信行为。第三，家庭对外交往诚信。与其他亲属、朋友、邻居等交往时，事事严守诚信，处处体现诚信，将诚信作为家庭最重要的对外交往处事准则，树立诚信家庭的良好形象。

在对青少年的诚信教育中，实现诚信校风与家风的紧密结合，"两风"协调共育是重要"结点"。要针对学生在诚信教育中的思想实际，采取家庭走访、信息联络、办家长学校、研讨会等多种方式，加强学校、教师与学生家庭的积极沟通、相互配合、紧密合作，共同形成良好诚信教育的生态环境，让学生从小树立牢固的诚信理念，做德才兼备的一代新人。

（原载《中国德育》2017年第6期）

第三章 孟子思想与文化复兴

孟子梦与中国梦

梦想，是一种立足现实、超越现实的高远境界。有梦想，才有方向；有梦想，才有动力；有梦想，才有未来。中华民族是一个富于梦想的民族，历史上众多先哲达人的梦想，积淀着中华民族最深沉的精神追求，是我们今天实现民族伟大复兴中国梦的丰富历史资源和文化滋养。孟子，作为中国历史上伟大的思想家和教育家，就是一个富于梦想、追求梦想之人。

一、梦想与梦境

主要记载孟子言行的《孟子》一书，通观全篇，并无一个"梦"字，但我们深入研析却会发现，全篇紧紧围绕一个"梦"字，真有"不著一字，尽得风流"之妙。《孟子》一书，系统地展现了孟子的梦想，深入地阐发了他的梦想，真实地记载了他对梦想的不懈追求。在他所处的那个"天下并争于战国"的时代，他的梦想，既立足社会现实，又超越社会现实，有清晰的梦境，有高远的境界，有系统的表述。他的梦想，一言以蔽之：既是他个人的梦想，也是那个时代民族的梦想和追求。具体分析，孟子之梦，至少有三个层次：

1. 治国梦

天下大乱，大国争雄，战争频仍，民不聊生。一国之治，如何实施？孟子有明确的理想，就是实行"王道"主张，以"仁政"治国。何为"王道"？孟子认为："保民而王，莫之能御也。"（《孟子·梁惠王上》）只有让百姓安定、富足，受到良好的教育，民心归服，才会无敌于天下。如何保民？即实行仁政。仁政的内涵是什么？孟子做了较为丰富全面的解说，主要有："王如施仁政于民，省刑罚，薄税敛"（《孟子·梁惠王上》），"夫仁政，必自经界始"（《孟子·滕文公上》），也就是保土地，少刑罚，薄税赋，让老百姓过富足日子。孟子还说："老吾老，以及人之老；幼吾幼，以及人之幼，天下可运于掌。"（《孟子·梁惠王上》）就是让天下老人皆有所养，天下儿童皆有所育，得天下就易如反掌了。孟子的治国梦，有明确的治国目标，反对战争掠夺，反对滥用刑罚，以民心向背为旨归；有具体的"保民"措施，保土地，保富足，爱惜生命，敬老抚幼；有鲜明的路线图，由一国之治到统一天下。这对当时一心灭六国统一天下的有为大国之君，是一个充满诱惑力的梦想。

2. 社会梦

在战乱不止、民不聊生的时代，孟子提出了他的社会梦想，这个梦想很具体，是一幅美妙的社会图景。他在与梁惠王对话时描述："五亩之宅，树之以桑，五十者可以衣帛矣。鸡豚狗彘之畜，无失其时，七十者可以食肉矣。百亩之田，勿夺其时，数口之家可以无饥矣。谨庠序之教，申之以孝悌之义，颁白者不负戴于道路矣。"（《孟子·梁惠王上》）这是一个古代版的小康社会图景：和平安定，社会祥和；林茂粮丰，六畜兴旺；衣帛肉食，生活富足；仁礼孝悌，教育及时；民风淳朴，老幼皆宜。

3. 个人梦

孟子的个人梦想是和治国梦、社会梦联结在一起的。孟子有宏大的个人抱负，有高远的个人理想，对自己要成为一个什么样的人，他有梦想，有追求。他的个人梦想也有三个层次：

第一，以孔子为楷模，做民族文化的传人。孟子最崇拜孔子，一生立志做孔子那样的人。他不止一次表达："乃所愿，则学孔子也。"他以孔子之后的中华文化传人自居，立志传承道统，发扬光大。他认为："由尧、舜至于汤，五百有余岁……由汤至于文王，五百有余岁……由文王至于孔子，五百有余岁。……由孔子而来，至于今，百有余岁。去圣人之世，若此其未远也；近圣人之居，若此其甚也。然而无有乎尔，则亦无有乎尔！"（《孟子·尽心下》）孟子历数了代代道统传承，最后表示，我离孔子时代不远，距孔子的故乡如此之近，却没有亲眼看见圣人之道的人，也没有听到圣人之道的人。

第二，以尧舜为榜样，做平治天下、大有作为之人。他明确表明自己的责任："如欲平治天下，当今之世，舍我其谁也？"（《孟子·公孙丑下》）孟子一生敬民爱民，最大的梦想就是立足现实，救人民于水火之中。他提出的"民为贵，社稷次之，君为轻"也是对他人生梦想的一个很好注解。孟子治天下，还以先圣作为榜样，要像尧舜那样勤政爱民。他将自己的人生理想建立在以先哲为榜样，解除现实中的民生疾苦之上。

第三，做有浩然之气、有高尚人格的"大丈夫"。他提出要做"富贵不能淫，贫贱不能移，威武不能屈"的大丈夫，要做能"动心忍性"，"生于忧患，死于安乐"，有"浩然"正气的大丈夫。为了做到这些，他以"舜发于畎亩之中"以及傅说、管仲、孙叔敖等先圣先哲为例，提出："天将降大任于是人也，必先苦其心志，劳其筋骨，饿其体肤，空乏其身，行拂乱其所为，所以动心忍性，增益其所不能。"（《孟子·告子下》）这一倒因为果的人生哲理，是实现"大丈夫"梦想的必由之路，也是孟子对自己提出的苛刻的自奋要求。

二、梦想与追梦

1. 孟子之梦的特点

深入分析孟子之梦，就会发现他的梦有很突出的个性特点，大致有以下三点：

第一，孟子的梦想很高远。他的梦想以天下为己任，以一己之梦而胸怀天下；他的梦想以民生为主旨，千方百计渴求民生安康；他的梦想以社会为蓝图，追求的是整个社会的升平景象。孟子的梦，既超越自我，又超越现实。以往观千年，先圣先哲为根基；又放眼未来，以天下统一为旨归。这展现出孟子崇高的精神品格和高远的思想境界。

第二，孟子的梦想很系统。孟子有言："人有恒言，皆曰：'天下国家。'天下之本在国，国之本在家，家之本在身。"（《孟子·离娄上》）他的梦境体现着由天下到国家社会，再到自身的层递。孟子时代的"天下"，即国人之"溥天之下，莫非王土"的天下，他的天下、国家，是民族的、社会的，也是家庭的。孟子的梦想，是以家庭为基础的社会图景，而在天下、国家、社会之中的个人之梦，只是由天下而始的民族的、国家的、社会的梦想的聚焦点。因而，孟子梦想图景的层递变化，正体现着他理想的由近及远，由个人而至天下的系统扩展与发扬。孟子之梦将平天下之责、治天下之术、安社会之象、修个人之身有机地结合在了一起，其内涵既系统化又丰富有序。

第三，孟子的梦想很具体。孟子的梦想宏观而不缥缈，高远而接地气，丰富而又具体。谈治天下之梦，有雄辩分析，有系统阐发，有具体措施。大到"天下可运于掌"的谋略，而于具体之处则提出："夫仁政，必自经界始。经界不正，井地不钧，谷禄不平。"也就是说，要将一亩一分的田界分清楚，不分好田界，就会带来不公不均。可见其梦想的具体细微。谈到社会梦，孟子所关注的也是"五亩之宅，树之以桑"，像聚焦镜头，具体可感。所以孟子之梦，让人既感受到崇高，又体验到具体和亲切。

2. 孟子的追梦精神

孟子的梦想，体现着一种孟子精神，即他为追求梦想所展现出的执着顽强、锲而不舍的追梦精神。这种精神大致可以从以下三个方面来挖掘其丰富内涵：

第一，宣传梦想。孟子之梦，事关天下、国家、社会，实际上是要建设一个在政治、经济、文化方面的理想社会，这就决定了他的梦想要实现，必须依靠统治者的接受和实施。所以，孟子追求梦想的过程，就是大力宣传、推销自己梦想的过程。他在二十年中，四处奔波，游说各国，与各国国君对话、宣讲、辩说，不遗余力，力图说服对方接受自己的梦想，实行仁政治国，给老百姓以安定富足的生活。孟子处在一个诸子百家蜂起，各国君主争相礼贤下士的时代，他周游列国，"后车数十乘，从者数百人"，浩浩荡荡，八面来风，气势非凡，但真正接受他主张的人却很少。他滔滔不绝，与人争辩，感情充沛，言辞机敏，气势雄健，锋芒毕露。人讥其"好辩"，他辩解道："岂好辩哉？予不得已也。"一句话，道出了他的追梦精神之所在：为了梦想不得不为，奋力而为，不遗余力。

第二，实践梦想。孟子对梦想，不仅思之于心，宣之于口，而且践之于行。他从三个方面推动实践：一是积极出仕，参与国家治理。孟子游说各国诸侯的目的，不只是推行理想主张，他还想得到重用，去实践自己的梦想。他在齐国被封为上卿，也着实准备大干一场，但齐宣王不接受其主张，只是让他"不治而议论"，并不任用实职，所以他位高而权微，只能失望而去。二是他"得天下英才而教育之"，实际上他在采取措施，为实现梦想培养人才队伍。所以，在战国诸子中，孟子的学生是最多的。三是强化人格修行，养浩然之气，竭力提高个人实现梦想的思想水平和实践能力，全力为实现梦想打造过硬本领。

第三，坚持梦想。应当承认，孟子的梦想在那个时代是难以实现的，正如《史记·孟子荀卿列传》中所言："天下方务于合从连衡，以攻伐为贤，而孟轲乃述唐、虞、三代之德，是以所如者不合。"在处处遭遇碰壁之后，孟子仍坚持自己的理想信念不动摇。他提出："立天下之正位，行天下之大道。得志与民由之，不得志独行其道。"（《孟子·滕文公下》）因而他晚年"退而与万章之徒序《诗》《书》，述仲尼之意，作《孟子》七篇"（《史记·孟子荀卿列传》）。他晚年的讲学、著述生涯，进一步彰显他对梦想的坚持与执着。他表示："仰不愧于天，俯不怍于人。"（《孟子·尽心上》）他是以坚持梦想为满足，以培养人才为乐事的。

三、孟子梦与中国梦

1. 孟子之梦是实现中国梦的丰厚文化滋养

当代中国梦的具体实现，实际上也有三个层面的内容：国家怎么实现，社会怎么实现，个人怎么贡献。作为个人梦想，孟子之梦最可贵的地方在于，它是把国家的梦、社会的梦和个人价值实现的梦，非常有机地结合在一起。而今天我们实现中国梦，也应该将实现国家富强、民族复兴的梦，实现社会繁荣富足、百姓享受小康生活的梦，与我们个人价值实现的梦紧密结合在一起。孟子思想博大精深，但也有时代的局限性，时移世异，我们当然不能把孟子的梦想原封不动地照搬到今天，但是其梦想的精神实质，是与如今实现民族复兴的中国梦一脉相通的。孟子之梦是我们当下实现中国梦的丰厚文化滋养。

2. 孟子追梦的执着精神

孟子执着追求梦想，对每一个人来讲，都可以从中吸取丰富的精神滋养。孟子一生的梦想，不是个人一己之梦，而是国家、社会、民族的梦想。他周游列国，到处宣传自己的梦想，在游说魏国、齐国，与两国国君交流时，孟子高调畅谈自己的梦想。如《孟子·梁惠王上》记载孟子借齐宣王征询"齐桓、晋文之事"而大谈仁政主张，就是孟子推销、宣传自己梦想的经典例子。孟子在宣传自身梦想的时候，很注重提出具体的理想图景和实现措施，如制民之产、生态保护等都是其具体的内容。他被自身的梦想，也是他的社会理想所鼓舞，通过"辩"来战胜自我，战胜困难，说服他人。他执着地为了自己的梦想而求索、努力，在理想与现实发生冲突之时，始终坚持梦想，积极探索梦想之路，他为了梦想不懈努力的精神非常值得我们学习。

3. 为了实现梦想，孟子对修身提出了很高的要求

这一点更难能可贵。他做到了对人对己、在内在外的一致。他提出了养心、养性、养气、养身的主张，意在不断地提升自己。他认为，只有提升个人素质，才能去实现兼济天下的梦想。孟子的梦想不是只针对他人，他的梦想也是对自己的要求。孟子的大丈夫精神，做人的品格和追求，体现了一种人格的崇高美。

孟子之伟大，在于其人格的伟大、境界的高远、梦想的超群。战国时期列国纷争的社会现实，决定了孟子的理想和社会现实之间是有距离的。他到处碰壁，以至于有人说他"迂远而阔于事情"，但他始终执着地坚持、坚守自己的梦想，不为人所动。这样一种固守理想的人格力量，在今天的社会，尤其值得我们继承和发扬。

孟子的梦想，孟子对梦想的追求，他在追梦中的所作所为、一言一行，实际上是中华民族精神的反映和折射。我们要继承这一份宝贵的精神遗产，吸收其中的丰富滋养，为实现民族复兴的中国梦而努力奋斗。

（原载《中原文化研究》2014年第5期，有增改）

孟子的文化自信

在坚定对中华文化自信的问题上，孟子是我们当代中国人的榜样。我们研读、学习《孟子》一书，就会发现，孟子实际上自始至终洋溢着一种文化的自信，走完了他不平凡的人生之路。孟子的文化自信，突出表现在他对中华优秀传统文化的尊崇和肯定上，表现在他对中华优秀传统文化的大力弘扬和积极践行上，表现在他对中华优秀传统文化生命力所持有的坚定信念上。孟子在两千多年前以自己的思想和行动，对于当今坚定中华文化自信树立了一个光辉的榜样。孟子的文化自信，可以从以下几个方面来看。

一、文化自信与自觉

1. 文化自觉与"夫子好辩"

孟子的文化自信，从表现形式上看，首先反映在他带着满满的文化自信，以好辩的姿态，开启了他的文化活动和对理想、信念的追求。在先秦诸子散文里面，孟子散文最突出的特点就是它的雄辩性。《孟子》书中记载，孟子的学生称他"夫子好辩"，"外人皆称夫子好辩"，说明孟子是闻名天下的雄辩家，"好辩"，是他的思想、性格的突出特征。那么，这种特殊的品性是怎么形成的呢？一个很重要的原因，就是孟子的文化自信。

在先秦，特别是战国诸子百家著作中，孟子文章的雄辩性是非常突出的。从某种意义上说，孟子是战国时期诸子百家争鸣的典型代表。战国时期，诸子百家争鸣，从善于论辩看，表现突出的并非孟子一人，还有名家、纵横家等。例如，我们从《战国策》的记载中能够看出来，苏秦、张仪在他们的合纵连横活动中滔滔不绝，能言善辩。可是，纵横家是以说服国君实现合纵或者连横的斗争策略为目的，纵横家不是思想家，他们没有自己的思想主张和理论体系。他们到秦国说，你的兵力强，实力雄厚，只要信任我，让我来执掌相印，你就一定能统一天下；他们离开秦国来到齐国，也是如此说教；到楚国，同样如此鼓吹。可见，纵横家大多属于利禄之徒。从严格意义上说，他们不属于哪一个思想学派，没有自身独立的思想理论体系，所以很难说他们的雄辩能与文化自信挂起钩来。名家的名实之辩，如"白马非马"等等，也很著名，甚至在稷下学宫能"一日而服千人"，但从残存的历史资料看，主要还是归功于"归谬法"一类的逻辑力，与孟子的雄辩有本质的区别。

战国的各派学者中，像荀子、韩非子、庄子等，都是伟大的思想家，都建立了自己及其学派的理论体系。但是，其论辩性都没有孟子这样突出。孟子既有思想，又善辩论。可以说，在战国诸子散文当中，唯有《孟子》能将人物形象生动地重现于著作之中。那么，为什么雄辩性成为孟子散文最突出的特征呢？其中很重要的原因，就是孟子具有坚定的文化自信。孟子的"好辩"，是为传承、弘扬尧舜以来的优秀传统文化而辩，是为发扬光大儒家思想主张、批判异端邪说而辩，是为实现国家统一、民族复兴的理想追求而辩。孟子的好辩表现在以下几个方面：

第一，随时随地辩论。在孟子看来，为了捍卫优秀传统文化，为了弘扬儒学，为了宣传、推行他的仁政、民本、性善等思想主张，他是随时随地可辩的。我们从《孟子》记载当中看，无论是在朝堂、在居所、在宾馆、在朋友家中，还是在途中、在树下、在田间，孟子随时随地可辩，随时随地在辩。

第二，辩论对象广泛。与孟子辩论的有国君，像齐宣王、梁惠王、梁襄王、滕文公等等；有王者之师，像滕文公的老师冉有；有王者之子，像滕定公的儿子滕文公，滕文公做公子的时候，孟子就跟他辩论；有大夫、邑宰，朝臣，也包括武将；有辩士，像淳于髡；有朋友，有客人。孟子不远千里去见齐王，得不到赏识因而离去，却"三宿而后出昼"，有人想来挽留他，结果他跟那个客人辩论起来。他的辩论对象还包括家人，像孟仲子就是他的一个本家兄弟；还包括学者、他的弟子等等。孟子之好辩，可说是人皆可辩。

第三，主动论辩，不拘一格。孟子之好辩，还表现在主动出击，引发辩论，以达到宣传自己主张的目的。例如《孟子·梁惠王上》中，齐宣王问孟子："齐桓、晋文之事，可得闻乎？"孟子马上把话题一转，主动将谈锋引导到他的一整套仁政主张上来，与齐宣王展开了激烈的辩论。由此看出，孟子之好辩，是主动挑战、导引辩论的。孟子的辩论，还不拘一格，有问答式，有自述式。《孟子》中的很多篇章，实际上只是他自己在讲，常常是别人问一句话，他就讲了很多。还有一点，就是复述式。孟子到齐国平陆，看到饥荒造成大量百姓死亡和逃难，见到邑大夫孔距心就辩论起来，而且让他很快知罪认错，采取了保民措施。孟子回到齐都后，又将在平陆的论辩之辞跟齐王复述一遍，指桑说槐，让齐王信服。他的仁政主张，像"制民之产"，"五亩之宅，树之以桑"等，在《孟子》书中，多次重复出现，实际上是他在不同场合复述强调自己的主张。从这个角度可以看出，孟子是采取多种方式主动宣传自己的主张，并以之引导辩论的。

第四，重要问题反复辩。从孟子散文中还可以看到，孟子会就一个重要问题多次来讲。《孟子》里面就齐人伐燕这件事情，谈了四次。《孟子·梁惠王下》第十章记载齐人伐燕取得了胜利。齐宣王问孟子：你说我是占领这个国家好，还是不占领这个国家好呢？齐宣王说："以万乘之国伐万乘之国，五旬而举之，人力不至于此。不取必有天殃，取之何如？"意思是：我们齐国是大国，燕国也是大国，我攻打了五十天的时间，才把它攻下来。单纯靠人力那是做不到的，这大概是天意。我如果不去占领它的话，上天必然会惩罚我。齐宣王是想让孟子支持他占领燕国。孟子说，"取之而燕民悦，则取之"，意即你的攻打和占领如果受到燕国老百姓欢迎，那你就做。"取之而燕民不悦，则勿取"，意即如果你占领了燕国，老百姓不欢迎你，那么你就不要去做，赶快走人。

接着《孟子·梁惠王下》第十一章记载了孟子与齐宣王关于伐燕的对话。齐宣王问孟子："我占领了燕国之后，这些诸侯都想联合起来反对我，想讨伐我，我怎么对待？"孟子马上给齐宣王出了一个主意："你就应该向商汤学习。当初，燕国的国君虐待他们的老百姓，大王亲自去征伐，燕国的老百姓认为大王是来从水火当中拯救他们的，所以，都欢迎大王的到来。但是，大王占领燕国之后，镇压反抗者，杀他们的父兄，囚禁他们的子弟，毁他们的宗庙，把他们的传世国宝都拿走，这怎么能行呢？"孟子说："大王赶快发布命令，放回那些老人小孩，把抢走的宝贵器物返还给他们，为燕国的老百姓多做好事，再把他们中间优秀的人扶持到国君的位置上，然后赶快退兵。"在《孟子·公孙丑下》篇里，他又两次与齐宣王谈到燕国的问题。齐国的一个大臣沈同问孟子，燕国可不可以讨伐，孟子说："你问我可不可以伐，我说可以，你若问谁可以伐？那我会说'天吏，则可以伐之'。"意即若为正义而战，那就可以占领，如果不是正义战争，就不能去占领。

《孟子·公孙丑下》第九章里面记载了齐国占领燕国之后燕国人起来反叛、抗争的事。孟子以周公东征为例，说："古之君子，过则改之；今之君子，过则顺之。"意即我们应该向周公学习，他有了过错就改正，而现在的人是将错就错。"古之君子，其过也如日月之食，民皆见之；及其更也，民皆仰之。今之君子，岂徒顺之？又从为之辞。"古代那些先贤圣王，他们有了过错，就好像天上的日月发生日食、月食一样，老百姓都看得见。等到他们改正的时候，老百姓都非常敬仰他们。而现在的人，怎么只是将错就错？还编造出一番理由为自己的错误辩白。

可见仅伐燕这一件事情，孟子就四次谈到，谈论时紧紧围绕着他的核心主张：实施仁政，顺民心者昌，逆民心者亡。可以看出，孟子为了推行他的仁政、民本学说，为了传承和弘扬优秀传统文化，竭尽所能，跟各种各样的人在各种各样的场合展现其"好辩"特点，不遗余力去实现自己的政治主张和奋斗目标。

2. 文化自信与"言必称尧舜"

总的来说，孟子的文化自信，表现在他对中华优秀传统文化的充分肯定上，表现在他对中华优秀传统文化的大力弘扬和积极践行上，表现在他对中华优秀传统文化生命力所持有的坚定信念上。孟子正是用自己的言行，表现出一个坚定的中华文化自信者的形象。孟子尊崇历史，敬慕先贤，对中国的历史文化抱有深厚的热爱、敬畏之情。这在《孟子》一书中随处可见。《孟子·滕文公上》记载，"孟子道性善，言必称尧、舜"，说明了孟子对中华传统文化的坚定自信。作为中国人，因中华文明具有辉煌灿烂的历史而自豪，这是一种深厚、博大的民族情怀。《史记·孟子荀卿列传》中有这样一段话："天下方务于合从连衡，以攻伐为贤，而孟轲乃述唐、虞、三代之德，是以所如者不合。"在战国时期的局势背景之下，合纵、连横是列国间的要务，但是，独有孟子在传承、弘扬以唐尧、虞舜为代表的早期文明和夏、商、周三代文化。在这里，"唐、虞、三代之德"，就是指的中华民族的历史文化传统。"圣人，人伦之至也"，无论是为君、为臣，都应该"皆法尧、舜"。可见《孟子》全篇整个思想的主调就是敬慕先贤，尊重历史，弘扬传统，传承文明。

第一，研读典籍，博通古今。

孟子对于中华民族历史的尊崇，来源于他对历史文化典籍的深入学习和研究，来源于他对中国历史文化有透辟的理解和把握。所以我们看孟子的散文，感到他历史知识极为丰富，是一个有着广博知识的学者。他对历史知识、历史人物，顺手拈来，如数家珍。在《孟子·公孙丑上》篇中，孟子与公孙丑的对话就提到了22个历史人物。对于中华历史文献，他可以说是博览群书，胸藏万卷。赵岐《孟子题辞》说孟子"通五经，尤长于《诗》《书》"，也就是说，"五经"作为历史文献，孟子是熟读贯通的。在《孟子》一书当中，他与人对话顺口征引《尚书》就有38次之多，征引《诗经》达35次之多。由此看出，他对中国的历史文化典籍有着深入的学习、研究，做到了学以致用、融会贯通。

第二，大力弘扬，批判继承。

孟子对传统文化保持一种吸取精华、剔除糟粕、为时所用的批判精神。他善于总结历史上三代以来的优秀文化传统，以尧舜为榜样，大力宣传、弘扬。在《孟子·离娄上》中，他总结三代的历史经验，说："三代之得天下也以仁，其失天下也以不仁。国之所以废兴存亡者亦然。"他对三代兴亡的历史经验进行了很好的总结概括：凭着仁爱得到天下，也因为不仁失去天下。国家的兴废存亡都在于是否推行仁政。他通过对优秀传统文化的研究和深入探讨，提出了仁是国运兴衰决定因素的观点。

孟子还具体地总结尧舜和三代的治国经验。比如说他总结周文王的兴国之道，《孟子·梁惠王下》中记载，齐宣王问他，你可以说一说王道让我听听吗？他说："昔者文王之治岐也，耕者九一，仕者世禄，关市讥而不征，泽梁无禁，罪人不孥。"孟子以文王之道教育齐宣王：要想治理好天下，就要向文王学习。文王当年在岐这个地方，对老百姓耕种的粮食收取得很少，九分抽一；做官的人只要做得好，就让他的子孙世世代代承袭这个俸禄；在贸易市场上，只是督查管理，不收税；老百姓到水里去打鱼，可以自由、随意进行，政府不干涉；有人犯了罪，不制裁他的家庭，一人犯罪一人当。他还说文王治天下，特别注重四种人：鳏、寡、孤、独，这是天下最穷困无助的人，文王发政施仁，必然先照顾这四种人。可以看出，孟子对优秀传统文化的吸取，对历史经验的总结是非常具体的，具体到治国的每一个细节之中。这里面包括农业耕种，收租税，对水产捕捞放开，对犯罪者家庭不牵连，对鳏寡孤独穷困无助者特殊关照，等等。所以，他总结这些历史经验，非常具体地吸取运用到当时的社会政治中。从这个方面讲，我们可以说，孟子是中华优秀传统文化的大力弘扬者。

孟子对待历史文化，对待历史人物，并非一味赞扬，而是采取批判继承、扬善抑恶的态度。在《孟子·梁惠王下》篇中，齐宣王问他："商汤流放夏桀，武王讨伐商纣，真的有这回事吧？"纣王是殷商时代的最后一个国君，这个国君是个暴君，桀是夏代的最后一个国君，也是一个暴虐的亡国之君。孟子回答："文献上有这样的记载。"齐宣王就说："做臣子的杀了他的国君，这样做合适吗？"孟子说："那种残害仁爱的人应该称为贼，残害道义的人应该称为残，既'残'又'贼'的人叫作'独夫'。我只是听说过周武王杀了一个独夫纣，没听到有人说他是犯上作乱，杀了国君。"由此可见，孟子对待历史人物是有鲜明立场的，既褒扬圣贤，又鞭挞暴君，是批判地继承传统文化。所以，在《孟子》中，正反两个方面的历史经验教训，随处可道、比比皆是。尧、舜、禹、汤、周公，这些历史圣王先贤的经验，孟子总结得很详细；对桀、纣这样的暴君，这样一些残害人民的人，孟子把他们的事例作为历史教训，对他们的批判、挞伐，也是淋漓尽致、鞭辟入里的。

孟子的批判继承，其出发点都是立足当代，为治国者从理论和实践上树立榜样，提供历史的警戒。这样的例子在《孟子》里面还有很多。《孟子·离娄上》写道："尧、舜之道，不以仁政，不能平治天下。"意思是你只是喊着要传承尧舜之道，可是，尧舜之道的核心是仁政，不施以仁政，就不能平治天下。也就是说，弘扬传统，需要付诸实践，将那些优秀的历史经验吸收到治国理政当中来。

孟子说："遵先王之法而过者，未之有也。"遵照先王的治国理政方法来做还会犯错误的，从来没有过。也就是说，历史的

293

经验应该作为丰富的营养来吸收。他反复强调："为政不因先王之道，可谓智乎？"如果治国理政不去学习历史上先贤的成功经验，这是明智的吗？在《孟子·离娄上》中，他还说："规矩，方员之至也；圣人，人伦之至也。"然后说："欲为君，尽君道；欲为臣，尽臣道。二者皆法尧、舜而已矣。"这就是说怎样做国君，怎样做臣子，看一看尧、舜怎样做的就知道了。如果不是按照舜对待尧那样来对待你的国君，那就不能叫敬国君；不是按照尧治理天下的办法来管理老百姓，那就叫戕害老百姓。可以看出，孟子全面地吸收历史经验来匡正时弊。

孟子还注意从多个方面挖掘优秀传统文化，为当代的人们树立榜样。所以，他笔下的古代圣人不仅仅指尧舜。像《孟子·尽心下》中有："圣人，百世之师也，伯夷、柳下惠是也。故闻伯夷之风者，顽夫廉，懦夫有立志；闻柳下惠之风者，薄夫敦，鄙夫宽。奋乎百世之上，百世之下，闻者莫不兴起也。"意思是说，古代的这些圣人是后代永远的老师，伯夷和柳下惠就是这样的榜样。伯夷是殷朝末年的大臣，在孟子看来是最清白的人，那些再贪得无厌的人，只要向伯夷学习，就会清廉起来，再懦弱的人也会有自立的志向。听说了柳下惠风范的人，即使是刻薄的人也会变得敦厚，心胸狭窄的人也会变得宽容。他们在遥远的古代奋发有为做出了榜样，百代以后，听说他们风范的人，没有不为他们所振奋、所感动的。孟子是批判地继承传统文化的，所以他一再强调向前人先贤学习，吸取历史经验，匡正时弊，解决当下的问题。可以说，着眼当前，批判地继承文化传统，以古鉴今，古为今用，孟子为我们做出了很突出的榜样。

3. 文化使命与"舍我其谁"

孟子在战国时代列国纷争、异说并起、优秀的民族文化传统遭到破坏的情况下，奋起捍卫优秀文化传统，为我们做出了榜样。在儒学的发展史上，孔子之后，儒学曾经处于一个发展的低潮，在《史记·儒林列传》中就有这样的记载："天下并争于战国，儒学既绌焉。……孟子、孙卿之列，咸遵夫子之业而润色之。"这说明在战国时期，儒学曾经遭到了废黜，没有人再来学习传承儒学，儒学在发展上遇到了低潮。

刘勰的《文心雕龙·时序》里面也有这样一段话："春秋以后，角战英雄，六经泥蟠，百家飙骇。"到了春秋以后的战国时期，各诸侯大国以武力决定胜负成败。"六经"，指中华民族早期的珍贵文化典籍，即孔子整理的《诗》《书》《易》《礼》《乐》《春秋》。泥蟠，即泥鳅。"六经"像被踩在污泥里的泥鳅一样遭到轻贱和埋没。百家飙骇，指各种各样的诸子百家学说惊世骇俗，甚嚣尘上。接下来刘勰提到，孟轲在稷下学宫掀起一股清新的学术风气，荀子在兰陵培育起一种繁茂的优良民俗，他们在战争频仍的战国时期，分别在稷下学宫和兰陵复兴传统，有着振兴文化的历史功绩。

所以在坚定维护、大力弘扬中华优秀传统文化，勇于担当历史重任方面，孟子为我们树立了突出的榜样。在《孟子·滕文公下》中，公都子说："外人皆称夫子好辩，敢问何也？"孟子说了很多话，中心意思是："尧、舜既没，圣人之道衰，暴君代作。"尧舜之道已经过去久远，那些优秀的文化传统遭到了破坏。残暴的国君在各个地方兴风作浪，任意妄为，毁坏宫室来修建大池，使百姓没有地方安身；毁掉农田来修建园林，使百姓得不到衣食。圣王难再出现，古代先王的那些优秀的文化传统，不能得到继承和弘扬。"我亦欲正人心，息邪说，距诐行，放淫辞，以承三圣者。岂好辩哉？予不得已也。"我就是要匡正人心，消灭邪说，反对偏激行为，批驳荒唐学说，来继承发扬古代的优秀传统。这不是我生性好辩，而是历史重任在肩，不得不为呀。

正是在优秀的文化传统遭到破坏的情况之下，孟子坚定地站出来，承担起维护、传承、弘扬优秀文化传统的重任。所以他说："杨墨之道不息，孔子之道不著。"我们知道，孔子整理古代典籍，著"六经"，是中华早期文明的伟大总结者、传播者、发扬光大者。儒学被黜，是中华文明传承的挫折，孟子高扬孔子学说的大旗，就是对中华优秀传统文化的拯救。因而孟子说："我不出来批判这些人的歪门邪说，孔子的伟大学说就不会得到彰显和弘扬。如果任由邪说泛滥，横行天下，就是坑骗、残害老百姓，阻碍优秀文化传统、仁义道德的传承。"所以，我们从这里看到，孟子是优秀文化传统的坚定维护者。

在坚定地维护优秀文化传统方面，孟子勇于担当历史的重任。他在《孟子·公孙丑下》中说："五百年必有王者兴，其间必有名世者。由周而来，七百有余岁矣。……夫天未欲平治天下也，如欲平治天下，当今之世，舍我其谁也？"意即中华文明是源远流长的，五百年就会出现一个英明的君主和圣人来拨乱反正，传承、发扬优秀传统，形成文明盛世。从西周到现在，已经七百年了，如今天下大乱，要拨乱反正，传承文明，弘扬优秀传统，平治天下，再创中华文明的盛世，当今之世除了我还有谁呢？这话道出了孟子以天下为己任的担当精神和振兴民族文化的责任感。在坚定地维护和弘扬中华优秀传统文化方面，孟子的文化自信、自觉和坚定立场，为我们做出了榜样。

二、文化自信与创新

孟子的文化自信还表现在他对中华优秀传统文化的创新发展

上。孟子在思想理论的创新发展上取得了前所未有的巨大成就。在这里，我仅提几点借以说明。

1. 性善论的提出

性善论既是孟子对中华优秀传统文化继承、发展后的创新，也是他整个思想理论建构的伦理基础。仁义的传统，从古代的先王、圣王开始，一直是我们中华民族优良道德传统的主干。发展至孟子，他给这一思想文化的传承找到了哲学的人性论之源——性善论。孟子提出："人性之善也，犹水之就下也。人无有不善，水无有不下。"他提出：性善，是人生来就有的，人性善就像是水向下流一样。人一出生没有不善的，那就像水没有不向下流一样。以水来比喻性善，不仅生动贴切，而且形象地展现出孟子对传统美德的坚定自信。他提出了"四端之说"，即：恻隐之心，仁之端也；羞恶之心，义之端也；辞让之心，礼之端也；是非之心，智之端也。各种道德修为，千变万化，孟子强调一个"心"，这就对数千年来的民族传统美德创新发展、落地生根提出了坚定信心的根源。在何处呢？在每个人的心里。只要正心诚意，善性自然保有，美德善性，自然而生。从这里我们看到，孟子不仅仅是继承、弘扬中华优秀传统义化，而且创造性地从人性上找到了它的理论根基，并落实到每个人的心性修养和行为上。这就为落实、发展优秀的民族道德传统从理论和实践上铸就了坚实的基础。

2. 对仁学的创新

仁爱，也是中华民族源远流长的文化传统。孟子一再讲，尧、舜、禹、汤、文、武、周公，都是以仁爱治国的。孔子对仁学进行了集中总结、阐发和弘扬。孟子对孔子极其尊崇。以孔子私淑弟子和继承人自居的孟子，创造性地继承和发展了孔子的仁学。

第一，将仁与义结合，大大提升了"仁义"的道德实践理性。正如朱熹在《孟子序说》中引程颐之言："孟子有功于圣门，不可胜言。仲尼只说一个仁字，孟子开口便说仁义。"

第二，孟子提出了仁政学说，总结、丰富、发展了"仁"的历史内涵。其中最主要的，就是结合战国时代的社会实际，从理论和实践结合上，提出了仁政的主旨、内涵和具体方案。

在《孟子·梁惠王上》中，孟子提出了"保民而王"这一仁政的主旨和核心内涵，同时，提出了若干施行仁政的具体方案，比如说尊贤使能，就是任用贤才的问题。《孟子·梁惠王上》里面又提出，实行仁政就要"制民之产"，就要使老百姓丰衣足食。他认为："若民，则无恒产，因无恒心。苟无恒心，放辟邪侈，无不为已。"即是说，老百姓没有固定的财产，就不会安下心来从事农业生产，就会四处游荡，那就什么事情都可能发生。他还对当时的统治者提出了批判：老百姓所有的资产，对上赡养不了父母，对下养活不了孩子。从这里可以看出，孟子的仁政学说有非常强的针对性。孟子还提出仁政的具体方案，也就是实现那个时代"小康"社会的具体措施："五亩之宅，树之以桑，五十者可以衣帛矣。鸡豚狗彘之畜，无失其时，七十者可以食肉矣。百亩之田，勿夺其时，八口之家可以无饥矣。"家家栽桑养蚕，老百姓可以穿上绸缎的衣服；六畜兴旺，老人可以每天有肉吃；有百亩之田，按时去耕作，八口之家就不会忍饥挨饿。在老百姓丰衣足食的基础上，"谨庠序之教，申之以孝悌之义，颁白者不负戴于道路矣"。前面是说物质生活上的富足，后面是说教化上的普及。在衣食无忧之后，创办学校来进行道德的教化，头发斑白的老年人就会受到社会的关注和照顾，不会自己背着东西行走在路上。让老百姓都过上富足的小康生活，就会得到老百姓的一致拥戴，这样的人如果不能统一天下，那是不可能的。

所以我们可以看出，孟子从优秀的传统文化里吸取丰富的营养，立足时代现实，站在优秀历史文化传统新的至高点上进行了理论上的创新，从而树立了理论自信和文化自信。我们知道，孟子是儒学最主要的创始者、传承者和发展者。孔子创立儒家学说，孟子在若干方面进行了继承弘扬和创新发展，大大推进了儒家思想理论体系的丰富和完善，使儒家思想发展到一个新的历史高度。我们说孟子是孔子之后最伟大的思想家、儒学大师，正源于他在儒学理论和文化上的创新。

第三，民本思想创新。民本思想也是中国历史上的优秀传统，在孟子看来，尧、舜、禹以及三代的圣王都是爱护老百姓的。孟子提出了"民为贵，社稷次之，君为轻"的震古烁今的著名论断。孟子在国家的治理上，对民、国、君的关系完全做了一个新的表述，将老百姓摆在最高的位置，实际上是对于国家大政方针的设计和国家治理提出了正确的方向性准则。这不仅在当时有很强的针对性，在中华文明发展史上也有深远影响。孟子不仅仅是继承了以民为本的思想，而且在国家制度设计和治国理念上，他又将其大大地向前推进、发展、创新了。从这样一个角度也可以看出，孟子对中华优秀传统文化的自信，的确为我们做出了表率。

3. "养气说"的提出

注重道德修养，这是自古以来中华民族的优良传统，但是，在不断发展的新形势下，如何传承、发扬这一优良传统，做一个道德高尚的人？孟子在阐发孔子思想的基础上，又有了创新性发展，正如程颐所说："仲尼只说一个志，孟子便说许多养气出来。"《孟子·公孙丑上》中，提出了志与气的关系："夫志，气之帅也"，二者不可分离，"志气"合为一体；提出"我善养吾浩然之气"，并对"浩然之气"做出深刻的创新性阐发："至大至刚""配义与道""集义所生"，这些都是前无古人的创新。这是我们从孟子的文化自信中得到的另一些丰富滋养。

三、学习孟子：文化自信与文化精神

孟子以坚定的文化自信，在传承、弘扬中华优秀传统文化方面为我们提供了历史的借鉴和重要启迪。从孟子身上我们感受到，在中华传统文化中，有很多值得我们去弘扬传承、发扬光大的优秀传统。孟子的文化自信中所体现出来的信念和品格，特别值得我们学习、继承。

1. 学习孟子对中华民族优秀传统文化坚定不移的文化自信精神

要有孟子"言必称尧、舜"的那种对民族历史文化的深情和崇敬；要有那种民族自信心和自豪感；要有那种对民族文化深入学习、挖掘、阐发的恒久热情和高昂士气。孟子的仁爱之心，"不以仁政，不能平治天下"的仁政主张，为之奔走呼号、解民于倒悬的爱民情怀，既来源于他对人民的深厚热爱之情，也来源于他理想中的古代圣君先贤的榜样力量，来源于他从优秀传统文化中吸取的丰富营养。没有对优秀传统文化的坚定信念和深入学习，就难以理解孟子伟大思想的丰富与深厚。而没有对民族历史和文化的坚定自信，就不会有对优秀传统文化传承、弘扬、发展、创新的自觉，也不会有建构社会主义新文化的自觉；没有文化上的自豪、自信、自觉，就失去了实现中华民族伟大复兴的正确方位、精神支撑和前进动力。在这方面，孟子既做出了榜样，也给了我们力量。

2.学习孟子舍我其谁的责任担当精神

大力弘扬优秀传统文化，坚定文化自信，与每个人息息相关。我们都应该以孟子那种舍我其谁的责任担当精神，担负起传承民族文化、坚定文化自信、实现民族伟大复兴的历史重任。《孟子·尽心下》说道：由尧、舜至于汤，五百有余岁。由汤至于文王，五百有余岁。由文王至于孔子，五百有余岁。由孔子而来，至于今，百有余岁。"去圣人之世，若此其未远也，近圣人之居，若此其甚也。然而无有乎尔，则亦无有乎尔！"这是说，从孔子到现在，有一百多年，（我）离圣人生活的时代也还不远，（我）距离圣人的家乡又这样近，却没有继承圣人之道，那也就不会有继承人了。孟子历述中华文明源远流长的发展过程，将自己放在圣王先贤唯一继承人的位置来看待自己的历史使命，结合他表达的"如欲平治天下，当今之世，舍我其谁也"（《孟子·公孙丑下》）的强烈愿望，可以看出，孟子在传承中华文明、实现民族复兴方面的高远理想、伟大抱负、博大胸怀和豪迈气概，可以说气贯古今，鼓舞了历代中华民族的志士仁人，也为我们树立了榜样，值得我们每一个人学习和效法。

3.学习孟子逆流而上、锲而不舍、越挫越勇的奋斗精神

前面我们讲到，孟子在传承中华优秀传统文化、弘扬民族精神、推行自己的仁政主张等过程中，到处奔波。他周游列国，四处游说，以自己好辩的性格，竭诚尽力，以图推行和实现自己的理想。但是，孟子的理想并没有实现，他处处遇到阻力，甚至成为一个到处碰壁和不受欢迎的人。在这种逆境当中，他仍然锲而不舍，越挫越勇，以一种顽强不屈的斗争精神，担当起传承、弘扬优秀传统文化的历史重任。最后孟子回到故乡，与弟子一起整理优秀的文化典籍，"序《诗》《书》，述仲尼之意"，传承弘

扬孔子的学说，仍然为弘扬传统文化竭尽全力、奋斗不止。这样一种坚定的文化自信，为实现理想锲而不舍、自强不息的奋斗精神，是我们为实现中华民族伟大复兴的中国梦而努力奋斗的精神动力和文化滋养。

4. 学习孟子善养吾浩然之气的自我道德修养精神

孟子既有远大的社会政治理想，又有极高的道德修养追求：成就圣人和君子的人格。理想实现和道德修养，二者是紧密结合在一起的。只有远大的理想而无良好的道德修养，理想不会实现；只注重道德修养，而没有为国家富强、民族振兴奋斗不息的理想，道德修养就没有动力和方向。孟子在道德修养上，以高尚的人格、以自己内在本性的保有和外在的舍生取义、以威武不屈的大丈夫精神，为我们树立了榜样。我们尤其要学习孟子"仰不愧于天，俯不怍于人"的君子品格。孟子认为，君子要像有源之水，不断获得真才实学和优良德行；要"亲亲而仁民，仁民而爱物"，对亲人、对百姓、对世间万物充满爱心；要有"引其君以当道，志于仁"的独立人格，对上承担社会责任，对下践行仁德，带动良好的社会风气；要让自己的"君子之德"如春风化雨，滋润人心。

孟子理想与乡村振兴

在先秦儒学大师中，孟子是最关注农村，最关心农民，最富有理想并为之奋斗终生的伟大思想家、政治家。孟子的理想之一就是对那个时代的农村、农民美好愿景的追求，而孟子对这种愿景执着追求的精神，则是我们振兴新时代农村进程中应当汲取的丰富滋养。

一、孟子理想中的农村美好愿景

在战乱不止、民不聊生的战国时代，孟子竭力推行他的"仁政"主张，他猛烈地抨击统治者"庖有肥肉，厩有肥马，民有饥色，野有饿莩，此率兽而食人也"。他奔走呼号，要求对农民"省刑罚、薄税敛"。他不止一次提出了对农村社会的美好愿景："五亩之宅，树之以桑，五十者可以衣帛矣。鸡豚狗彘之畜，无失其时，七十者可以食肉矣。百亩之田，勿夺其时，八口之家可以无饥矣。谨庠序之教，申之以孝悌之义，颁白者不负戴于道路矣。"这一理想，既立足现实，又超越现实，有清晰图景，有高远境界，有系统表述。这个理想愿景有着非常系统化的丰富深厚的内涵。

1. 社会稳定，人民幸福

由于频繁战争和社会动乱给人民带来苦难，孟子极力反对统治者对老百姓的盘剥和压榨，以鲜明的对比抨击贫富悬殊，希望社会安宁、祥和，人民过上稳定、富足、安康的幸福生活。他所描述的"五亩之宅，树之以桑"的田园风光就是一幅安宁美好的生活蓝图。

2. 物质丰富，丰衣足食

从他描述的"五十者可以衣帛""七十者可以食肉""八口之家可以无饥"的理想看，满足老百姓丰衣足食的美好愿望，就是他的最高理想。《孟子·公孙丑下》记载，孟子到齐国平陆去，看到老弱饿死，横尸沟壑，就对邑大夫当面进行猛烈的抨击和责问，可见农民衣食丰足，是孟子的主要追求之一。

3. 孝悌为本，社会和谐

孟子所提出的农村社会理想，特别强调要积极推行以孝悌为本的道德教化，形成良好社会风尚。这实际上提出了当时农村社会文明的建设问题。而其特别强调"孝悌"，就是注重从每个家庭做起，提升整个社会的道德水准，从而实现"老吾老，以及人之老；幼吾幼，以及人之幼"，"颁白者不负戴于道路"的良好社会风尚。

4. 林茂粮丰，环境优美

孟子所描述的理想中的农村，是一幅林木环绕、桑蚕繁茂、六畜兴旺、生态良好的图景。《孟子·告子上》中说，"牛山之木尝美矣……斧斤伐之，可以为美乎"，孟子激烈反对乱砍滥伐、破坏生态环境的行为。孟子还十分关注农村的社会治理。他不仅认为做百姓的"父母官"，就要爱护老百姓，如果不去为老百姓谋福利就相当于带着野兽去食人，而且提出"夫仁政，必自经界始"，要有具体的措施，保障农民有土地、有稳定资产，这样老百姓才能安居乐业。这实际是在强调社会的安宁，要有井然有序的管理。

总结孟子的理想，我们可以看到，他以民生为主旨，以社会为蓝图，追求整个农村社会的升平景象。这个理想往观千年，放眼未来，以天下为己任，展现出孟子高远的抱负和信念。他的理想以"五亩之宅，树之以桑"的家庭为起点，扩展到整个农村社会，再到国家、天下实行"仁政"，实际是从家庭、社会到国家、天下的一种层递的系统提升和扩展，体现了孟子理想由近及远、由个人而至天下的宏大高远的境界。孟子的理想是将平天下之责、治国家之法、安社会之术、修个人之身有机结合的理想，有着系统化的丰富、深厚的内涵。孟子的理想很宏大，但不缥缈；很高远，但接地气；非常丰富，但相当具体。孟子对于自己的理想，有雄辩的分析，有系统的阐发，有具体的蓝图，实现了远景和近景的结合，高远和接地气的和谐统一，这对实施新时代农村振兴战略提供了丰富的历史借鉴和文化滋养。

二、以孟子的精神振兴乡村，实现美好愿景

习近平总书记讲："人民对美好生活的向往，就是我们的奋斗目标。"在当今实现乡村振兴的过程中，我们不仅要借鉴孟子理想中建设美好乡村和农民幸福生活的文化内涵，而且要继承、弘扬孟子追求理想的精神，助力于当代乡村的振兴。

1. 大力宣传理想的精神

以美好的愿景鼓舞人，在这方面孟子是最好的榜样。他理想中的农村美好愿景，事关天下、国家、社会和每个家庭，要实现必须依靠统治者的接受和实施。所以，孟子追求理想的过程，就

是大力宣传和推销自己理想的过程。他在二十余年中四处奔波，与各国君主对话、辩论，不遗余力，力图说服对方接受自己的理想，实现这种美好的蓝图，给老百姓以安定富足的生活。他与人争辩时，感情充沛，言辞机敏，气势雄壮，锋芒毕露，为理想奋力而为，不遗余力。

2. 努力争取实践理想的精神

孟子的理想，不仅悬之于心，示之于口，而且践之于行。他以积极入世之态游说各国诸侯，冀望于得到重用，以实现理想。从孟子在齐国虽被封为客卿，却到五都邑做深入的社会调查，督查基层官吏，就可以看出他实际上是很想干一番事业的。

3. 不懈追求理想的精神

孟子以孔子为楷模，以中华文化的传人自居，励志传承优秀传统文化并发扬光大；他以尧、舜为榜样，"言必称尧、舜"，立志做平治天下的大有为之人。他最想做的，就是立足现实，救人民于水火之中。他提出"民为贵，社稷次之，君为轻"的政治主张，是与其人生理想紧密联系在一起的。另外，他为实现理想，对自身提出很高的要求。他提出养身、养性、养气的主张，"我善养吾浩然之气"，提出"天将降大任于是人也，必先苦其心志，劳其筋骨，……曾益其所不能"，立志做"富贵不能淫，贫贱不能移，威武不能屈"的大丈夫，这些都不仅仅是对别人的鼓励，也是他在追求理想过程中不断碰壁时的自我激励和自我要求。孟子的理想在那个时代是难以实现的，但他始终坚持理想不动摇，因而提出："居天下之广居，立天下之正位，行天下之正道。得志与民由之，不得志独行其道。"孟子无论遇到什么挫折，终身不改其志。孟子的这些精神，是我们民族精神的珍贵财富，至今仍然让我们高山仰止。

两千年前，孟子对农村的理想愿景必然有其时代局限性。我们在新时代提出振兴乡村的战略，时移世异，时代已经发生了巨变，但是孟子理想的丰富内涵，他为追求理想所表现出来的精神，却是我们在实现乡村振兴的过程中，需要汲取的丰富文化滋养和精神力量。

（原载《大众日报》2018年12月12日，有修改）

孟母教子与当代家风建设

孟母是传统意义上家风建设的第一个奠基人，是最早出现的母教典范之一，创作了中国历史上最早的家训。孟母教子的故事数千年来广为流传，影响深远，凸显了中华民族传统道德的核心价值观，以优秀道德培育为主线，突出了家风建设，对于当代家风建设有着十分重要的借鉴意义。

一、孟母教子的故事内容

历史文献记载，孟母教子的故事大约在孟子去世不久就已经出现。荀子文章中有"孟子恶败而出妻"的记载（《荀子·解蔽》）。虽然只有一句话，但已说明，孟子的家事在当时已经有传播。到了汉代，能够比较具体、生动、系统地来记载孟子故事的时候，孟子的家事应该是已在社会上流传很久，成为美谈，所以汉代《韩诗外传》《烈女传》等才能把这些故事系统收集记录下来。孟母教子的故事，各种古籍文献记载略有差异，大致分类来看，一共有五个，现择其主要内容，概述如下。

1. 三迁择邻

孟子少时，孟母为培养孩子的良好习惯与优秀品质，三次择邻而居。一是"其舍近墓",孟子模仿人们在墓地哭丧、埋人；二是"舍市傍",孟子模仿商人炫耀吆喝、讨价还价；三是"复徙舍学宫之傍",孟子专心学习礼仪、专注读书习文。孟母三迁择邻,为的是给孟子创造一个良好的学习环境,孟子长大之后,终于成为大儒。

2. 断机劝学

孟子少时,中途辍学回家,孟母"引刀断其织,以此戒之"（《韩诗外传·卷九》）。孟母以断机之举,警示中途废学之害,教子学习须专心勤奋。

3. 买肉啖子

孟子少时,见东家杀猪,问母亲,这是为什么? 母曰:"欲啖汝!"其母自悔而言曰:"今适有知而欺之,是教之不信也。'乃买东家豚肉以食之,明不欺也。"（《韩诗外传·卷九》）。孟母以身作则,教子要成为言而有信之人。

4. 阻子休妻

孟子之妻独居时裸露身体,被孟子看到,孟子认为妻子不懂妇道之礼,要休妻。孟母训示孟子:《礼》上说"夫礼,将入门,问孰存,所以致敬也。将上堂,声必扬,所以戒人也。将入户,视必下,恐见人过也"（《列女传·母仪传·邹孟轲母》）。她斥责孟子不懂礼,反而以礼责备妻子,阻止了孟子休妻。

5. 释子之忧

孟子在齐国因不得重用而叹气,孟母问其故,孟子说:在齐国难以实现理想,想要离开齐国远走他国,可母亲已年老,因而忧愁。孟母从夫死从子的"女礼",讲到男子要以事业为重的"义"等很多道理,告诉儿子"今子成人也,而我老矣。子行乎子义,吾行乎吾礼"（《列女传·母仪传·邹孟轲母》）,鼓励孟子周游列国，去实现自己的理想抱负。

孟母教子的五个故事，形成一个内涵丰富、逻辑严密的贤母教子的美德传承系统。它一经产生，就久传不衰，越传越盛，影响了中华文明两千多年。唐宋以后，孟母形象进入了诗词歌赋、戏曲话本等多种文体，孟母教子的杂剧，曾在元明时代兴盛一时，广为传唱。铭碑墓志，将其奉为女性楷模，现存的墓碑石刻文字中，很多将孟母作为母亲的典范加以歌颂。孟母还被后代的统治者致辞祭祀，册封表彰。元代曾封孟母为邾国宣献夫人，宋代则将孟母教子的故事以"昔孟母，择邻处，子不学，断机杼"写入影响巨大的启蒙读物《三字经》中，从而使孟母教子的故事广为传诵，家喻户晓，妇孺皆知。

二、孟母教子的丰富内涵

孟母教子的故事之所以影响巨大，究其原因，与其丰富的思想内涵有着紧密关联。

1. 故事突出了中华民族传统道德的核心价值

孟母教子里面蕴含着中华传统文化的核心价值观念：仁、义、礼、智、信。孟母看到孩子"踊跃筑埋"而选择迁居，是培养孟子的仁爱思想。对埋葬的嬉戏，会影响"恻隐之心仁之端"。孟子以不忍人之心建构的性善论，与孟母从小的教育有很大关系。"断机劝学"是"智"的教育问题，是培养提升个人知识能力、判断行为是非的重大问题。"买肉啖子"，是诚信教育问题，也是家庭美德传承的大问题。"阻子休妻"，既是礼的问题，也是义的问题，更是夫妻之间如何相处的道德问题。"释子之忧"，劝其远行，既是礼、义问题，也是如何处理家事、国事、天下事的家国情怀问题。所以不难看出，仁、义、礼、智、信，中华文化的主流核心价值观都包含在了孟母教子的五个故事里。

2.故事以优秀道德培养为主线，突出了家风建设

故事强调了传统家庭建设当中事关家族兴衰存亡的大问题：道德传家。有德之家，育有德之人，方能家族兴旺，传之永远。从某个方面讲，五个故事，都是指向家风建设中的道德传承问题。故事给历代中国人的重要启迪就是：家庭建设，重在家风；家风之要，重在教子；教子之要，严字当头。一个家族兴旺发达，人才辈出是关键，而人才辈出，道德传家是根本。德才兼备之人，必成大器；德才兼备之家，方能人才辈出。所以，孟母教子的故事，直击中国人的心灵深处。

3.故事突出了母贤子孝的典型榜样

传统家庭教育中，推崇百善孝为先，孟子其实就是孝子的代表。在故事中，孟母对孟子的训示、警戒，往往使"孟子惧"，改弦更张，依照母训践行，这既展示孟母之贤，又表现孟子之孝。所以孟母教子故事有两条线：明写孟母之贤，暗写孟子之孝。孟母在台前，孟子在身后，母子二人组成了一个有机的榜样整体和典型。无孟母之贤，即无孟子之孝；因孟子之孝，更显孟母之贤。我们可以说，孟子杰出思想的形成，肇始于幼时良好的家庭教育，孟母是成就孟子的一块基石。

当然，孟子故事的盛传不衰，还隐含着历代父母望子成龙的期待。孟子是伟大的思想家、教育家、政治家，他有一整套政治主张、政治蓝图，而且为自己的理想奋斗了一生。他的操守、人格、业绩，是历代父母望子成龙的范本，而这些都和孟母教子的故事连接在一起。这给人们一种启示：做母亲的要像孟母一样，做儿子的要像孟子一样。

三、孟母教子与传统家风形成

中国传统的家庭教育和家风建设，实际上从战国时代才开始。春秋以前，中国社会的基本结构是世卿世禄的贵族统治，那个时期只有官学，没有私学，社会的下层是庶人和奴隶。在这样一个等级分明的社会制度下，像后代的几口之家的传统家庭还没形成。

春秋战国时代剧烈的社会变革，带来中国社会家庭制度的质变。随着井田制瓦解，私田地租出现，以小农经济为主的传统家庭开始出现。孔子之后，私学大兴，知识走向下层，乡间学校开始出现，才有了孟母教子故事中的迁居学宫旁。《孟子·梁惠王上》中记载："百亩之田，勿夺其时，八口之家可以无饥矣"，说明到孟子的时代，已经有三代人组成的八口之家，中国传统的以自给自足的自然农业经济为基础的家庭出现了。在这个基础上，才形成以血缘关系为纽带的家族聚居村落和区域。概言之，中国传统家庭的出现应该是从孟子时代开始的，所以，战国时期是中国最早形成传统家庭的时期。从这样一个文化制度的背景来看，孟母教子故事至少有三个首创。

1. 孟母是传统家庭家风建设的第一个奠基人

我们无法否认，战国以前也有家风，但贵族世袭制时期等级森严的贵族家庭，与后来传承数千年的传统家庭在家族制度、内在结构、文化传承上有质的差别，战国以前贵族的所谓家风，并不具有后世所说的家风的特征。传统家风是一个家庭（族）世代相传的比较稳定的生活作风、传统习惯、道德规范和处世之道，它的核心是品德、情操、价值观念和精神追求。孟母就是传统家庭在其形成过程中，最早关注家风建设并成为典范的人。

第一，家风建设要注重文化生态环境。家风建设的环境是家风建设的重要因素，优良的家风要有优良的环境。孟母三迁择邻，着力创建的就是优良的家风建设环境。

第二，以知识作为家风建设的根基。家风建设的根基是知识的建构，所谓"书香之家"，孟母开其端。孟母以断机教子劝学，影响至大至远，根在于此。如果一个家族没有文化，一个人没有知识，不讲道德，这个家庭、这个人是立不起来的。一个家庭要有充满希望的未来，那就要以知识做根基。所以，孟母了不起的地方在于，她在两千年前就认识到知识是家风建设的根基。她断机教子、劝学向学，为历代家风建设做出了榜样。

第三，将道德培育、美德传承作为家风建设的重点。孟母教子的五个故事都是以道德培养为重点的。断机劝学，讲学习不能中断，学习要有毅力，实际就是在进行德育。"买肉啖子"中的诚信问题，"阻子休妻"中的夫妻关系处理问题，"释子之忧"中的顾大义、干大事问题等等，都体现了德育为首。五个故事中，三个发生在孟子幼年，体现了注重幼年道德养成；两个发生在孟子成年后，一个是关于如何处理好夫妻关系，一个是关于修身、齐家、治国、平天下，实现人生价值。所以，后代传统家庭家风建设的几大要素，孟母早就涉及了。说孟母是中国历史上传统家风建设的奠基人，是有坚实的历史依据的。

第四，夫妻共育是家风建设的主体。对孟子的教育及家风的建设，主导者是孟母，这具体而突出地反映了妻子和母亲在家风构建中的主体作用。"阻子休妻"故事反映出夫妻和谐相处，才能共同建设好家风。夫妻共同努力是家风建设的核心力量。如何处理好夫妻关系？孟母教子要"礼敬"，就是按照礼去尊重人家，互信、尊重是关键。中国古代是男尊女卑的社会，两千多年以前孟母就教育儿子要尊重妻子，其伟大之处可见一斑。孟子的妻子也是一个尊母知礼的贤妻。所以，这个家庭是以良母、贤妻、孝子和谐组成的。孟子背后站着两个伟大的女人！

2. 孟母是第一个母教典范

中国封建时代是以男子为中心的父权宗法社会，女人的地位很低。汉代以后倡行的"三纲五常"之一就是"夫为妻纲"，夫唱妇随，未嫁从父，既嫁从夫，夫死从子。但在子女教育这样一个事关家庭兴衰的问题上，母亲具有重中之重的地位。总结孟母教子的故事及其重大而深远的影响，可以说，孟母，就是天下母亲应该首先学习的榜样。

3. 孟母创始了中国历史上第一篇家训

传统看法中，真正的家训是在东汉才产生的。其实，孟母教子故事中，孟母对儿子的训导就是一篇最早、最好的家训。家训在孟母教子之前也有，贵族教育子弟、训导族人，历史文献中都有记载。但世卿世禄的贵族训导，很难代表从战国、秦汉后才形成发展的传统家庭的家训。第一篇家训，就是孟母对孟子的五次训导："学以立名，问则广知"，"居则安宁，动则远害"，"将入门，问孰存……将上堂，声必扬"等劝学、励志、修身的话，都因事明理、情深意长，是毫不逊色于后世著名家训的家风建设名言。

中国传统文化的传承有两条很重要的线：一条是所谓上层传承，即通过皇帝、官僚以及附着于他们的知识分子，通过国家制度、官僚体系和教育系统来传承。一条是文化传统在下层的传承发展，就是通过家庭，通过家风、家训、家法、家规，通过家庭训导、口耳相传、子承父志等来实现。所以，中国人历来就重视家风，这实际上是中华文明一个非常重要的传承系统。从这一点来讲，孟母在家风建设上的三个第一，就是她对中华文明传承的巨大贡献。

四、孟母教子对当代家风建设的启迪

我们要正确认识家风建设在当代社会发展和建设中的重大意义。家庭，是社会的基本细胞。家风，实际上是整个社会风气建设的根基，也是整个社会家庭道德建设的生命线。

高度重视家风建设，就要正确认识传统社会到当代社会发生的巨大变化，正确把握社会变化给家风建设带来的新课题、新任务。政治制度上，中国由原来的封建社会变为社会主义社会。经济上，中国由自给自足的小农经济，正向现代工业社会和现代农业社会快速转变，原来大家庭、大家族聚居的农村，正在向城市化、城镇化发展。社会的巨变，带来了人际关系的巨变、家庭的巨变。传统的家教为主，现在变成了多元教育，学校、社会、网络媒体，对人成长的影响越来越大。但是，无论怎么变化，家庭仍然是社会的基本细胞，这一点没有变，也不会变。家庭教育和家风建设，仍然是每一个人成长、每一个家庭健康发展的最重要的因素。家庭的生活氛围、人际关系，形成的风气、传统、习惯和道德水平，直接决定着每个家庭成员，特别是子女未来的成长和发展。家风建设是着眼于未来，事关家庭前途的重大问题。

我们如何吸取孟母教子故事当中的丰富营养，来加强当代的家庭建设，特别是健康和谐、清正廉洁的家风建设？

1. 身正为范，表率齐家

在现代家庭中，父母是孩子的第一任老师。父母先做出榜样，做出表率，能够将整个家庭的道德修养提升到高水准。在这方面，孟母就是最好的范本。孟母教子，即身正为范。在"买肉

啖子"故事中，她戏言哄骗了孩子，马上改正，践言落实；在
"断机劝学"故事中，用"断机"之举来教育孩子；在"阻子休
妻"故事中，她以自己高远的见识和对礼的正确理解，纠正了孟
子的错误言行。所以我们要树立一个好的家风，就要从自己做
起，为家庭成员、为社会做出榜样。

在中国历史上，凡是科甲连第、人才辈出的家族，大多会有
一人或一代官员在廉洁、勤政方面做出表率，为整个家庭和子孙
后代树立榜样和典型；大多立了家训和家规，传承良好的家风，
成就了人才辈出的"文化世家"。这是成功的历史经验：凡是人
才辈出之家，必有一代先祖做出榜样，然后世代效仿，才能形成
"文化世家"。

2. 德育为首，清廉为重

以古观今，以古鉴今，家风建设，道德建设是首位，清廉的
家风建设是根基。孔子曾说，"为政以德，譬如北辰居其所而众
星共之"，是说为官从政之人，就应该以良好的政德为官做事，
就像北斗星，无论在哪里，人民都会像众星围绕着北斗星一样拥
戴他。

两千多年以前，《管子·牧民》说礼义廉耻，国之四维，四
维不张，国乃灭亡。礼义廉耻是维持一个国家健康发展的四条纲
常，如果不能将礼义廉耻发扬光大，国家就会灭亡。所以，清廉
是国之大事。《左传·襄公二十四年》记载："大上有立德，其次
有立功，其次有立言。虽久不废，此之谓不朽。"人生一世追求
什么？我们的文化传统追求"三不朽"。第一就是立德，第二是
立功，第三是立言。德为首，为政以德，为人以德。

在为政、为人重德方面，清正廉洁又是首要问题。什么叫
廉？明末清初思想家王夫之说过：廉者，"清也，慎也，勤也。

而清其本矣"。"廉"有三个含义：一是"清"，就是清正。两袖清风，不贪不沾不染。二是"慎"，谨慎，慎重。慎重用权，不滥用权力。这是廉洁重要的内涵之一。滥用权力和贪污受贿一样，与廉洁背道而驰。三是"勤"，就是勤奋。在其位，勤其政，奋发有为。对待工作庸、懒、散，也是与廉背道而驰的。清、慎、勤，用通俗的话讲：远离贪腐、谨慎用权、勤奋工作，三者合一，相辅相成。这三者当中，清正是根本，是根基，清洁、干净是第一位。廉和耻往往结合在一起，被称为"廉耻"。所谓耻，就是知耻，知道哪些是耻辱的，是不能做的。孟子说"羞恶之心，义之端也"，知道哪些事是羞耻的、让人厌恶的，则有所不为。

从历史上看，一个家庭若兴旺发达、人才辈出、科甲连第，大都是很注重廉洁家风建设的。山东诸城的刘墉家族专门建了"清爱堂"，其家族数代之中出了大小官员一二百人，极少有贪腐的。桓台新城王渔洋家族建了"忠勤祠"，五代人出了三十多个进士，数代高官。王渔洋为让做官的儿子勤政戒贪，专门写了家训《手镜》，以此为镜，每天必看。

清廉的家风建设，既事关个人的前途命运，也事关家庭人才承继。从孟子和其他人才辈出的世家大族的经验看，有两点很值得关注：首先是先祖示范，传之后人。第一代做出榜样，后世代代传承。孟母、孟子是这样，其他许多名门望族也是如此。当今每一位父母都应该从我做起，为后代树立榜样。其次是家训传承，家规惩戒。设立家训对家风建设至关重要。许多名门之家，都有好家训一代一代传下来，例如诸葛亮的《诫子书》、颜之推的《颜氏家训》等。家训传承之外，还有家规惩戒。最著名的是包公，其家训警示后代子孙：凡是做官者，如果贪污受贿、滥用权力，被查办后出了监狱不能回老家，死后不能葬入祖坟。包公说"不从吾志，非吾子孙"，而且把家训刻到石头上，放到堂屋东墙壁上，以诏示后代。

3. 夫妻共育，母教为先

良好的家风应该夫妻共同培育，尤其应注重母亲对孩子的教育和影响。从孟母教子故事来看，夫妻礼敬是基础。夫妻之间要互敬互爱，关系和谐，以起到模范表率作用。还要做到夫妻互敬莫宠溺，夫妻共育莫偏狭，防止偏私溺爱。在教育子女方面，母亲的特殊作用尤为重要。孟子成为伟大的思想家、政治家、教育家，与他伟大的母亲是有直接关系的。所谓一个伟大人物的后面大多站着一个伟大的女性，这个女性首先可能是母亲，其次可能是妻子。

4. 爱国爱家，国事当头

孟子曾说："天下之本在国，国之本在家，家之本在身。"中国的文化传统就是家国情怀，家国一体，有国才有家。保家卫国，是我们民族的优秀传统。所以我们爱家，就必然首先爱国。孟母教子故事中的"释子之忧"为天下的父母做出了示范。孟母教育孟子，不要眷恋老母，鼓励孟子周游列国，以天下事为重。孟母教子的故事给我们很重要的启示。《孟子》里面有"不孝有三，无后为大"之句，赵岐注有"家贫亲老，不为禄仕，二不孝也"的解说，就是说如果家庭贫寒，应该在家里把老人侍奉好，而不去做官为国家服务，这是对父母的大不孝之一。中华民族的优秀传统文化，既讲爱家，又讲爱国，两者相较，国事当头。这也是我们从孟母教子故事中吸取的丰富文化营养。

（本文系2017年孟子研究院"孟子大讲堂"系列讲座演讲稿，有修改）

第四章 齐鲁文化与文明互鉴

从先秦儒学中探寻人类文明对话的共识

稷下学宫：人类文明史上的奇观

世界文明史上的稷下学宫与柏拉图学园

双璧交辉中、希文明对话 高峰论坛再续丝路情缘

从先秦儒学中探寻人类文明对话的共识

当前，人类社会发展进入了一个崭新历史阶段，全球化、科技革命和信息革命对文化产生了巨大的影响，人类文化面临新的时代和新的历史任务，通过加强世界范围内不同文明间的交流对话共同构建适应未来发展的世界新文化，是人类走向各民族同舟共济、建设和谐世界的必然要求。

一、从儒学看世界不同文化的差异

就当今世界文明的架构而言，无论是从世界几大主要文明例如基督教文明、东正教文明、伊斯兰文明、印度文明以及中华文明（或称东亚文明）来看，还是从不同国家、区域、族群、宗教信仰以及当代人生活的各个层面，乃至于不同国家的治国方略与施政方针等方面看，不同文明在当代的展现，其差异都是很明显的，甚至在某些方面是对立和冲突的。如果从各类文明发展的历史或截取一个历史的断面去分析，更会看出这种差异的深度和厚度。

自从美国著名学者塞缪尔·亨廷顿于1993年发表《文明的冲突》及其后出版《文明的冲突与世界秩序的重建》以来，

文明冲突论产生了巨大影响，他提出的"正在出现的全球政治的主要的和最危险的方面将是不同文明集团之间的冲突"的观点，引起世界范围内文化界乃至政治、军事界的高度关注和激烈论争。如何看待不同文明间的文化差异？面对各类文明之间差异巨大的现实，我们如何寻找建构世界新文化的落脚点，即建构一种什么样的新世界文化？这些问题已经成为各国学者热切关注的焦点。

随着儒学研究热的回归和对孔子思想在当代价值的深入挖掘，以中国学者为主提出的"多元和谐共同繁荣"的观点，即主张世界各类文明要尊重差异、多元共存、和谐相处、加强交流、共同繁荣与发展的观点，越来越成为国际学术界的强音。其主要的理论基础还是中华文化中源远流长的"和合"文化、儒家"中庸"之道以及"和而不同"的思想。这种对待世界不同文化差异的主张，也越来越多地得到世界文化界众多学者的认同，逐步成为构筑未来世界新文化的重要思想观点之一。正如西方著名的新自由主义伦理学家罗杰斯所说："一个真正的民主社会，不仅应该给予各种不同的文化和文化价值观念以自由生长的空间，而且由于其鼓励平等和自由的社会文化氛围，还必定会促进和激励多种多样的文化和文化价值观念的自由发展。"①世界不同文明的多元和谐共同繁荣，是由各类文明形成发展的历史决定的。任何文明的发展，都经历了数千年极其复杂漫长的历史过程，在不同的历史阶段，既有传承与发展，也有创新与变异。以儒家文明的发展为例。儒学虽为孔子创立，但追溯孔子思想形成的过程，至少应从两个方面探其渊源：一是民族历史文化渊源，二是区域文化生

---

① 万俊人：《寻求普世伦理》，北京大学出版社，2009。

态渊源，二者又是有密切联系的。孔子说："周监于二代，郁郁乎文哉！吾从周。"（《论语·八佾》）集三代文化之成的周文化，应是孔子思想形成的重要来源。鲁国集周文化之大成，实为当时的东方文化中心，有"周礼尽在鲁"的美誉。从这样一个具体的文化生态来理解孔子思想的形成和儒家文化的产生，尤其是来理解孔子生于鲁而非他邦之必然性，就会找到一个深入解读的切入点。

从区域文化角度探讨儒家文化的渊源，还不能只讲鲁不讲齐。实际上，"齐鲁之邦"是一个完整的"圣地"。齐与鲁虽都处东夷之地，但由于齐、鲁不同的建国之策——齐实行"因其俗"，鲁实行"变其俗"，使鲁国成为周文化的重要传承之地，而齐保留了更多的东夷文化风俗。孔子周游列国之前，到齐国首访，一住三年，对齐文化有深入的研究和吸收。如此说来，孔子思想的形成，从地域上讲是以齐鲁为代表的夷夏文化的融合；而从历史文化传承上讲，是对三代文化的集成和融合。可见孔子思想实集此前数千年中华文明之精华而成。对孔子以后的儒家来说，孔子创始儒学，不过诸子百家之一说，经过战国时代诸子百家争鸣的相互交流和吸收，尤其是孟子、荀子两位大师对诸子思想的吸收，才有了先秦儒家思想体系的发展与提升，儒学才成为盛极一时的"显学"。到西汉时期，董仲舒融合汉初复兴的诸子之学，尤其是吸收道家、阴阳家、法家等思想，融合成董氏新儒家，才有了汉武帝"罢黜百家，独尊儒术"政策的出台，儒家从此成为中国历代王朝的统治思想，成为中国文化的主干。各类文明形成发展演变过程的历史性，决定了它不断地融汇其他文化因子，不断地与时代发展同步，被改进、优选，成为本文明系统发展中无数代人智慧的结晶。正是从这个意义上讲，任何历经数千年发展至今仍保持着活力的文明，都是最适合本区域、族群的文明。尊重不同文明的差异，加强文明对话交流，寻求多元和谐，共谋发展之路，不仅是尊重历史、正视现实，也是面向未来的重要基础。

二、从人类文化本源上寻求当今不同文明对话的出发点和落脚点

世界文明的对话最终要回到"新时代到来，我们如何构建世界的新文化"这个问题。笔者认为，回归原点去寻求共识是一个重要的认识途径。人类文明产生之初，由于生产力低下，人类相互之间的联系很少，谈不上共同应对相同的问题，不同文明的产生正是人类面临相同问题而采取不同思维与应对方式的结果。钱穆先生在他的《中国文化史导论》中提出："各地文化精神之不同，穷其根源，最先还是由于自然环境有分别，而影响其生活方式。再由生活方式影响到文化精神。"[①]法国启蒙思想家伏尔泰则认为，人类在文明创始的古代，"大多数民族都会有共同的风俗和感情"，"由于大自然到处都是一样，人们对最刺激感官和最激发想象的事物必然会有同样正确和同样错误的看法"。[②]可见，人类不同文明发展的原点，具有更多的共性和相合相融之处。

人类在经过数千年的文明发展，特别是经过近代工业革命生产力质的飞跃和提升，以及20世纪后期以来信息革命和经济全球化的迅猛发展之后，迎来一个全球化的新时代。当人们共同研究如何建构新的文化时，却发现当代人类所面临的问题与人类文明

---

① 钱穆：《中国文化史导论》，商务印书馆，1994。
② ［法］伏尔泰：《风俗论》，商务印书馆，1996。

创始之初面临的问题有惊人的相似之处，人类似乎应该回到原点去寻求解决当今问题的方法。这种回归，绝不是人类文明的倒退与复原，而是要回到问题的原点，从人类文化本源上，寻求当今不同文明的对话基础，寻求当今不同文明和谐发展的出发点与共识。主要有三大关系值得我们思考：

1. 人与自然的关系

这是数千年人类文明发展史上一个永恒的主题，只不过当今与原点相比，主题依旧，关系已经发生了质的变化。这个自然已非原点时洪荒、原始、未知的自然，而是一个对人类过度付出、体力透支、遭受重创，甚或遍体鳞伤的自然。人类文明的对话与文化的发展，就是要在以何种方式和态度对待自然上达成共识，来为人与自然关系的良性互动与共同繁荣奠定基础。人类的发展必须建立在这样一种新型的文明基础之上，即人与自然的和谐发展与共同繁荣。

2. 人与人的关系

人类文明原点的人际关系多表现在以血缘为纽带的狭小的族群之内，在数千年人类文明的发展中，人际关系也大多表现为一族、一国、一宗教及各类文明内部的关系。在中国文化数千年发展中，人际关系主要还是建立在以"君君，臣臣，父父，子子"为核心的血缘宗法制关系网络之中。而当今特别是未来的人际关系，已是发生重大质的改变的关系。经济全球化使人与人之间的依存度大幅提升，高科技带来了交通与资讯革命，以及世界范围内的移民大潮，这种空前的人类历史的大变革，使人与人的关系发生了质的变化。世界文明间的对话，未来世界新文化的繁荣与发展，必然要求人们的视野超越族群与国界的藩篱，超越不同文明的围墙，来重新界定人与人的关系。以交流加深了解，以宽容对待"异己"，以和谐代替隔膜和对抗，用中国先哲们说过的话，叫"四海之内，皆兄弟也"。无新型人际关系的塑造，即无未来世界文明之发展。

3. 人与社会的关系

有的学者将人与社会的关系作为人与人关系的扩展而将两者列为一类，这是有道理的。[①]我将其单列为一大关系，是基于这样的考虑：它既包括个人与社会（可以是地球村的村民与地球的社会）的关系，也包括由个人组成的群体，比如一国一族的个人的扩大，与全人类的关系。我觉得这个关系的建设是当今文明对话的重要问题之一。

不同文明之间的对话，就是要以新的视野面对人类巨变带来的新问题，寻求解决各文明中的人与社会新型关系的确立，寻求各种宗教信仰间新型关系的建立，寻求一国与他国、一国与全人类新关系的建立，以及一种文明与其他文明和谐共处关系的建立，为未来世界新文化的建设与发展共同努力。

三、如何寻求不同文明之间的共识

在新的世界文化构建过程中，不同文明之间如何寻求共识？一个基本原则是要超越自己，超越历史，寻求共识，实现突破，走向共同繁荣。

1. 世界眼光

在这方面，我们从德国哲学家雅斯贝斯对不同文明比较与联系的探索中，会受到很好的启迪。他在其著名的《历史的起源与目标》一书中比较中国、印度、两河流域及希腊文明的差异时，

---

① 许倬云：《中国文化与世界文化》，广西师范大学出版社，2006。

即把重点放在了公元前800年至前200年这样一个历史阶段来观察和探析。他由此既看到了四大文明古国有着相同的突变——哲学的突破，又看到了四大文明的差异和各自的精彩。他以超越偏狭的文化史观，对"同时代的、并无联系地并列存在的"不同文明进行比较，为科学认识世界文明的发展历程，提供了一个"拨云见日"般的理论体系。他的这一"轴心时代"理论产生了重大深远的影响。而我们从其具有世界视野的论述中，洞悉了孔子及儒学产生的外部因素——四大文明的相互关联与影响。可见，科学的方法、宏阔的视野、世界的眼光，是文明对话的基础。在同时代文明的比较中，我们更清楚地认识了不同文明的历史面貌及本质特征。

2. 哲学突破

纵观人类至少6000年以上的文明发展史，它不是直线的，也不是如行云流水般自然流畅，而是经历了众多波折、裂变、整合与突破。其中影响最大的即是被雅斯贝斯称为哲学突破的"轴心时代"。从中国的"轴心时代"——春秋战国时期的文化来观察，这一时期之所以实现了哲学突破，有三点值得关注：

第一，这一时期的诸子百家思想无优劣之分，无主次之别，各有建树，竞相发展，都实现了各自的突破，最后实现了整体的哲学突破，各家思想既独树一帜，又是百花之一枝。

第二，充分的对话与争鸣有助于哲学突破的实现。各诸侯国礼贤下士，竞相招揽各家学者，为其提供相互对话和理论争鸣、交流的便利。当时的东方大国齐国，还在国都临淄建立了稷下学宫，专供百家学者集会、对话、交流，所谓"高门大屋，尊宠之"，足见条件之优渥、地位之高贵。

第三，在长期对话、交流、吸收、发展中自然达成了共识和主流思想。儒家早期地位不显，战国后期即成"显学"，非人为操作，实百家争鸣之必然。这一历史的经验，非常值得今日文明对话时代汲取。

3. 相融共识

先追求世界各类文明良性发展，让其在新的时代，在各种文明思想的对话交流中自我变革、提升，各文明之间由相容到相融，共识自然产生，未来世界新文化的主干与主流自然产生。回顾历史，此实为人类文化创新发展的经验，放眼未来，也应为人类文明发展的必然途径。

（原载《中国文化研究》2013年第1期，有修改）

稷下学宫：人类文明史上的奇观

战国时代，齐国统治者在都城临淄创设的稷下学宫，是我国历史上最早的集教育、政治、学术功能于一体的高等教育大学堂，是战国时代的思想文化中心；是诸子百家争鸣，促进各派融合、发展，培育、创生新学派的文化沃土；是博士制度的先声，学术大师的摇篮。它兼容并包、独立自由的学术精神是中国也是世界的珍贵精神文化遗产。

一、前空往劫，双璧呈辉

稷下学宫是中国历史上创办最早、规模最大的国办大学堂。它与差不多同时出现在雅典的希腊学园（又称：阿卡德米学园、柏拉图学园）堪称双璧。它们是世界上最早的集高等教育与学术研究为一体的思想学术文化中心，分别在世界的东方、西方以相似的方式展现出人类早期文明的智慧之光。还在20世纪之初，国学学者邓实在《古学复兴论》中说："周秦诸子之出世，适当希腊学派兴盛之时，绳绳星球，一东一西，后先相映，如铜山崩而洛钟应，斯亦奇矣！"希腊学派中，最负盛名的"希腊三哲"苏格拉底、柏拉图、亚里士多德都与希腊学园紧密联系在一起，而稷下学宫则是战国百家争鸣的中心所在，"周秦诸子的盛况是在这儿形成了一个最高峰"（郭沫若语）。

从比较的角度看，稷下学宫与希腊学园各具特色，共同创造了世界文明史上的辉煌。前者是齐国统治者为广揽人才而创办的，具有浓厚的政治色彩；后者是柏拉图为传播思想、科学而设，具有鲜明的科学理念。前者汇聚诸子，多派并存，思想交锋，形成百家争鸣的局面；后者传承师说，探求真理，追求科学，培育独立思考精神。前者为中国秦汉大一统帝国的形成做了理论上的充分准备，对后代政治、思想文化发展影响甚大；后者为西方大学教育奠基，对后代西方哲学、自然科学发展影响深远。稷下学宫与希腊学园极大地影响了东、西方不同学术思想与文化传统的形成，共同为构筑丰富多元的世界文明做出了贡献。

梁启超在《论中国学术思想变迁之大势》一文中曾满怀激情地描述战国百家争鸣的情状说："孔北老南，对垒互峙，九流十家，继轨并作。如春雷一声，万绿齐苗于广野，如火山炸裂，热石竞飞于天外。壮哉盛哉！非特中华学界之大观，抑亦世界学史之伟迹也。"并认为这是"前空往劫，后绝来尘"的历史绝唱。梁先生的话，也实际评价了作为百家争鸣主阵地稷下学宫的学术地位与历史贡献。

前人论稷下，多忽略它的教育地位。其实，将稷下学宫的设置放在中国教育史上看，也是空前的壮举。此前，中国教育史上有"官学"之设，《孟子·滕文公上》载："夏曰校，殷曰序，周曰庠，学则三代共之，皆所以明人伦也。"至迟到商代，就有了"大学"的设置，"殷人设右学为大学，左学为小学"（《礼记·明堂位》），但"殷人养国老于右学，养庶老于左学"（《礼记·王制》）。可见，三代所谓官办大学，实是养老、习射、习礼以及道德、教育之所，与后来所说的大学在内涵、规模、层次等方面都有很大差异。春秋以降，礼崩乐坏，打破"学在官府"，知识下移，私学兴起，官学不昌。战国之世，七大国争雄，虽然人才争夺，空前高涨，但风云变幻，战争频仍，并没有哪一国像齐国这样兴学招揽人才的。诚如《文心雕龙·时序》所载："春秋以后，角战英雄，六经泥蟠，百家飙骇。方是时也，韩魏力政，燕赵任权；五蠹六虱，严于秦令；唯齐、楚两国，颇有文学……故稷下扇其清风，兰陵郁其茂俗。"战国之楚，产生了屈原、宋玉等文学大家，兰陵之地兴起优良的文气风俗，但并没有兴办官学的记载。从现有的资料看，在春秋战国五百年间，还没有哪一个诸侯国曾经如此大力兴办官学。稷下之设，的确是一个前空往劫的奇迹。

战国时代，人才争夺激烈，礼贤下士之风盛行，"养士"是各国统治者和权贵之门较为普遍的现象。当时著名的，楚有春申君、齐有孟尝君、赵有平原君、魏有信陵君。因而，有人认为，稷下学宫实为国家养士机构，与当时著名的"四君子门馆"相类似。但细加分析，稷下之学与养士之家有显著不同。"四君子"门下尽管也有门客数千人，却没有形成诸子百家学派争鸣的学术中心。究其原因：一是人数众多，但层次低下。他们往往"人无贵贱，客无所择"，人们多以食客、宾客、门客称之，寄食者众，有才者少。二是服务私门，学者稀少。私门养士，主要在务实和功利层面，而不在学术涵养和思想的争鸣，难以形成真正的学术中心。三是因人而养，聚散无常。人在则聚，人去则散，进出无定，流动性大，也难以形成稳定的学术文化中心。战国末期，秦国吕不韦养食客三千人，编成著名的《吕氏春秋》是一个特例。但他也并未让其门馆成为百家学术争鸣中心，而是"使其客人人著所闻，集论以为八览、六论、十二纪"（《史记·吕不韦列传》）。实为集多人散篇之作而成，内容较杂，号为杂家之著。因而，稷下之设，虽然承继着礼贤下士的传统，但其构筑的是超越时代风气的大学堂。

从中国教育发展史看，与早于稷下一百余年孔子兴办私学的伟大创举相比，稷下之设的空前意义在于，它变一人之教为大师云集的众人之教，变一家之学的传承为百家思想的争鸣，并在儒家私学教育衰微、散落之时，由齐国统治者的创新，实现了私学教育的转型发展：稷下学宫实际成为私学联盟性质的高等教育实体。一是诸子百家与私学结合在了一起，每个学派往往是一个庞大的私学教育集团。各学派汇聚稷下学宫，客观上使稷下成为若干私学教育集团的联合体。二是稷下各派学者，大多带弟子来稷下。从各派之间看，学术争鸣、相互交流是活动主体，就某一学派师生活动看，讲学授徒、传播思想与知识则是活动的主要内容。稷下学宫以其特有的方式创造了中国教育史上空前的辉煌。

二、立于乱世，存世最长

如前所述，战国之世，大国兼并战争激烈，合纵连横，分合无常，政治风云，瞬息万变。各国君主无力兴办教育，而私学的发展也常因一人而兴，人亡而息。孟子以"得天下英才而教育之"为人生之乐，游学列国，曾"后车数十乘，从者数百人"，声势显赫，影响甚大。但"孟子既没之后，大道遂绌"（《孟子题辞》），战国时代的教育大致如此。唯独稷下学宫，创始于公元前374年，历五代国君，至秦统一，终齐而亡，存续达一百五十余年，这在春秋战国的动乱时代不能不说是个奇迹。

徐干《中论》云："昔齐桓公（午）立稷下之官（宫），设大夫之号，招致贤人而尊宠之，自孟轲之徒皆游于齐。"可知稷下创始于田齐国君齐桓公（田午）之时，并制定了基本政策、方针，为其发展奠定了良好基础。齐威王、宣王及湣王前期的七十年间，是田齐盛世，也是稷下学宫的兴盛期：学派云集，名人荟萃，人数多至"数百千人"。宣王时，一次将稷下学者七十六人"皆赐列第，为上大夫，不治而议论"，即给予高官厚禄，而不必理政务，专司教学研讨。湣王继位前期，"奋二世之余烈"，稷下仍很兴旺。但湣王是一个狂妄骄暴的国君，对外扩张，连年用兵，"矜功不休，百姓不堪，诸儒谏不从，各分散"（《盐铁论·卷二·论儒》），这是稷下中衰的开始。此后，燕将乐毅率五国大军攻入齐都临淄，下七十余城，湣王也逃至莒，为楚将所杀，稷下遭到严重损毁乃至停办。五年后，齐襄王破燕军复国，还都临淄。兴国之要，首先重振稷下学宫。《史记·孟子荀卿列传》称："齐尚修列大夫之缺，而荀卿三为祭酒焉。"制度重修，学者复聚，大儒荀卿，长期主持，稷下呈复兴之势。此后，虽国势日衰，但学宫依然存续，与齐终亡。在长达一百五十多年的历史进程中，稷下始终作为中国思想文化的中心影响遍及列国，在中国乃至东方文化史上写下了光辉的一页。

总体说来，在春秋战国那样一个诸侯割据，长期分裂动荡的时代，稷下设于一国之中而历一百数十年之久，应是中国文化史上的奇迹之一。

三、三位一体，功能多样

1. 稷下是"学宫"，是一个大师云集的高等学府

从一所大学所必备的要素来看，稷下至少有三点颇为突出。第一，有固定、宏大的校舍和优越充裕的设施条件。所谓"筑

钜馆，临康衢……高门横阅，夏屋长檐，樽垒明洁，几杖清严"（《稷下赋》）。第二，有众多的师生在此开展教学活动。文献记载孟子"从者数百人"，田骈有"徒百人"，淳于髡去世时竟有"弟子三千人"为其服丧，稷下人数最多时相传有"谈说之士七千余人"（《太平寰宇记》），可见师生人数之众。第三，有一定的规章制度和管理措施。据考订，《管子·弟子职》即是稷下学宫的学生守则。从内容上看，饮食起居、衣着服饰、课堂纪律、课后温习、尊敬师长、品德修养等都有具体的规定，说明稷下的管理制度是周密、严格的。

2.稷下具有研究院的性质

在中国文化史上，稷下是以百家争鸣的思想学术文化中心彪炳史册的。因而，郭沫若先生早就指出：它（稷下）似乎是一种研究院性质，和一般的庠序学校不同，发展到能够以学术思想为自由研究的对象。稷下的主要活动方式包括期会、讲说、议论、研讨、诘难、争辩等，有利于学术的探究和深化。稷下先生大多为诸子百家学派的学者，他们知识丰富，见闻广博，有鲜明主张，有理论建树；谈说言事，著书立说，往往旁征博引，曲尽事理，具有很强的理论性和学术性。

同时，稷下为后世遗留下大量的学术著作，也是其研究院性质的又一最重要诠释。除《孟子》《荀子》为两位著名稷下先生的著述之外，《汉书·艺文志》著录了汉人所见稷下先生的个人专著有：《孙卿子》《蜎（环）子》《田子》《捷子》《邹子》《邹子始终》《慎子》《尹文子》《宋子》等共十余种，二百五十余篇之多。20世纪以来，《管子》研究学者经长期研究、考证，大多认为《管子》一书录著了大量的稷下学者的论文，甚至有人提出，《管子》是稷下学者的论文集。

3.政治参议院

稷下是田齐统治者为实现自己的政治目标，广揽人才而兴办，因而具有浓厚的政治色彩是不言而喻的。还在稷下创始之时，齐桓公（午）即"设大夫之号"，而"宣王喜文学游说之士，自如邹衍、淳于髡……之徒七十六人，皆赐列第，为上大夫，不治而议论"。说明到威王、宣王时，则进一步将这一基本政策落到实处，这就将稷下先生与齐国政治紧密结合在一起。而"稷下先生，喜议政事"（《新序·杂事》），他们"各著书言治乱之事，以干世主"（《史记·孟子荀卿列传》），正说明稷下先生们也是一些热衷政治，凭借其专业知识、学术声望出没于政治风浪之间善于弄潮的人物，两相结合，就使稷下成为中外政治制度史上也许是最早的颇具特色的政治议事机构。从文献中我们发现，稷下先生主要承担三种政治身份。

第一，谋士：宣传主张，议政建言。与后代的谋臣不同的是，稷下先生常常将自己或本学派政治主张的推行与议政建言相结合，因而其议政往往具有宏观性、指向性、理论性和政策性。孟子向齐宣王建议实行"仁政"，既是治国方略，又是统一天下之术，有明确主张，有系统论述，有清晰蓝图，有具体措施，充分体现了稷下先生的议政特色。

第二，谏臣：匡正时弊，直言进谏。稷下先生往往在重大问题、在关键时刻提出忠直意见。据《说苑·尊贤》载：淳于髡以古代先王与宣王相比，批评齐宣王好马、好味、好色，而"独不好士"，迫使宣王"嘿然无以应"，从而达到劝其尊贤治国的目的。《盐铁论·卷二·论儒》所载齐湣王"矜功不休，百姓不堪，诸儒谏不从，各分散"，则反映出稷下先生特有的进谏风格：既直言忠谏，又坚持主张不妥协，充分显示其斗争性、独立性。

第三，外交家：排难解纷，出使外国。在战国风云变幻的"国际"舞台上，稷下先生是一支活跃的力量，他们往往在重要关头，奉齐王之命，出使别国，排忧解难，完成外交使命。如：邹衍曾出使赵国，淳于髡也曾"为齐使于荆"，并在"楚大发兵加齐"之时，"齐王使淳于髡之赵请救兵"。又据《艺文类聚》引《鲁连子》载："齐田单破燕军，复齐城，唯聊城不下。燕将守数月，鲁仲连乃为书，著之于矢，以射城中，遗燕将，燕将得书，泣三日，乃自杀。"由上可见，稷下学者在齐国政治中发挥了巨大作用。需要说明的是，稷下的多重功能是有机和谐地统于一体的，它的政治功能是以各派教育活动和学术活动为主体实现的；而其学术活动，既有明确的政治目的，又与教育实践紧密结合，使稷下成为兼具研究院、政治参议院功能的大学堂。

四、学术自由，堪称典范

稷下学宫之所以能成为战国诸子百家争鸣的主阵地，主要在于它实现了真正的学术平等与自由。

学术自由是人类文明发展的思想根基和精神源泉，是稷下学宫和希腊学园以各种不同方式共同呈现给人类最珍贵的精神文化遗产。自由的基础是平等，没有平等就没有自由。希腊学园中所表现的学术平等主要体现在"吾爱吾师，吾更爱真理"的追求。柏拉图与亚里士多德率先垂范，在批判师说的基础上成就了其在世界文明史上的伟大贡献，从而在学园中形成独立思考、学术自由的传统精神。而稷下所体现的学术自由，主要展现为统治者与学者之间的学术平等和自由的理念。这一点就更难能可贵，史所难寻。尤其值得指出的是，稷下学宫是带有浓厚政治色彩的国办大学，"喜议政事"是其基本功能，"各著书言治乱之事，以干世主"是稷下先生的强烈愿望。因而，他们可以对齐统治者独立自由地发表政治见解甚至提出批判反对意见，而齐统治者对各种意见一概采取从善如流、平等相待的态度，这就是一种更为珍贵、堪称典范的平等精神了。稷下的学术自由大致表现在三个方面：

1. 尊重学士，平等礼遇

为了吸引大量学者来稷下讲学、争鸣、议政，齐国统治者采取特殊的政策为学者创造了良好的政治环境和优越的生活条件。来者，热情接待，精心安置；走者，以礼相送，重金馈赠；离后再来，仍然欢迎。政治上，齐国君主不以政治干涉学术，不以好恶而行褒贬，"礼贤下士"是战国时代的风尚，但齐国统治者达到了登峰造极的程度，不仅为当时各国所少见，在数千年中国文化史上，也堪称典范。正在稷下学宫鼎盛之时，齐国发生了一次著名的稷下先生和齐宣王关于"贵士"的辩论。《战国策·齐四》记载："齐宣王见颜斶，曰：'斶前！'斶亦曰：'王前！'宣王不悦。左右曰：'王，人君也。斶，人臣也。王曰斶前，亦曰王前，可乎？'斶对曰：'夫斶前为慕势，王前为趋士。与使斶为慕势，不如使王为趋士。'王忿然作色曰：'王者贵乎？士贵乎？'对曰：'士贵耳，王者不贵。……由是观之，生王之头，曾不若死士之垄也。'宣王默然不悦。"接下去，宣王的左右和颜斶就士贵还是王贵展开了激烈辩论。出人意料，颜斶的"士贵"说竟占了上风，更叫人惊奇的则是辩论之后宣王的表态。宣王曰："嗟乎！君子焉可侮哉，寡人自取病耳！及今闻君子之言，乃今闻细人之行，愿请受为弟子。且颜先生与寡人游，食必太牢，出必乘车，妻子衣服丽都。"可谓历史上尊重学者的典范。

2. 各派平等，多家并存

这与齐统治者以宽厚的态度采取百家争鸣、兼容并包的方针是分不开的。从文献记载看，儒、法、道、阴阳及农家、名家、兵家，举凡当时重要的学术流派都曾在稷下先后存在发展。由于思想解放，地位平等，学术活跃，各派学者尽管有不同甚至相反的主张，却都能在稷下立足、讲学、争鸣，吐纳吸收，提升发展。多家思想并争，各派观点齐鸣，在争鸣中融合，在融合中发展，最终实现各派的共同繁荣、创新发展。

3. 开放办学，来去自由

稷下尊重学者的独立自主精神，在管理上采取机构开放、来去自由的政策，游学是其主要形式。第一，学生可以自由地去稷下寻师求学，荀子初去稷下即是一例。第二，先生可以自由在稷下招生讲学，这给予了师、生两个方面的充分自由。游学方式，可以是个人游学，也可以如孟子一样，数百从者一起来，称为集体游学或集团游学。这些游学方式的施行，让各国学者纷至沓来，使他们增加了交流，开阔了视野，扩大了见闻，打破了私学界限，学无常师，思想活跃，兼容并包，促进了人才的培养和成长。

当前，历史发展进入了一个崭新的阶段。全球化、科技革命和信息革命将世界变成了地球村，这对人类文化发展产生了极大影响。以美国学者塞缪尔·亨廷顿为代表的"文明冲突论"者认为：未来世界的冲突源于文明的冲突，未来战争的根源是文明的冲突。世界各种文明如何相容相处，新的世界文明格局如何发展，成为世界性的难题。我们认为，未来世界文明的构建还应回首两千三百年前，到稷下学宫中去寻找智慧，发扬光大稷下精神是当代人类文明建设的需要。其中两点尤其值得吸取：

第一，各家并存，兼容并包。世界各种文明历经千年发展，各有建树，独树一帜，在新的历史条件下，就是要不分优劣，不分主次，平等相待，共同发展。不以异己排斥、打击，不以好恶取舍。

第二，世界需要更多的稷下学宫。在尊重各种文明的思想基础上，加强交流，相互吸收，让各种文明由相容到相融，在自我创新发展、变革提升中寻求新突破。

共同构建世界新文化，这既是稷下提供的人类文化发展的历史经验，也是放眼未来，人类文明发展不可不取之途径。

（原载《光明日报》2015年9月17日）

世界文明史上的稷下学宫与柏拉图学园

20世纪中期，德国哲学家雅斯贝斯在其《历史的起源与目标》一书中，提出了世界文明史上存在一个"轴心时代"的理论。他认为，在公元前800年到公元前200年之间，世界上几个古老文明"充满了不平常的事件"，"单独地也差不多同时地"产生了众多先哲，带来了人类的精神觉醒与哲学突破，这一时期成为影响以后人类生活、思想、文化的奠基时期。值得我们关注的是：在公元前374年产生于中国战国时代齐国都城临淄的稷下学宫，与在公元前387年产生于希腊的柏拉图学园，它们"单独地也差不多同时地"出现于世界的东方、西方，并对当时和后世的文化发展产生了重大深远影响，正是这些"不平常的事件"之一。但长期以来，国际学术界对二者的联系关注不够，比较研究尤属少见。其中最主要的原因，是相关资料的缺乏。本文试图在全面研究分析相关资料基础上，将稷下学宫与柏拉图学园做提纲式的比较论述，以引起学术界对这两个在世界文明史上意义重大的教育文化实体的关注进而做深入研究。借以说明，这几乎同时发生在欧亚大陆两端的重大文化事件，不仅展现出东方、西方文明不同发展道路在其早期的差异，也给今天的人们以深思与启示：不同质的文明，在其出发点上却是有众多的相似、相通之处！不同文明间的对话，不仅是必要的，也是可行的，多元并存，才能共同构筑起人类命运共同体。

柏拉图学园大约创办于公元前387年的雅典，是在希腊传奇英雄阿卡德莫斯居住过的一处遗址上，由著名哲学家柏拉图创建的，所以又称"阿卡德米学园"或"希腊学园"。它是世界文明史上最早设立的真正意义上的高等学府，学园汇集了当时众多的学者在此从事学习或研究，培养出大批人才，成为那个时代欧洲最负盛名的教育、学术与思想文化中心。

稷下学宫成立于中国战国时代的齐国故都临淄，虽然其成立的时间先秦文献并无具体记载，但汉末徐干《中论》有"昔齐桓公（午）立稷下之官（宫），设大夫之号，招致贤人而尊宠之，自孟轲之徒皆游于齐"的记载，学术界大多认为是成立于田齐国君齐桓公（田午）之时。如果以田午即位时间（公元前374年）计算，则稷下学宫仅比柏拉图学园晚设立13年，说它们"单独地也差不多同时地"分别出现在世界东方、西方是有依据的。稷下学宫存续的时间，综合《史记》《战国策》等文献记载和当代诸多学者的考证①应是150余年，至秦灭齐时（公元前221年）遭毁。对于稷下学宫，前人多注重其政治作用和诸子百家争鸣的学术文化中心地位，被郭沫若先生称为中国历史上最早的具有研究院性质的机构②，而实际上，稷下学宫应是以教育性质为主体

---

① 钱穆：《先秦诸子系年·稷下通考》，商务印书馆，2001。白奚：《稷下学研究》，生活·读书·新知三联书店，1998。

② 郭沫若：《稷下黄老学派的批判》，载《齐文化丛书·中国论文选》，齐鲁书社，1997。

的、中国历史上最早的高等教育大学堂①。本文即从世界历史上东方、西方最早的高等教育大学堂的视角，试将二者做简要的比较论述。

比较这两座世界文明史上犹如孪生兄弟般分别出现在东方、西方的高等教育大学堂和学术文化中心，可以发现，二者虽天各一方，却不约而同地展现出惊人的相通、相似之处，而深入探讨，它们又存在诸多差异和内涵的不同。深入分析它们的共性与差异，可以使我们站在世界文明起源的历史高处，寻找到人类早期文明的相通、相同点，共谋今日世界不同文明协同发展的路径和方式，推动全球化背景下人类文明的共建与繁荣；分析它们的差异点，可以更清晰地审视、探索今日世界不同文明发展的源流，在今日现代科技和信息网络如此拉近人类之间距离的新世界格局中，探求不同文明的相处之道，有利于不同文明的对话，加深世界各种文明的相互理解与包容，实现和谐相处，共同构建人类命运共同体。

一、创设条件之比较

作为世界文明史上具有开创意义的高等教育大学堂，稷下学宫与柏拉图学园的出现，绝不是偶然的事件，对它们的创设条件进行比较，我们可以得到如下一些认识：

1. 它们的出现有着相似的经济、社会基础

高等大学堂，作为一个国家、一定时代上层建筑领域的形态实体，它的创立设置要建立在一定的经济基础之上，它也是社会

---

① 王志民：《稷下学宫在中国教育史上的创新与超越》，《管子学刊》2018年第3期。

文化发展到一定程度的必然产物。颇为引人关注的是，"轴心时代"的中国和希腊不约而同地为两所高等大学堂的出现创造出了相似的经济和社会基础条件。

第一，工商业的发达与城市经济的繁荣——相似的经济基础。从公元前6世纪开始，雅典的城邦社会就发生着巨大变革，其主要变革之一是，雅典由农业国之一域迅速发展为工商业城市，成为希腊境内海上力量强大的地区，随着贸易的发达带来商品经济的繁荣，一个新的富有的商人阶层形成了。"雅典迅速地从一个农业区域发展为工商业区域。……雅典就成了希腊世界第一个工商业城邦。"[1]而在经过希波战争的胜利和雅典帝国的形成以后，"雅典是雅典帝国的中心，而且成为整个希腊世界的经济和文化中心"，人口达到"十五至十七万人"。[2]虽然到了柏拉图时代，随着城邦之间内战的频发，雅典走向了衰弱，但是，从较长的历史看，发达的工商经济和人口众多的繁荣城市是柏拉图学园产生的重要经济基础，是学校创设的基本条件。

稷下学宫产生于中国战国时代的齐国故都临淄。这个时期，由于几代国君的励精图治，国力强盛，临淄也达到它的极盛时期。20世纪以来对先秦时代列国都城的考古挖掘显示，临淄是当时最大的都会城市之一。整个城市由大城和嵌入西南角的"宫城"（即王宫）组成，大小城总面积达到17.6平方公里。从城中挖掘出的大量手工业工场遗址看，最大的冶铁遗址有40万平方米，其他有冶铜、制钱、制陶遗址多处，并出土漆器、丝织品、玉器以及大量的齐刀币、齐法化等货币，可见其工商业的繁荣。[3]根

---

① 顾准：《希腊城邦制度》，中国社会科学出版社，1986，第123页。
② 同上，第164页。
③ 群力：《临淄齐国故城勘探纪要》，《文物》1972年第5期。

342

据《战国策·齐一·苏秦为赵合从说齐宣王》的记载，游士苏秦在见齐宣王时，描述临淄城内的面貌说："临淄之中七万户……临淄甚富而实，其民无不吹竽、鼓瑟、击筑、弹琴、斗鸡、走犬、六博、蹴鞠者。临淄之途，车毂击，人肩摩，连衽成帷，举袂成幕，挥汗成雨；家敦而富，志高而扬。"按七万户计算，当时的城中人口应在30万—40万。由于上述描述是苏秦对齐宣王亲口所述，即使有夸张成分，水分也不会太大。由此可见，稷下学宫创始、兴旺的时期，即是田齐国力强盛，都城临淄城市经济繁荣的时期。

第二，"士"的崛起与"智者"出现——相似的人才基础。稷下学宫的产生与"士"阶层的崛起密切相关。春秋末期到战国时代，由于社会的巨大变革，礼崩乐坏，文化下移，私学兴起，各种出身的知识分子大量产生，形成了一个特殊的"士"阶层。当时，战争频仍，风云变幻，各国统治者都在为统一天下励精图治，变法图强，需要大量人才为自己出谋划策、奔走效力，人才的多寡成为国家实力的重要标志之一。"礼贤下士"成为当时统治者中较为普遍的现象和备受推崇的风气。在这种风气的推动下，具备各种知识与才能的"士"，深深卷入社会变革的大潮之中。他们有的游说各国诸侯，喜议政事、发表政见、合纵连横、施展抱负，成为叱咤风云的政治明星，有的总结历史、研究现实、长于思辨、善于论说，成为名重一时的大学者，因而形成了学派林立、异说纷起、诸子百家竞相争鸣的文化奇观。众多的"士"汇聚到齐国故都，为稷下学宫的创设提供了良好的文化学术环境和人才条件。

与稷下学宫相似，当时的希腊也产生了一群特殊的知识分子群体，就是"智者"。他们主要是从外邦游走到雅典的，虽然没有共同的学说和理念，但"都具有教青年人以生活智慧的专门能力"，是以教师为职业的，"他们中大多数人都涉及人文科学，尤其是那些与辩论术有关的科学，从他们的杰出人物那里，学生们受到了全面的哲学教育"。从智者苏格拉底开始，"不但具备智者的学识，而且更熟悉自己民族的雅典教师的人数稳定地增长"①，这就为柏拉图学园的创建提供了高质量的师资以及充足的生源。

第三，城郊、水滨——相似的、适宜的地理环境。稷下所处地理位置、自然环境，历史文献是有记载的。宋代的地理名著《太平寰宇记》卷十八引刘向《别录》载："齐有稷门，齐之城西门也。外有学堂，即齐宣王立学所也，故称为稷下之学。"《史记·索隐》引《齐地记》云："齐城西门侧，系水左右有讲室，趾（址）往往存焉，盖因侧系水，故曰稷门。"《水经注·淄水注》："系水傍城北流，迳阳门西，水次有故封处，所谓齐之稷下也。"

历史文献中所引刘向《别录》、晏谟《齐地记》、郦道元《水经注》，分别为西汉及南北朝时期的著作，距离稷下学宫的时代二百及六七百年不等，就这些文献关于稷下学宫遗址的记载来看，可靠性还是比较强的。概言之，稷下学宫地处临淄城郊，在稷门之侧，有系水环绕，草木丰茂，环境优美。

根据文献记载以及作者到雅典柏拉图学园遗址公园实地察看，柏拉图学园的位置在古雅典城的西北郊城墙外，旁边有一条美丽的克菲索河，河两岸长满绿色的橄榄树，柏拉图学园也是处在依城傍水的优雅环境之中。

---

① ［英］博伊德、金：《西方教育史》，人民教育出版社，1985，第23页。

从稷下学宫和柏拉图学园相似的自然环境及创设基础条件来看，在人类文明发展的早期，大学堂选址有一定的规律：繁荣的工商业和大城市完善的设施，是它们共同的经济基础；知识分子阶层的崛起，是它们共同的人才基础；地处大城之郊，又有便利的交通条件；远离闹市，有利于静心修学；面水而舍，花草繁盛，林木丰茂，既得用水之利，又清幽雅致，有利于青年学子陶冶身心。

2. 从创设的情况看，二者有较大的差异

第一，创设者的差异。稷下学宫由齐国国君创办，属于国办的大学堂。柏拉图学园由柏拉图个人创办，属于私立学堂。稷下存亡系于战国割据时代的齐国政权，随国亡而毁，存续时间共一百五十余年。柏拉图学园为个人所创办，较少受政权更迭影响，师亡生继，得以长久存世，达九百余年。

第二，校舍差异。稷下学宫由于举国家之力，建有规模宏大的校舍建筑群。《史记》中记载稷下学宫"开第康庄之衢，高门大屋，尊宠之"（《史记·孟子荀卿列传》），即校舍建在交通大道上，规模宏大壮观。司马光的《稷下赋》惊叹学宫：美矣哉！"筑钜馆，临康衢……高门横闶，夏屋长檐，樽垒明沽，几杖清严"①，从相关历史记载中可以看出稷下学宫是一座规模宏大、校舍鳞次栉比的大学堂。优渥的物质生活条件和齐国统治者求贤若渴的一系列政策，大大吸引了当时的各国学者，稷下学宫的发展规模越来越大，人数越来越多，以致达到数千人。

345

柏拉图学园由于是个人创办，学园规模自然要小得多。有关学园建设的具体规模、情况，历史文献记载很少，因而对其面貌

---

① 司马光：《司马文正公传家集》卷四十三，商务印书馆，1937。

的描述向来差异较大。根据有关的记载看，学园创办之初，很可能并没有固定的校舍，只是在一个有体育场、树木、林间道路的公园里授课。后来，柏拉图建造了缪斯神庙和一处校舍，大约是一个有屋顶的围廊式建筑。有的学者根据20世纪以来关于柏拉图学园遗址考古挖掘的情况，推断学园大概包括"两座主要的建筑物和其他一些比较小的建筑"，最大的建筑为一长方形的场地，大概长44米，宽23米，周围是柱廊和房间，有中央大厅，三面环墙，每一面墙都有四个房间，极具对称性。第二个建筑物被发现长达250米，形成一个"正方形周柱廊"，没有其他房屋的迹象，可能是用来讲学的地方。[①]柏拉图学园师生的人数、规模，限于资料的缺乏，我们无法确切考知。但基于上述校舍条件等的分析，柏拉图学园的师生人数肯定比稷下学宫少很多。甚至可以说，柏拉图学园与孔子的聚徒讲学相类似，是依托柏拉图个人的学识、声望、人格魅力，以及雅典内外青年对他的崇拜与求知欲而凝聚的。

346

二、社会功能之比较

从社会性质看稷下学宫与柏拉图学园，两者相通的是：它们都是高等教育与学术研究功能相结合的学研机构，都是当时学者荟萃、影响巨大的高等大学堂和学术文化中心。这对后来"大学"的功能定位，即教学与学术研究相结合，培养高层次人才的定位影响深远。

---

① ［希腊］瓦拉外尼斯：《雅典城柏拉图学园的考古遗址》，载《"稷下学宫与柏拉图学园——中、希古典时代文化高峰论坛"会议论文集》，2018。

1. 教育功能之比较

从教育功能比较的角度看，稷下学宫的教育性质有以下几个方面：

第一，它吸引了众多学者率徒来此讲学、访学，是一所高层次的大学堂。例如《孟子·滕文公下》记载：孟子访学"后车数十乘，从者数百人"。田骈有"徒百人"（《战国策·齐四》），而淳于髡竟有"诸弟子三千人"（《太平寰宇记·卷十九》）。说明稷下是一个学者聚集生徒、讲学论教的地方。

第二，齐国国君聘请德高望重的学者担任"祭酒"，作为领袖人物来管理学宫。儒学大师荀卿曾"三为祭酒"；稷下前辈学者淳于髡[①]，是稷下早期的领袖人物；在稷下最繁荣的齐宣王时期，被封为"卿相（客卿）"的孟子，则是当时稷下地位最高的领导者。

第三，稷下有规章制度。被认为是稷下学宫论文集的《管子》一书中有《弟子职》一篇，郭沫若先生认为，《管子·弟子职》当是稷下学宫的学生守则[②]，说明学宫有相应的教学管理制度，这是一所大学必备的基本制度。今日观之，稷下学宫的确是一个有大量师生、有校长领袖、有规章制度的大学堂。

稷下学宫既是高等大学堂，又是学者荟萃的学术文化中心。

第一，它是一个各种思想流派汇聚的思想文化中心。文献有"谈说之士期会于稷下"（《别录》）的记载，学者们在特定的时间、地点，从事辩论和学术的研讨，稷下学宫成为战国时代诸子百家学派思想争鸣的唯一学术中心。[③]

① 钱穆：《先秦诸子系年》，商务印书馆，2001。
② 郭沫若等：《管子集校·弟子职篇》，科学出版社，1956。
③ 白奚：《稷下学研究》，生活·读书·新知三联书店，1998。

第二，《史记》记载，稷下先生"各著书言治乱之事，以干世主"（《史记·孟子荀卿列传》）。在教授学生的同时，就当时的政治、社会问题开展研究，也是稷下学者的主要活动，他们留下了大量的学术著作。虽经秦始皇"焚书"之祸，除《孟子》《荀子》《管子》外，单据《汉书·艺文志》著录的作品仍有二百五十余篇，说明学术研究是稷下学者从事的最主要的活动之一。教、研结合，相融相成，这是稷下学宫社会功能最重要的特点，也是其与柏拉图学园相通、相同点之一。

2. 教育性质之比较

根据有关记载，柏拉图学园较稷下学宫的教育性质更加显明。

第一，柏拉图学园有着较为系统的课程设置和较多的学科门类，有着明确的办学目标：以培养热爱真理、追求真理的人才为学园明确的办学方向。教学内容以哲学思想的传授、研究为主，同时十分注重数学，并扩充到其他学科，例如几何、音乐、体育、天文，还扩充到动物学和植物学等等。柏拉图学园希图通过哲学、自然科学知识的学研，将学生培养成为热爱真理、追求真理、具有科学精神的人才。

第二，与稷下学宫委任"祭酒"管理学宫相似，柏拉图学园是由领袖人物来领导和管理学园的。柏拉图既是学园创始者，也是导师和学园领袖，领导学园四十年，直到去世。此后则在学生中选择领袖人物担任管理者。

第三，柏拉图学园也是一个学术文化的中心。"学校主要关心的事，不是实践而是理论；不是语言或生活艺术的成就，而是对真理的探索。"[①]这里不但产生了亚里士多德等众多伟大的思想

---

① ［英］博伊德、金：《西方教育史》，人民教育出版社，1985，第25页。

家、哲学家和卓有成就的科学家，而且培养了大量的各类人才。

3. 社会功能之差异

虽然从总体社会功能上看，稷下学宫和柏拉图学园都具有教育与学术相结合的相似相通性，但是，深入分析探讨其社会性质特点，其差异也是很明显的，正是这种差异性，奠定了两者各自的鲜明特色。

大致说来，稷下学宫是齐国统治者为广揽人才实现自己的政治目标而兴办的，因而具有较浓厚的政治色彩。徐干《中论》记载："昔齐桓公（午）立稷下之官（宫），设大夫之号，招致贤人而尊宠之。"说明稷下从创立始，即曾设置大量官职，以吸引天下学者。但封官而不理政，让他们"不治而议论"，稷下先生们又"喜议政事"，"各著书言治乱之事，以干世主"（《史记·孟子荀卿列传》）。这说明，稷下带有政治参议院或国家智囊团的性质。稷下学者也常常应齐国统治者之需，出使别国，排难解纷，活跃于列国的政治舞台上，例如淳于髡使赵、孟子使滕国等，多不胜举。所以，稷下之学与政治的结合是很紧密的。

柏拉图学园则为柏拉图自创，主要目的在于通过传承、发展、传播自己的学术理念，培育人才。因而，柏拉图设学虽然也有培养"哲学王"，实现"理想国"的乌托邦式的政治目标，但是其教育活动主旨在于讲授知识、培养人才，所以更具专门学校性质。学术与科学的紧密结合，使柏拉图学园最终成为欧洲最早的培养大批思想家与科学家的殿堂。

三、教育内涵之比较

我们从一个高等教育大学堂的角度来比较分析稷下学宫与柏拉图学园，会发现它们既具有许多共同、相似之处，又有许多明显的差异。这些相似点，使我们看到了在人类文明的"轴心时代"，中、希两个文明古国文化的相融相通之处。而其差异之处，则能让我们探幽入微，洞悉东、西方不同文明形成的渊源所在。

1. 相似与相通

这主要表现在教法与学风上。

第一，教法相似。从相关历史文献资料的分析看，稷下学宫与柏拉图学园在知识的传授方式上都注重以讨论、研讨、对话为主的学研结合方式。这首先源于两者在师生关系上的相通相似之处。稷下学宫中的师生虽有明确的师徒关系，在名分上也有"先生"与"学士"之分，但在教与学的关系中，却有在知识面前"人人平等"的意识，因而能实现真正的研讨、质疑、讨论、对话，从而实现知识的传授和思想的发展、突破。稷下学宫是百家学派争鸣之所，在知识传授、思想交流方式上，更多采用的是论证、辩说的教育方式。孟子好辩即是一个例证，他不仅与其他学派学者、齐国君臣争辩，而且常常与自己的学生展开论辩、研讨，因而《孟子》全书都带有明显的论辩特色。

《孟子·公孙丑上》记载了孟子与其齐人弟子公孙丑的长篇对话，该对话的地点是否为稷下学宫，史籍虽无明确记载，但孟子三次到齐国，在稷下长驻达二十年之久，对话的内容又是从如何"治齐"开谈的，它应该充分反映了稷下的教风和学风。由于对话较长，兹录开首一段，以见其教学方式之一斑。

> 公孙丑曰："夫子加齐之卿相，得行道焉，虽由此霸王，不异矣。如此，则动心否乎？"孟子曰："否。我四十不动心。"曰："若是，则夫子过孟贲远矣。"

曰："是不难。告子先我不动心。"曰："不动心，有道乎？"曰："有。……"

此下，孟子与公孙丑又进行了11次问答。值得注意的是，师徒二人的对话虽展现出弟子对老师的尊重和敬仰，但在对话过程中，充满质疑、追问、反诘、争辩、解说，反映出师生探讨问题的情状和方式。这是稷下学宫中学者讲学授徒的一个缩影。

我们截取柏拉图所著《斐多篇》所记苏格拉底就义当日跟他的门徒西米亚斯等讨论正义与不朽、生死与灵魂的一段对话，试对柏拉图学园的教学方式做一比较：

苏格拉底说："我们认为死就是灵魂和肉体的分离，处于死的状态就是肉体离开了灵魂而独自存在，灵魂离开了肉体而独自存在，我们不就是这样想的吗？""不错呀，就是这样。"苏格拉底说："好，我的朋友，我还有个问题要听听你的意见，如果我们意见一致，我们当前的问题就说得更明白。你认为一个哲学家会一心挂念着吃喝玩乐这类的享乐吗？""苏格拉底，他绝不会的。"苏格拉底说："对爱情的快乐呢？他在意吗？""绝不在意。"苏格拉底说："好，还有其他种种自身的享受，比如购买华丽的衣服呀，鞋子呀，首饰呀，等等，你认为一个哲学家会在意吗？除了生活所必需的东西，他不但漫不在意，而且是看不起的，你说呢？""依我看，真正的哲学家看不起这些东西。"苏格拉底说："那么，你是不是认为哲学家不愿意将自己贡献给肉体，而尽可能避开自己的肉体，只关心自己的灵魂呢？""是的。"①

苏格拉底并没有留下著作，上述柏拉图所记的苏格拉底与学生的对话，即是柏拉图以自己喜欢的形式来阐发其恩师的思想。这在某种程度上展现出柏拉图教学的主要方式。流传后世的柏拉图著作，如其代表作《理想国》，以及《申辩》《克里托》《欧绪弗洛》《拉齐斯》《吕西斯》等绝大部分著作都是对话体。朱光潜认为："在柏拉图的手里，对话体运用得特别灵活……树立了这种对话体的典范。"②我们由此可以想见柏拉图日常在学园教学活动中的一般情况。

我们将稷下学宫与柏拉图学园教育学生的方式做一比较，就会发现相似之处：一是在思想的传承中，充满着哲理的辨析和穷究不舍的探索精神；二是以对话、启发、讨论、反诘、辩说等方式为主；三是老师循循善诱，学生虚心好学。稷下学宫与柏拉图学园在培养学生、阐发理念、传播思想上的方式是何其相似。

第二，学风相似。梳理相关史料，比较稷下学宫与柏拉图学园的学术风气，我们发现：地位平等、思想自由、独立思考是他们的共有特点。稷下的地位平等，首先表现在学宫的创办者齐国君主对学宫内的各派学者及师生平等对待上。他们不以自己的好恶限制学者，对各派学者实行来者欢迎，来去自由，不加限制的态度。因而各种学派，无论是否合乎齐国统治者的政治需要，都汇聚到学宫中来了。以著名的稷下学者为例：孟、荀是儒家；邹衍、邹奭是阴阳家；田骈、慎到、环渊、接

---

① ［古希腊］柏拉图：《柏拉图全集》之《斐多篇》，王晓朝译，人民出版社，2002。

② 朱光潜：《西方美学史》，人民文学出版社，1979，第40页。

予，还有宋钘、尹文都是道家；淳于髡是杂家；倪说是名家。而道家之中，又分宋钘、尹文派，田骈、慎到派，环渊派，等等。①稷下的思想自由，则主要表现在齐国统治者对稷下的教育、学术活动采取不干涉的方针，各种思想学派在稷下都可以自由地宣传、论辩、交流、发展。各种学派不分大小、人数多寡、地位高低，一律平等研讨，自由争鸣。柏拉图学园的地位平等则主要反映在师生地位平等。学园不收学费，以培养学生的独立思考精神为教育目标，讲求的是真理面前人人平等，重视教学中的自由讨论、研究中的质疑对话。柏拉图与亚里士多德的师生关系，就是这种地位平等、思想自由、思考独立的集中体现。梁鹤年先生在研究两人的关系后指出："柏拉图和亚里士多德虽是师徒，但思路差不多相反。在宇宙观上，柏拉图重'真'，亚里士多德尚'实'；在推理上，柏拉图是演绎，亚里士多德是兼容演绎与归纳；在求知上，柏拉图讲'洞识'，亚里士多德讲'体验'；在政治上，柏拉图落点在'君'，亚里士多德落点在'民'。这些互相补充同时互相冲突的思路……在一些地方相得益彰，但在另一些地方水火不容，支配着西方社会、政治与经济的取向与演化，直到今天。"②梁先生对柏拉图与亚里士多德师徒二人思想观点的比较、分析，用"差不多相反"来概括，倒是很清晰地看出后者对前者思想的传承、发展、创新。由此再来理解亚里士多德的名言"吾爱吾师，吾更爱真理"，可以更深入一步解读柏拉图学园师生平等、独立

353

---

① 郭沫若：《稷下黄老学派的批判》，载《齐文化丛书·中国论文选》，齐鲁书社，1997。

② ［加拿大］梁鹤年：《西方文明的文化基因》，生活·读书·新知三联书店，2014，第45页。

思考、崇尚创新的学风。这充分体现出在世界文明的"轴心时代",东方、西方都实现了了不起的哲学突破,与这两个著名学府在学术上都遵循着共通的思想解放、学术自由、平等交流、相互争鸣的教风、学风和文化精神是分不开的,而正是这一点,使两个学府成为东方、西方学术思想创新的源头。

2. 差异比较

第一,稷下学宫开放办学与柏拉图学园严格管理的差异。稷下学宫为各种学术流派集聚之地,学者们"游于稷下",率徒讲学,来去自由,机构开放度高。这种开放有两个方面:一是对师生开放。老师可以在稷下自由招生授徒,孟子生徒中多有齐人,就说明孟子在稷下时招生不少;学生可以自由来稷下寻师求学,荀子"年十五始来游学"即是一例。稷下学宫在教与学两个方面都是开放的。二是对学派开放。各学派来者不拒,不计立场、不以好恶、不论出身,愿者即来,一律欢迎;来去自由,不设限制。以"礼贤下士"欢迎学者,以开放心态管理学宫。虽然有学者考证,《管子·弟子职》是其学生守则,学者的"期会"说明有一定的制度和安排,荀子也曾在稷下"三为祭酒",担任管理学宫的最高职官,但大致说来,稷下的管理模式较为松散,难以形成像后世学校那样系统、严格的管理体制。

柏拉图学园在管理制度上,则具有后世学校的雏形。根据有限资料来看,其管理规定至少有三方面是严格的:一是有较严格的入学条件。学园中立有"不懂几何者,禁止入内"告示牌,这已相当于较严格的入学考试了。二是有园长选任制度。园长先是由柏拉图自任,他去世后交给他的侄儿斯彪西波,其后继承人或者是由前任校长指定,或者是由弟子及后学选举产生,终身任职。学园的教学事务是如何进行的?尽管没有足够的资料来提供详尽的细节，但我认为，由外邦来到雅典的"智者"应是除柏拉图本人外，对弟子进行指导教育的师资之一，就是那些被称为"与柏拉图有多年交往，并在他的指导与鼓励之下，献身于哲学生涯的年纪更大的人"[①]，这些人有部分做了学园的学生，有的成为学园的教师。三是学园有"朗读者"制度。"朗读者"有两方面职责：一是朗读职责，即为师生大声朗读从书店或者名著里面搜集、摘录来的美文；二是审读职责，即审查流通到学园中的文章，这已经有后世"督学"的雏形。

第二，稷下百家之学与学园一家之学的差异。稷下学宫以国家之力创办官学，它又采取欢迎各派学者来此讲学授徒的政策，各派学者讲学授徒往往带有私学的一些特点，这使稷下成为一个官学与私学相结合的联合体。在教学内容上，稷下学宫必然是多元并举的。一方面，稷下成为大师云集、众人施教的大学堂。最兴盛时，曾有记载："齐宣王喜文学游说之士，自如邹衍、淳于髡、田骈、接予、慎到、环渊之徒七十六人，皆赐列第，为上大夫，不治而议论。是以齐稷下学士复盛，且数百千人。"（《史记·田敬仲完世家》）说明至少有七十多位在稷下授徒讲学的学术大师被给予很高的政治待遇。另一方面，当时差不多所有的诸子百家学派都来讲学授徒，这不仅为各派学者提供了在学术上相互交流、争鸣、吸收、融合、创新的条件，也为稷下的生徒们接受不同思想学派的教育提供了机会，从而大大提升了稷下的教育质量。

柏拉图学园是柏拉图为传承苏格拉底及自己的思想学说，以及培养能够建立他所设想的"理想国"的人才而创设的。因

355

① ［英］博伊德、金：《西方教育史》，人民教育出版社，1985，第47页。

而，从哲学思想的传授看，主要是一家之学，即柏拉图学说的发展与传承。尽管柏拉图的学生，特别是亚里士多德的很多思想突破、创新到了与柏拉图学说相冲突的程度，但是，这些学说仍然是沿着柏拉图学说的方向传承、发展的。从总体上说，"在所有基本问题上，亚里士多德与其老师是一致的。而不同之处一般说来是他将其老师的原理推进了一步"。即使在柏拉图去世以后，继承人几经转换，学院仍然"保持了柏拉图主义的传统经久不衰"①。

第三，学科设置的差异。在教学科目设置上，二者有明显差异。稷下学宫为诸子百家争鸣之所，学者讲学、研讨、辩说，大多以宣传、推阐各学派思想观点为主要内容，所以很难形成统一的科目设置。其教育内容，以今日标准视之，主要属于人文社会科学。而柏拉图学园则有系统的科目设置，开设科目包括哲学、数学、几何、天文、物理、音乐、体育等等，既有自然科学，也包含人文社会科学的内容。对数学的特殊重视，是其突出的教育特色。大致上可以说，现代大学的科目设置，是柏拉图学园开其端的。

四、文化贡献比较

稷下学宫与柏拉图学园共同的文化贡献是为世界东方、西方文明的发展培育出了众多伟大的思想家。人类精神与哲学的突破，必然伴随着大师、先哲的出现。柏拉图创设学园，其主旨是传承、发展苏格拉底的文化精神和哲学思想。因而可以说，正是

① ［英］博伊德、金：《西方教育史》，人民教育出版社，1985，第35页、第47页。

柏拉图学园的创设成就了古希腊"三哲"——苏格拉底、柏拉图、亚里士多德。柏拉图学园还是其后希腊多个学派滋生、培育的沃土。柏拉图之后,发展出中期柏拉图主义、新柏拉图主义,出现了亚里士多德派、斯多葛派、伊壁鸠鲁派等不同思想流派,其源头盖出于柏拉图学园。学园还培养出了欧多克索斯、欧几里得等许多为人类发展做出巨大贡献的数学家、哲学家。

稷下学宫的贡献则与战国诸子百家争鸣密切相关。稷下学宫既是培育学派的沃土,也是培育思想家的基地。当时的诸子各学派都在此得到了长足的创新、发展,人才队伍得以成长壮大。就儒家学派而言,不仅孔子学说的形成有赖于对齐文化的吸收[①],儒学大师孟子、荀子等收徒讲学,融合各学派思想,发展孔子学说,是成就儒家学派博大精深思想体系的重要因素。中国儒学"三哲"的成就立世,即是稷下巨大的文化贡献之一。稷下也是发展、培养新学派的沃土。先秦几乎所有学术派别都在稷下得到长足发展。而影响巨大的黄老学派、阴阳五行家学派、齐法家学派等则是在稷下学宫培育、创生、发展、成熟的。几乎可以说,没有稷下学宫,就不会有战国时代诸子百家争鸣的局面。稷下学宫培育出了淳于髡、孟子、慎到、宋钘、田骈、尹文、邹衍、荀子等一大批集大成式的学派代表人物和思想家,为战国时代思想学术的发展做出了无与伦比的贡献。

稷下学宫与柏拉图学园的诸多相通相似之处,带给我们颇多思考与启迪。

我们发现,在人类文明发展的早期,不同文化在本质上有着更多的共性。在人类精神发展实现哲学突破的"轴心时代",

---

① 王志民:《孔子与齐文化》,《齐鲁学刊》1990年第5期。

教育和学术的发展经历了多么相似的过程。人类有共同的思想基础，有相通的思想方式和精神追求，这是今日东方、西方乃至世界不同文化之间进行对话的基础。人类文明历经数千年的曲折发展，各种文明至今具有鲜活的生命力，充分说明各种文明都有其存在的价值和历史必然性。因而东方、西方文化，乃至世界各种文明的交流、发展，应该追溯到稷下学宫与柏拉图学园时代，寻求那些相同、共通之处，通过溯其源察其流，分析其变异的历史过程和差异节点，从中寻找出当代世界不同文明相通相融的相处发展之道。稷下学宫、柏拉图学园所展现的共同的文化特征说明：思想解放、学术自由、平等研讨、百家争鸣的学术精神，是人类文化发展的共有的精神财富。它是产生思想大师，实现哲学突破，推动文化大繁荣的不竭动力源泉。

作为世界文明史上分别诞生于东方、西方的两个最早的高等大学堂和思想学术的文化中心，稷下学宫和柏拉图学园又分别对东、西方文明的发展做出了不同的贡献，各自产生了深远的影响。

1. 稷下学宫与柏拉图学园所取得的成就，正是东方、西方在哲学突破上的具体展现

比较来说，二者所实现的哲学突破各不相同。稷下学宫的突破，是在思考解决人文、社会等现实问题上的探索与突破，主要表现出两个特点：

第一，哲学突破与政治现实问题的"解困"紧密结合。如前所述，稷下之学带有浓厚的政治色彩，即往往与政治相关。稷下诸子，正处于中国从分裂走向大一统的前夜，社会剧烈变革，大国兼并战争加剧，这些"喜议政事"的稷下先生们所寻求的，

即是为"天下"统一做出理论上的准备和治国之策上的探索。因而，稷下黄老之"道"，孟子的"仁政"主张，荀子的"隆礼近法"思想，邹衍的"五德终始"之说，甚至儒家孟子、荀子两派之间关于"性善""性恶"及"法先王"还是"法后王"的论争，都是在实现哲学突破的同时，对治国理念和统一天下之术的探索与论辩。

第二，哲学突破与各学派的交融紧密结合。稷下并没有形成统一的理论体系，它的哲学突破表现在，各学派理论体系在此得以丰富、发展、提升、创新，以及百家思想的交流、兼容与新学派的诞生。以荀子为例，他是先秦儒学的集大成者，他的"隆礼近法"思想又是法家代表人物李斯、韩非思想的重要来源之一。李、韩二人正是在稷下师从荀子而丰富、发展了法家理论体系。在中国文化史上影响巨大的黄老之学、阴阳五行家、齐法家管仲学派，都是在稷下的百家争鸣中培育出的新学派。

柏拉图学园的哲学突破，则主要表现在柏拉图思想的突破。这种突破与精神的突破紧密相连，是在精神解放的基础上，对社会、自然、宇宙等进行全方位探索的理念提升。其主要表现出两个特点：

第一，哲学思想与宗教紧密结合。在柏拉图的哲学体系中，神本存在与客观世界和谐地联系在一起，构建了一个由低趋高的等级秩序体系，神为世界运转的原动力。这一哲学体系大大发展了"神造万物"的原始学说，成为西方宗教的源头。

第二，柏拉图学园的哲学突破与个人的思想突破密切相关。柏拉图学园的哲学突破实际上是柏拉图思想理论体系的构建、发展与创新。柏拉图的理论体系是在苏格拉底思想路径的基础上，构建的一个理念世界，它是一个至高至善的神话王国——"理想国"，这个国度中，哲学家或思想家为国王，这显然是一个形而上的乌托邦式的人间神国梦想。这与稷下各派学者从现实出发，在"喜议政事"中所提出的诸多统一天下、建立大一统国家的政治构想和思想主张，形成了鲜明的对照。

2. 从对后世的影响看，稷下学宫与柏拉图学园对东方、西方文化的发展分别产生了不同的影响

第一，最主要的影响表现为对教育的影响。柏拉图学园设立后，对那个时代的教育发展走向产生了直接的重大影响。在雅典，私人办学成为一时风尚，亚里士多德创办的吕克昂学园，以及伊壁鸠鲁学园、芝诺学园等纷纷成立。各学园继承、完善了柏拉图学园的人文主义教育思想，崇尚学术自由，其追求知识与真理的学术风气，自然科学与社会科学并重的学科体系，奠定了后世西方教育制度的基础。尤其是对数学与哲学的重视，更成为现代大学制度的根基。以至于柏拉图学园的名字"阿卡德米"成为后来欧洲国家学院、学校的常用名称。柏拉图学园也成为公元前200年左右建立的西方古代第一所大学——雅典大学的前身。

稷下学宫设立后，并没有形成国办大学的创办热潮，甚至在战国之世，稷下的创设也没有形成连锁效应，国学之设无可继者。一方面，当时"天下并争于战国"，各国君主都在政治、军事的合纵连横中奋力争夺统一天下的主导权，风云际会之间，各国统治者虽热衷于延揽人才，却无心创办教育；另一方面，我国是传统农业宗法社会，并没有希腊城邦社会创办私人学园所具有的经济、社会基础。因而，稷下学宫对当时教育的影响似乎并没有柏拉图学园之大。但是，它对秦、汉大一统之后，博士制度的设置、秦汉政治文化的影响则是巨大的。稷下阴阳五行家的"五德终始说"直接为秦代的统一奠定了理念基础和舆论上的准备。

在稷下产生、发展、成熟的黄老之学，经在齐地的政治实践，上升为汉初盛世"文景之治"的统治思想，直接为民族的大一统做出了贡献。

第二，稷下学宫与柏拉图学园对东方、西方文化的影响也是深远、巨大的。两千多年来，西方哲学与自然科学素称发达，从文化渊源看，这与柏拉图学园对苏格拉底理论学说的发扬，对哲学、科学理念的构建、发展与传播，对亚里士多德等众多伟大哲学家、科学家的培育是分不开的。"希腊三哲"是整个西方世界哲学、科学、教育的奠基人。

稷下学宫为诸子百家学术争鸣的中心。战国之世，中国诸子百家思想既多元创新发展，又相互交流、吸纳、兼容、会通，使中国传统思想文化形成了百川汇海式的多元归一特点。稷下学宫时代为儒学熔铸百家奠定了良好基础；及至秦汉，儒家兼收道、法、阴阳、黄老等诸子之学，所谓"独尊儒术"之"儒"，实际成为一个以儒学为主干的多元思想文化的统一体。从对此后的中华文化发展的影响看，学界多有学者提出中华思想文化的主体应该是儒、释、道互补的观点，也正说明了中华文化具有多元一体的兼容特质。中国的传统学术、思想文化及教育理念重人文、轻科学，均具有泛政治化的倾向，这都与稷下学宫的文化影响关系巨大。

稷下学宫与柏拉图学园，是世界文明史上的奇观；它们既是东方、西方文化相通相融的文化渊源之一，也对东方、西方不同教育制度、学术思想和文化传统产生了深远而巨大的影响，它们是世界文明史上闪耀着智慧光芒的辉煌的双璧。

（原载于王志民、［希腊］海伦·卡拉玛伦主编《稷下学宫与柏拉图学园比较研究论集》，生活·读书·新知三联书店，2020）

双璧交辉中、希文明对话
高峰论坛再续丝路情缘
——王志民教授访谈录

中国，东方文明的摇篮；希腊，西方文明的发祥地。齐国故都中国临淄，哲学之城希腊雅典，一条穿越时空的丝绸之路纽带，自古以来就将它们紧密相连。

相知无远近，万里尚为邻。由山东理工大学、希腊雅典大学、淄博市人民政府主办的"稷下学宫与柏拉图学园暨中希古典文明高峰论坛"在临淄开幕，一场跨越时空的东西两大古典文明的精彩对话隆重上演。记者采访了山东省政协原副主席、山东师范大学原副校长、山东理工大学齐文化研究院（特聘）院长王志民教授。

一、历史深处，双璧呈辉

王志民教授先从世界上两处最早的高等学府同时出现，却"待遇"不同说起。他说：稷下学宫建于公元前374年，柏拉图学园建于公元前387年，它们是世界上最早的集高等教育与学术研究为一体的思想学术文化中心。在人类文明的"轴心时代"，这两所最高学府几乎同时出现在世界的东方和西方，以相似的方式展现着人类早期文明的智慧之光，堪称世界文明史上光芒璀璨的双璧。

但是，长期以来，国内外学术界对柏拉图学园关注较多，研究比较充分，对其在世界文明史上的巨大贡献也已形成共识。但是对于稷下学宫的认识、研究和宣传却远远不够，特别是它在世界文明史上的历史地位没有得到应有的挖掘、研究和展现。

稷下学宫是中国历史上创办最早、规模最大的国办大学堂，是我国历史上最早的集教育、政治、学术功能于一体的思想学术文化中心。它所处的战国时期是中国百家争鸣的繁荣时期，形成了儒家、道家、阴阳家、法家、名家、墨家、杂家、农家、小说家、纵横家等十大学术流派，它们的思想相互交流、碰撞、融合，大大丰富了以儒家思想为主干的中国思想文化。而当时诸子百家争鸣的唯一学术活动中心就是齐国的稷下学宫，儒、法、道、墨、阴阳、名、纵横等当时几乎所有的学派都曾在稷下学宫存在、争鸣、发展，产生了一大批思想家。例如先秦儒家的三位大师：孔子在稷下学宫成立之前就游齐数年，受齐文化影响巨大；孟子、荀子都曾长期在稷下学宫讲学、任职，可以说，先秦儒学的伟大历史成就与稷下学宫诸子百家争鸣是密不可分的。稷下学宫是战国时代的思想文化中心，是诸子百家争鸣、促进各派融合发展、培育创生新学派的文化沃土，是博士制度的先声、学术大师的摇篮，它兼容并包、独立自由的学术精神是中国也是世界的珍贵精神文化遗产。

柏拉图学园又叫"阿卡德米学园""希腊学园"，在欧洲文明史乃至整个西方文明史上都有着重要地位，因为它和西方文明的奠基期——希腊古典文明时代的三个最伟大的思想家苏格拉底、柏拉图、亚里士多德紧密地联系在一起。柏拉图学园由柏拉图创办，其创办的目的之一就是传播、研讨恩师苏格拉底的精神和思想，柏拉图还在这里培养出了亚里士多德这位伟大的思想家，三人极负盛名，史称"希腊三哲"。存在了900年的柏拉图学园深深影响了整个西方社会的哲学、思想、教育和文化，也为基督教的产生奠定了哲学、思想基础。因此，柏拉图学园被誉为世界文明史上第一所大学。

历史深处，万里之隔，双璧相映，熠熠生辉。关于东西方古典文明史上的以上二者，早在20世纪之初，国学学者邓实在《古学复兴论》中就曾说："周秦诸子之出世，适当希腊学派兴盛之时，绳绳星球，一东一西，后先相映，如铜山崩而洛钟应，斯亦奇矣！"

对稷下学宫和柏拉图学园进行比较研究，是学术界近百年来一直想做而没有做成的一件大事。

二、孜孜以求，水到渠成

王志民教授是山东齐鲁文化研究的知名学者。他研究稷下学宫30年，从2013年开始了对稷下学宫在世界文明史上的地位这一专题的关注和研究。他研究的切入点就是稷下学宫和柏拉图学园的比较，并由此进行了较全面的资料搜集和积极的学术探索。2014年11月，他参加在维也纳大学举行的中欧文化论坛，提交了题为《稷下学宫与柏拉图学园的比较研究》的学术论文，得到了与会学者的重视；2015年9月，王志民教授策划、主持，由山东省齐鲁文化研究院、光明日报社、淄博市委宣传部主办，临淄区委、区政府承办的国学系列公开课"稷下学公开课"在稷下学宫所在地淄博市临淄区开幕，王志民先生的《稷下学宫：世界文明史上的奇观》被作为第一课精彩开讲，随后在《光明日报》全文刊发，引起社会广泛关注；由商务印书馆出版的王志民主编的论文集《稷下学公开课》，列入了国家2018年学术外译重点图书项目，被翻译为英、法、德、日、韩、阿拉伯等8种语言出版；2016年11月，在济南"2016年中华文明与人类共同价值"国际学术研讨会上，王志民发表了主题演讲《世界文明史上的稷下学宫与柏拉图学园》……水到渠成，2017年3月王志民受聘兼任山东理工大学齐文化研究院院长，10月，随淄博市代表团赴英国曼彻斯特参加第二届"世界足球文化高峰论坛"后，他专程访问了希腊雅典大学哲学学院，经过与海伦院长深入交谈，双方一拍即合，达成了共同举办这次高峰论坛的意向。

三、各美其美，美美与共

在接受记者采访时，王志民先生立足世界文明史，对稷下学宫与柏拉图学园进行了横向比较分析。他认为，公元前4世纪，中国出现了稷下学宫，希腊出现了柏拉图学园，二者既存在相通、相似的文化精神特质，又有明显的差异，各具特色。它们既是东西方文化相通相融的文化根基，也是东西方不同学术思想与文化传统形成的历史文化渊源。它们共同构成了世界文明史上闪耀着智慧之光的辉煌双璧，成为中西文明共存共荣的历史例证。

进一步分析，稷下学宫和柏拉图学园相似的地方主要表现在以下几个方面：两者均为高等教育与学术研究功能相结合的学研机构；两者都以讨论、对话的学研方式来培养学生；两者都遵循自由、平等的办学理念；两者都是传承师说、培育大师的文化沃土。

两者的不同则主要有以下几点：

其一，前者为战国时代齐国统治者为广揽人才而创办，属官学，具有较浓厚的为政治服务的色彩；后者则是柏拉图为传播思想、科学而设，为私学，具有鲜明的科学理念。前者汇聚诸子，多派并存，思想交锋，形成百家争鸣的局面；后者传承师说，探求真理，追求科学，培育独立思考精神。

其二，两者在教学管理、课程设置、教育内涵上有诸多不同。

其三，两者在哲学成就上的突破不同，前者重在解决人文、社会等现实问题上的探索与突破；后者重在哲学理念的创新突破。前者为中国秦汉大一统国家的形成做了理论上的充分准备，对后代政治、思想文化发展影响甚大；后者则为西方大学教育奠基，对后世西方哲学、自然科学发展以及学术风气影响深远。

王志民先生谦虚而又满怀期待地说："我个人的研究，还是很粗浅、初步的，充其量起到一个抛砖引玉的作用。而稷下学宫与柏拉图学园的研究，乃至中希古典时代文化的比较研究，是个重大的学术课题，对当前世界文明的对话、交流具有主导性。我们与雅典大学积极主办这次论坛，就是要将稷下学宫与柏拉图学园一样，推到中、希两国乃至国际学术研究的前台，引起广泛的关注，取得更多、更高层次的学术成果。"

四、丝路情深，互学互鉴

对稷下学宫和柏拉图学园进行比较研究特别是举行这样跨越时空的中希古典文明高峰论坛，是齐文化研究史上的重大突破。可以说，稷下学宫将由此真正走向世界，这是推动构建人类命运共同体、推动"一带一路"建设、推动齐鲁文化走出去等方面工作的一个很好的实施和落地，各项工作都找到了一个新的着力点。关于论坛举行的重要意义，王志民先生谈了以下几点：

1. 有利于促进东西方文明交流融合、互学互鉴，共同推动构建人类命运共同体

习近平主席提出推动构建人类命运共同体，从文化角度讲，最重要的就是要实现世界各大文明的对话、交流，东西方文明也只有通过对话、交流，才能达到相互尊重、相通相融，从而将构建人类命运共同体的良好愿景落到实处。稷下学宫与柏拉图学园既有相通之处也有差异，通过相通之处的研究、探讨，我们就能找到构建人类命运共同体的文化之源；通过差异之处的分析、挖掘，我们就能更好地理解东西方为什么会选择不同的发展道路，更好地实现不同文化在当今世界的相处相融。而只有加深研究、交流和理解，世界各种文明才能和谐相处，共同繁荣发展。

2. 有利于推进"一带一路"文化建设

古丝绸之路既是丝绸等商品的通道，更是文化交流传播的血脉。希腊是陆上丝绸之路的西端，齐国故都临淄则是陆上丝绸之路的东端，两者这份特殊的丝路情缘可谓由来已久，这是我们进行文化交流和各方面友好合作的得天独厚的条件。古代齐国的养蚕业很发达，丝织品远销四海享誉各国，有"齐纨鲁缟"之称。直到汉代，"齐纨"仍是最上等的珍贵丝织品。在汉唐丝绸之路发展的过程中，齐地的丝绸裹挟着齐文化丰富多彩的内涵，一定发挥过巨大的历史作用。当今的"一带一路"虽然主要侧重于经济建设，但文化的交流传播是必不可少的。正如习近平主席所说："古丝绸之路绵亘万里，延续千年，积淀了以和平合作、开放包容、互学互鉴、互利共赢为核心的丝路精神。这是人类文明的宝贵遗产。""一带一路"建设承载着我们对文明交流的渴望，

将继续担当文明沟通的使者，推动各种文明互学互鉴，让人类文明更加绚烂多彩。我们要传承古丝绸之路精神，要将"一带一路"建成文明之路。

3. 有利于进一步坚定文化自信

"文化自信是一个国家、一个民族发展中更基本、更深沉、更持久的力量。""没有高度的文化自信，没有文化的繁荣兴盛，就没有中华民族伟大复兴。"积极开展国际间的文明对话、文化交流，坚定文化自信至关重要。在世界文化的交流对话中，一个民族、一个国家的文化最可贵的品质是它的独特性。"和而不同"是文化的理想状态，我们常讲"民族的才是世界的"就是这个意思。我们要通过互相对话、互相交流来达到彼此了解、取长补短，通过互相借鉴、互相学习来共同完善提高、走向未来，在交流互鉴中坚定文化自信。

4. 有利于促进山东和雅典两个文化"圣地"的文化交流，进一步推动齐鲁文化走出去

中国和希腊都是世界文明的摇篮，齐鲁是中华文明的"圣地"，而雅典则是希腊文明的核心。长期以来，山东学者虽然也对希腊雅典文化进行过不少研究，但山东和雅典之间的文化交流不多。从这个角度来讲，山东理工大学齐文化研究院和雅典大学哲学院等共同承办这次高峰论坛，具有开拓、开创性意义。雅典大学是希腊成立时间最长、地位最高的学术殿堂，这次论坛为两地开展稷下学宫和柏拉图学园的合作研究搭建了桥梁，也为东西方两个文化"圣地"的学术交流搭建起了很好的平台。学术研究如果没有走向国际化，深度和广度就不够，视野和视角也会受限。这次论坛正可以开辟一条挖掘、研究齐文化的国际合作之路，为齐文化传承创新示范区建设、为山东理工大学与雅典大学

建立友好校际关系等奠定良好基础。

五、论坛：充满希望和未来对话

关于论坛内容，王志民先生介绍，本次论坛历时两天，有来自希腊和北京大学、清华大学、中国人民大学等的国内外近40名著名学者参加。其中，希腊学者15名，他们做了非常充分的准备，已提交12篇高质量论文。国内学者由两部分组成：一是研究希腊文明的学者，二是研究稷下学宫的学者，已提交高层次论文20篇，为办好论坛提供了比较充分的学术保障。论坛第一天进行重点发言，第二天进行文明对话，中希学者围绕"中国文明和希腊文明比较""稷下学宫和柏拉图学园的当代价值和意义"等进行交流。

当今世界，开放融通的潮流滚滚向前，世界已经成为你中有我、我中有你的地球村。2000多年前，我们的先辈怀着友好交往的朴素愿望，开辟了古丝绸之路，开启了人类文明史上的大交流时代。2013年秋，中国国家主席习近平提出了建设"一带一路"重大倡议。"古丝绸之路绵亘万里，延续千年，积淀了以和平合作、开放包容、互学互鉴、互利共赢为核心的丝路精神。这是人类文明的宝贵遗产。"经过5年的发展，"一带一路"这个推动构建人类命运共同体的重要实践平台，从理念转化为行动，千年丝路再次焕发出蓬勃生机。

中国，东方文明的摇篮；希腊，西方文明的发祥地。在几千年的历史长河中，古老的中华文明与古希腊文明为东西方文明的丰富发展以及相互交流融合做出了巨大贡献，共同推动了人类文明进步，古丝绸之路就是最好的见证。

齐国故都中国临淄，哲学之城希腊雅典，古丝路之两端。在共同构建人类命运共同体、携手投身"一带一路"建设的宏伟历史背景下，一个稷下学宫与柏拉图学园学术专题、一场中希古典文明高峰论坛，让它们再次相互走近、心手相牵。历史在这里交汇，一个21世纪的新丝路故事正在精彩上演。

丝路情深，丝路情绵，让我们热切期待，让我们衷心祝愿。正如习近平主席所说："'一带一路'建设承载着我们对文明交流的渴望，将继续担当文明沟通的使者，推动各种文明互学互鉴，让人类文明更加绚烂多彩……我们正走在一条充满希望的道路上，我相信，只要我们相向而行，心连心，不后退，不停步，我们终能迎来路路相连、美美与共的那一天。"

（原载于2018年9月14日《淄博日报》，记者李海容）

主要参考书目

［1］杨伯峻编著：《春秋左传注》，中华书局，1981。

［2］［清］马骕：《左传事纬》，齐鲁书社，1992。

［3］范祥雍等：《战国策笺证》，上海古籍出版社，2006。

［4］司马迁等：《史记汇注考证附校补》，上海古籍出版社，1986。

［5］朱熹：《四书章句集注》，中华书局，1983。

［6］程树德：《论语集释》，中华书局，1990。

［7］杨伯峻：《孟子译注》，中华书局，2005。

［8］石一参：《管子今诠》，中国书店，1988。

［9］王夫之：《庄子解》，中华书局，1964。

［10］王先谦：《荀子集解》，中华书局，1988。

［11］康有为：《孟子微·礼运注·中庸注》，中华书局，1987。

［12］皮锡瑞：《经学历史》，中华书局，1959。

［13］梁启超：《论中国学术思想变迁之大势》，上海古籍出版社，2001。

［14］王国维：《观堂集林》，中华书局，1959。

［15］柳诒徵：《中国文化史》，中国大百科全书出版社，1988。

［16］陶行知：《陶行知全集》第三卷、第五卷，四川教育出版社，1991。

［17］鲁迅：《鲁迅全集》第四卷，人民文学出版社，2005。

［18］钱穆：《先秦诸子系年》，商务印书馆，2001。

［19］钱穆：《国史大纲》，商务印书馆，2010。

［20］钱穆：《中国文化史导论》，商务印书馆，1994。

［21］傅斯年：《民族与古代中国史》，河北教育出版社，2002。

［22］蒙文通：《蒙文通全集》，巴蜀书社，2015。

［23］郭沫若：《十批判书》，东方出版社，1996。

［24］王献堂：《炎黄氏族文化考》，齐鲁书社，1985。

［25］顾颉刚：《秦汉的方士与儒生》，上海世纪出版集团，2006。

［26］冯友兰：《中国哲学史》附录《原儒墨》，中华书局，1984。

［27］朱光潜：《西方美学史》，人民文学出版社，1979。

［28］匡亚明：《孔子评传》，齐鲁书社，1985。

［29］朱维铮编：《周予同经学史论著选集》，上海人民出版社，1996。

［30］杨向奎：《宗周社会与礼乐文明》，人民出版社，1992。

［31］刘起釪：《尚书学史》，中华书局，1989。

［32］许倬云：《中国文化与世界文化》，广西师范大学出版社，2006。

［33］顾准：《希腊城邦制度》，中国社会科学出版社，

1986。

［34］群力：《临淄齐国故城勘探纪要》，《文物》1972年第5期。

［35］［英］博伊德、金：《西方教育史》，人民教育出版社，1985。

［36］夏鼐：《中国文明的起源》，文物出版社，1985。

［37］刘毓璜：《先秦诸子初探》，江苏人民出版社，1984。

［38］童书业：《先秦七子思想研究》，齐鲁书社，1982。

［39］李学勤：《东周与秦代文明》，文物出版社，1984。

［40］余英时：《士与中国文化》，上海人民出版社，2003。

［41］［古希腊］柏拉图：《柏拉图全集》，王晓朝译，人民出版社，2002。

［42］［法］伏尔泰：《风俗论》，商务印书馆，1996。

［43］王志民：《齐文化论稿》，山东大学出版社，1995。

［44］田汝康、金重远：《现代西方史学流派文选》，上海人民出版社，1982。

［45］［加拿大］梁鹤年：《西方文明的文化基因》，生活·读书·新知三联书店，2014。

［46］［英］唐·库比特：《空与光明》，王志成、何从高译，宗教文化出版社，2003。

［47］［瑞士］雅各布·布克哈特：《希腊人和希腊文明》，上海人民出版社，2013。

［48］陈来：《古代宗教与伦理》，生活·读书·新知三联书店，2009。

［49］白奚：《稷下学研究》，生活·读书·新知三联书店，1998。

［50］王志民主编：《稷下学公开课》，商务印书馆，2016。

［51］梁涛：《郭店竹简与思孟学派》，中国人民大学出版社，2008。

［52］山东师范大学齐鲁文化研究中心、［美］哈佛大学燕京学社编：《儒家思孟学派论集》，齐鲁书社，2008。

［53］王志民、［希腊］海伦·卡拉玛伦主编：《稷下学宫与柏拉图学园比较研究论集》，生活·读书·新知三联书店，2020。

［54］王献唐：《春秋邾分三国考　三邾疆邑图考》，齐鲁书社，1982。

［55］童书业：《春秋左传研究》，上海人民出版社，1980。

［56］枣庄市山亭区政协编：《小邾国文化》，中国文史出版社，2006。

［57］杨朝明主编：《孔子与孔门弟子研究》，齐鲁书社，2004。

［58］刘培桂编著：《孟子林庙历代石刻集》，齐鲁书社，2005。

［59］王其俊：《中国孟学史》，山东教育出版社，2012。

［60］刘培桂主编：《孟子志》，山东人民出版社，2009。

［61］《郭店楚简研究》，《中国哲学》第20辑，辽宁教育出版社，1999。

［62］《郭店简与儒学研究》，《中国哲学》第21辑，辽宁教育出版社，2000。

［63］何平：《中国和西方思想中的"文化"概念》，《史学理论研究》1999年第2期。

［64］萧一山：《清史大纲》，上海古籍出版社，2008。

［65］郭汉民编：《宋教仁集》（一），湖南人民出版社，2008。

［66］毛泽东：《毛泽东选集》第二卷、第三卷，人民出版社，1991。

［67］［德］卡尔·雅斯贝斯：《历史的起源与目标》，魏楚雄、俞新天译，华夏出版社，1989。

［68］［新加坡］马凯硕：《大融合：东方、西方，与世界的逻辑》，海南出版社，2013。